教育部普通高校人文社科重点研究基地北京师范大学
教师教育研究中心资助出版

教育部普通高校人文社科重点研究基地北京师范大学
教师教育研究中心学术成果

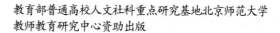

大夏书系·教师专业发展

好懂好用的
教育研究方法

教师科研指南

赵希斌　著

华东师范大学出版社
ECNUP
全国百佳图书出版单位
·上海·

图书在版编目（CIP）数据

好懂好用的教育研究方法：教师科研指南／赵希斌著 . —上海：
华东师范大学出版社，2021
ISBN 978-7-5760-2093-9

Ⅰ.①好…　Ⅱ.①赵…　Ⅲ.①中小学教育—教育研究—指南　Ⅳ.① G632.0-62

中国版本图书馆 CIP 数据核字（2021）第 168272 号

大夏书系·教师专业发展

好懂好用的教育研究方法：教师科研指南

著　　者 赵希斌
责任编辑 任红瑚
责任校对 杨　坤
封面设计 淡晓库

出版发行 华东师范大学出版社
社　　址 上海市中山北路 3663 号　　邮编　200062
网　　址 www.ecnupress.com.cn
电　　话 021-60821666　　行政传真　021-62572105
客服电话 021-62865537
邮购电话 021-62869887　　地址　上海市中山北路 3663 号华东师范大学校内先锋路口
网　　店 http://hdsdcbs.tmall.com/

印 刷 者 北京密兴印刷有限公司
开　　本 700×1000　16 开
插　　页 1
印　　张 15
字　　数 200 千字
版　　次 2021 年 10 月第一版
印　　次 2021 年 10 月第一次
印　　数 5 100
书　　号 ISBN 978-7-5760-2093-9
定　　价 58.00 元

出 版 人 王　焰

（如发现本版图书有印订质量问题，请寄回本社市场部调换或电话 021-62865537 联系）

目 录

绪论　教师要做怎样的研究

一

中小学教师需要做研究吗？研究不是大学老师、教研员、教科所的人做的事吗？教学已经够累了，哪有时间和精力，又有什么必要搞研究呢？很多优秀的老教师，教学效果好，学生也喜欢，也没见人家搞什么研究啊？！

回答这些问题前，我们先思考："在自己的教育教学生涯中，有没有面对和解决过问题？"答案绝对是肯定的。那么，我们靠什么解决问题呢？不就是研究吗？因此，每个教师都"会"研究，也都需要研究；优秀的教师一定也是好的教学研究者，只不过他们可能没有有意识地实施研究并将研究成果写出来。

"研究"指人对事物的真相、性质、规律等进行探索，由不知变为知，由知少变为知多；它是一个提出问题，并以系统的方法寻找问题答案的过程。研究可分为两类，一是思辨研究，二是实证研究，本书谈的是实证研究，即"寻找实际证据的研究"。它对应英文 research，由 re 和 search 组成，也就是反复寻找的意思，反复寻找的就是"实际的证据"。教育教学中有太多理念需要基于实证研究帮助其落实，也有太多似是而非的东西需要实证研究予以证实、纠偏和精确化，实证研究因此具有"祛魅""祛虚"的功能和意义。例如，"学生上课为什么不听讲？""学生上课不听讲怎么办？"为了澄清和解决这些问题，教师需要收集实证信息：

－ 学生在哪些课上不听讲？
－ 学生在一堂课的什么环节不听讲，教学的内容和形式是怎样的？

– 学生不听讲时在做什么？

– 教师对学生不听讲有什么反应？效果如何？

– 教师如何看待学生不听讲的行为？

– 教师以往接受的应对学生不听讲的建议是怎样的？

……

通过观察、访谈、问卷调查等多种方法收集和分析这些实证信息，在此基础上描述、解释学生不听讲的行为及教师的应对，即是典型的实证研究。这体现了"循证"的思想，为教学改进奠定了坚实的基础，有助于提高教育教学的有效性，降低其盲目性。

当前，实证研究已成为项目研究、学术交流、论文撰写的重要范式，也成为制定教育政策的基本思维方式。[①] 有些教师要解决自己教育教学中的实际问题，有些教师承担了各级各类研究课题，还有大学里教育专业的学生撰写论文，都需要实施规范的、高质量的实证研究。我给北京师范大学的研究生教授"中小学教育研究方法"这门课十年了，其间参加了很多教育硕士和一线教师的毕业论文或项目研究的开题、答辩，总的看来准教师和教师们实证研究的意识和能力还比较薄弱，未能较好地把握实证研究的规范，主要表现在以下三个方面：

第一，研究选题盲目、随意。很多教师将自己的工作或上级指派的任务作为研究选题，或当下流行什么就研究什么，如学校推行整本书阅读，就搞整本书阅读的研究，新课标提出培养学生思维素养，就搞思维素养研究。很多研究选题诸如"通过整本书阅读提高学生语文核心素养的研究"，又大又空，未能从中生成具体的、有价值的研究问题，自然也不能明确应收集怎样的实证信息以解决问题，最终导致将研究报告写成工作方案、工作总结。这样的选题往往由模糊的意愿驱动，缺乏严谨的学术思考，没有学术概念和学理的支撑，从而显得盲目和随意。

第二，文献综述薄弱。文献综述对保证研究质量极为重要，任何研究都必须建立在已有研究的基础上。高质量文献综述对明确研究方向、选择研究

---

① 韦钰：《这些年神经教育学在如何促进教育改革》，搜狐网，2016 年 11 月 28 日。

路径与方法极为重要，文献综述没有做好是导致研究选题盲目、随意的一个重要原因。很多研究者由于学养和研究视野的局限，也缺乏文献综述的训练和实践经验，再加上客观条件的限制，如不能接入各种电子资源平台，因而无法完成高质量的文献综述。

第三，实证信息收集和分析能力不足。实证研究的关键是通过收集高质量信息回答研究问题，这是一个相当复杂和困难的过程，涉及抽象概念具体化和行为化、信息收集工具选用或制备、运用多种方法收集实证信息、对实证信息进行整理及多样化的分析处理。完成这个过程需要遵循一定的规范，掌握多种策略，很多教师在这方面的基础显然比较薄弱。

因此，很多教师在研究中投入大量精力，而研究质量却不尽如人意。我们希望通过本书帮助教师掌握实证研究的基本规范，将研究方法与教育教学紧密关联起来，提高基于实证研究解决教育教学中实际问题的意识和能力。

二

某知名教育期刊最近刊登了一篇实证研究论文，该研究用问卷收集信息，其中一个研究结论为"因材施教的教学策略能显著提升学生成绩"。"因材施教能显著提升学生成绩"这个所谓的研究结论，已经是千百年来人们的共识，有必要通过研究去重复这个结论吗？研究者可能会说以前的结论基于感性和经验，而自己的研究提供了实际证据。可是，这个证据是怎么得来的呢？——通过问卷中的几道题！"因材施教"这么复杂、抽象的一个概念，有着极多的表现形式，通过问卷的几道题而得到的信息能在多大程度上真正表征"因材施教"？还有，利用问卷收集的两个变量的数据能否证明二者存在因果关系，如研究结论言之凿凿的那样——"××能显著提升学生成绩"？该研究用了"流行、高级又玄妙"的方法——"多层线性回归模型""泛精确匹配方法"，这种模型的构建和验证由数据驱动，将两组有相关而未证实有因果关系的数据录入数学模型，"指定"一组数据为因，另一组数据为果，让模型对此"构想"进行验证。即使对该"构想"的验证通过了，也只是基于数据特征不否认"构想"的变量关系而已。

教育研究应为教育服务，要解决教育中的真问题、有意义的问题。令人遗憾的是，像上面这样的研究当前大行其道。我不反对研究方法、研究工具多样化，而是反对为了方法而用方法、为了工具而用工具，对数据和数学模型强行征用、盲目崇拜。想象一下，一群气派非凡的专家站在田埂边，人人手中都有一把精美又醒目的小锄头，他们叽叽喳喳地讨论着。

"看到我这个锄头上的蝴蝶结了吗？"

"嗤，我的锄头都做成蝴蝶形状了呢！"

"让开让开，我这个锄头，镶了金边儿的！"

熙熙攘攘中，这些专家摆出最美的姿势供助手拍照，偶尔用小锄头优雅地划拉一下脚边的土地，并发出难以抑制的惊喜：

"哦呦，我翻起了一小片土呢！"

"啊呀，我的小锄头不沾灰呢！"

"呵呵，我的小锄头能自动美颜呢！"

如果这一幕发生在我们眼前，是不是会觉得无比荒诞？不幸的是，这正发生在教育研究领域，那一把把精美的小锄头，就是当下各种时髦的研究方法和工具。这很大程度上缘于功利主义的影响，什么论文好发表就写什么论文，很多教育研究因此表面化、赶时髦，忽视研究的教育意义，缺乏有价值的问题的驱动。让人忧虑的是，一方面，很多教师还在以"抒情式日记"的方式写研究报告，他们急需研究方法的指导而不得其门；另一方面，很多教师已经开始"依葫芦画瓢"，在没弄清楚原理和使用条件的情况下，开始搞这样时髦的研究了。

很多年前，我看到了陈鹤琴关于儿童好奇心的研究[①]，至今对这个研究念念不忘。他研究好奇心，他的研究也由好奇心驱动，面对真问题，解决真问题，是教育实证研究的典范。陈鹤琴首先澄清了好奇心的意义及内涵，进而对以往研究进行了综述，呈现了他人研究好奇心的方法和结果，分析了以往研究的不足。陈鹤琴通过观察孩子的提问了解其好奇心，他以自己的两个侄子（甲，10岁零8个月；乙，9岁零1个月）为研究对象，连续27天把

---

① 陈鹤琴：《儿童心理之研究（下）》，长江少年儿童出版社2014年版，第235–251页。

两个侄子每天所提问题记录下来，一共记录了 357 句（甲、乙各问了 238 和 119 句）。主要研究结果及其分析讨论如下表所示：

研究内容	结果与讨论
甲、乙每天问句的数量	– 每天的问题数量为何存在差异？ – 为什么甲比乙的问题多？
问句的类型及甲、乙在各类型上的数量（比例）	– 问句有三种类型："什么""为什么""怎样"，其比例依次降低。 – 已有研究认为，儿童的"什么"问句，比"怎样""为何"问句发生得早。本研究显示，年龄与问句只有多少而没有先后的关系。 – 儿童的智力与问句类型的关系更加密切。
问句的内容及甲、乙在各内容上的数量（比例）	– 问题共有 19 类，如人事、物理、政治、数目等。 – 甲排在前 5 位的是：人事、人物（人造之物）、物理、机械、动物；乙排在前 5 位的是：人物、人事、机械、动物、物理。

基于实证研究的结果，陈鹤琴提出了该研究对儿童教育的启示：（1）从问句类型可知儿童现有的知识、经验及兴趣所在，藉此可以有针对性地进行教学；（2）要对儿童提问给予积极的反馈，保护和激发其好奇心；（3）教师和家长要反思为什么儿童年龄越大越不愿意提问。

陈鹤琴的研究没有用花里胡哨的高级技术，但它遵循了实证研究的规范——有概念辨析，有文献综述，有研究假设，有清晰的数据收集过程与方法，有对实证数据的统计分析。同时，他的研究相当严谨：研究前用比奈－西蒙智力量表对两个被试的智力进行测验，二者智商只差 2 分（105 和 103），确认智力因素不会影响研究结果；在研究中关注了诸多细节，包括不主动问被试问题，明确对被试的问句如何反应、如何记录被试的问句，等等。

用几十年前的教育研究作例子，是为了呈现一个朴素的研究是什么样子，也正因为褪去华丽的外衣，让我们看到了最本真、最富有生命力的教育研究。在当今的条件下，该研究的参考资料可以更多一些，研究的分析和论证可以更详细，或者用一些新的技术和工具对数据进行更深入的处理，但这都丝毫不影响它的关键品质，其研究的趣味、方法都是纯正和高级的。教师需要学习和实施的就是陈鹤琴这样的研究——用朴素、恰当、实用的方法，面对和解决教育教学中有意义的真问题。

三

两年前我参加一个研讨会，一位著名的教育专家谈到她的一段经历：在其主持的项目实施过程中，研究人员要求教师严格按照质性研究中的某种模式收集资料并进行编码。这位专家非常严肃地对研究人员说："你是想让他们累死吗？"我想还有一句话她没说："除了能多发两篇论文，这么干对教学有多大用、对教师有多大意义呢？！"这就好比一个农民需要技术指导吗？当然需要！但他们需要的是"适合我这块地"的，而且是"能理解""能负担""有实操性"的方法、技术与工具！我们必须意识到，大部分教师是专业工作者，他们有研究的意识和能力，也很好地解决了教育教学中的诸多问题，只是还不熟悉如何规范地做学术研究和写研究报告。例如，美国明星教师雷夫在《培养终身阅读的孩子》中记述了他如何优化孩子的阅读。雷夫首先分析了阅读教学中存在的问题：[①]

我们学校的学生不善于阅读，也不喜欢阅读。标准化测验结果显示，我们学校有78%的拉丁裔学童阅读能力不足。但绝大多数的儿童都有学习阅读的能力，是我们辜负了这些孩子。

现在各校都设有"读写指导员"，这些"专家"大多曾是老师，而他们以前自己带学生的时候就不曾有过多大的成效。有位读写指导员莅临本校，用拇指和食指"夹"起一本大部头的书——好像这书是坨粪便。她笑着对我们说："大家都知道，我们的学生绝对不想阅读一本又大又厚的书……"她拿起的是约翰·斯坦贝克的《愤怒的葡萄》——一部由诺贝尔奖得主所著，并曾赢得普利策奖的杰作。

每年都有数百万美元投资在书本和其他读本里，教师的训练时数也高达

---

① [美]雷夫·艾斯奎斯：《第56号教室的奇迹：让孩子变成爱学习的天使》，卞娜娜译，光明日报出版社2014年版，第29—42页。引用时有删节。

数千小时。各教科书出版公司唯一的任务就是继续卖出自家产品，业者竞相争食数百万美元的"测验服务大饼"，而各校区则焦虑地等着最新测验结果出炉。很多教师毫无教育热情或无法胜任工作，各学区只好求助于单调的共同读本，并要求所有教师一律用相同的进度和教材来教学。用心教学且满怀热忱的老师备感拘束，再也不能向学生介绍影响深远、富有挑战性的文学作品。

从这几段描述中，我们能看到雷夫非常清醒、准确地意识到阅读教学中的多个问题：学生缺乏阅读兴趣、阅读成绩低下，教师指导能力不足，阅读内容和阅读目标不合理，阅读测验存在偏差。由此可见，高水平的一线教师能够定位有价值的研究问题，这些都可以成为非常好的实证研究选题。

雷夫优化孩子的阅读主要有以下几方面的举措：

- 激发学生阅读的兴趣和愿望；
- 提供高质量的阅读指导；
- 善用图书馆；
- 挑选适合学生阅读的经典作品；
- 为基础差的学生提供有效帮助；
- 由各科老师带领学生开读书会；
- 对阅读进行有效评估；
- 把阅读和真实生活联结起来。

以"为基础差的学生提供有效帮助"为例：

许多老师都喜欢和学生一起阅读文学作品，然而，阅读较具挑战性的作品时，却面临部分学生跟不上其他同学的问题。为了避免这些学生被抛在后头，老师们往往选用难度较低的教材，好让他们有成就感。但这么一来，有能力的出色的学生就常常要停下来等其他人跟上进度，备感无聊。针对这种情况，我采取双管齐下的策略。首先，我会经常解释教材，让落后的学生跟上进度，还会事先帮阅读程度只有初级的学生准备特别简单的段落，让他们在课程开始前便赢在起跑点上。他们在同学面前朗读，遇到困难从不会遭到耻笑，而且体验到前所未有的快速进步，自信心也一天比一天更强。如果我要学生交写作报告的话，我会协助这些落后的孩子寻找问题的解答，提升他们的写作技巧。双管齐下的第二部分，是让个别的学生阅读合乎自己程度的书籍。他们每个月都会写读后心得。一旦克服了不安，就连成就感最低的学生也开始建立自信。我为学生们塑造了一个富有挑战性的环境，在这个环境中敦促他们追求卓越，同时循循善诱、提供正面引导。在我的指导下，所有曾经被评为"远低于基础"的学生，去年年底全都通过了阅读能力测验。

再以"由各科老师带领学生开读书会"为例：

现在学生的错误观念之一是：只有上英文课时才阅读。这个想法很荒谬，我们一定要改正这样的想法。我发现，最佳做法就是由各科老师带领学生开读书会。从没有明文规定数学或自然课老师不该以身作则当学生的阅读示范。我鼓励所有老师都可以试试看。我见过许多优秀的自然、历史以及体育课老师开读书会。他们挑出好书，让各班学生自行选择。这些读书会大多有固定的聚会时间，通常在午餐时或放学后，每读完一章，大家就讨论一次。读书会的学生都是自愿参加的，因此带读的老师面对的是一群充满热忱的学生。孩子们在读书会上认识了来自不同班级、想法相近的同学，友谊在聚会中滋长，教师们则在不同于上课的环境中和学生建立联系，从而巩固教室内的师生关系。读书会是让所有相关者每周共度一两个小时的绝佳方式，人人都是赢家，每个人都出于正确的动机而阅读。

雷夫用一个个案说明了阅读对学生的重要意义：

我以前教过的学生有不少人怀念第56号教室，希望继续在生活中保有这个避风港。我为他们开设了一个周六班，而路易斯就和许多就读于初中和高中的孩子们一样，自愿参加这个班级。我们在某个星期六阅读黑人剧作家韩丝·贝莉的经典作品《日光下的葡萄干》，并打算在几周后到俄勒冈州参加莎翁戏剧节，来一次实地考察之旅。我们会在莎翁戏剧节期间观赏韩丝·贝莉和其他人的作品，所以我要学生们做好准备。我为学生们搜集剧本，并针对该剧作对于美国剧场的影响做了背景说明，然后带着他们读完剧本。读到最后几行时，许多学生发出欣赏杰作后的那种既喜悦又满足的赞叹，但14岁的路易斯却在座位上默默掉泪。等他恢复了平静，我问他这出戏为何深深打动了他，他的回答很简单："我哭，是因为它描述的就是我们家的故事。"他爱好阅读，他建立联结，他能理解，他具有解析伟大作品和将之与自身经验联结的能力。多年后，学生们读的作品很可能就是出自路易斯之手。

雷夫的阅读教学——也是研究——不是纸上谈兵，而是实实在在解决了教学中的问题！这三个案例组合起来已经很接近"行动研究"——前两个案例是"行动"，后面一个是行动的"结果"。雷夫对教学中存在的实际问题有清晰、深刻的认识，其行动也扎实有效，只要在研究各个环节的规范性上加以完善，提高其实证性及精细程度，就可以成为一个高质量的实证研究。例如，雷夫反对读写指导员的说法——"学生绝对不想阅读一本又大又厚的书"，那么，"又大又厚的书"有怎样的特点，哪些因素决定阅读材料是否适合学生阅读？雷夫鼓励学生阅读整部经典作品，这会对学生哪些方面的发展起到促进作用？适合小学生阅读的经典作品有怎样的特点？他们能阅读整本经典作品的基础和条件是什么？教师在其中又应发挥怎样的作用？各科教师带领学生开读书会为何能取得好的效果？读书会的具体过程是怎样的？师生分别从中获得了怎样的成长？"流泪的路易斯"如何阅读？他在阅读中经历了什么，又从中获得了怎样的成长？这与他个人的特质是否有关系？类似这样的问题还有很多，这些都是值得通过实证研究进行探索的既有意义也有趣的问题。

因此，面向教师的研究方法，一定要扎根于实际的教育教学，观照教师的工作内容和研究基础，帮助教师掌握其愿意用也确实有用的研究方法。

综观当前市面上有关教育研究方法的书，主要存在两方面的问题：（1）多为方法和工具驱动，缺乏对教育意义的观照；（2）实操性和针对性不强，未能对教师的需求给予有效的响应。基于多年教育研究方法课的教学，以及对教师做研究的指导，我在本书中力求将研究方法与实际教学紧密关联，以实证研究在教育教学中的实际应用为驱动，关注教师做研究的基础和条件，以及容易出问题和薄弱的地方，辅以大量实际案例，凸显实用性和操作性。

本书前四章分别阐述了教育研究的属性、研究选题、文献综述、研究问题与研究设计，这些内容为明确有价值的研究方向奠定了基础，为研究的实施做好了准备；第五章到第九章分别介绍了观察法、内容分析法、访谈法、问卷法、实验法等收集和分析实证信息的方法；第十章介绍了个案研究、临床法和行动研究等切近教师需求的三种研究模式。总之，我希望本书能为教师提供其可以用、愿意用的研究方法指导，使其能够运用高质量研究解决教育教学中的问题，同时提升自身研究素养和学术水平。

第一章　认识实证研究

研究方法是为研究目的服务的，本书探讨的是实证研究方法，我们先基于研究目的来看实证研究的基本功能及其特征。总的说来，教育研究有四种目的，对应两类研究方法，如下表所示：

研究目的	研究选题（问题）举例	研究方法
概念辨析	－ 教师古文背景知识构成的研究 － 教师古文背景知识影响教学效果的机制的研究	思辨
价值导向	－ 教师应掌握丰富的古文背景知识以提高古文教学质量 － 教研部门应加强对教师古文背景知识的培训与考核	
描述	－ 教师古文背景知识掌握现状的研究 － 教师在教学中应用古文背景知识现状的研究 － 教师对古文背景知识及将其应用于古文教学的看法是怎样的 － 教师是如何学习古文背景知识的	实证
解释	－ 教师古文背景知识掌握状况与学生古文鉴赏能力的关系的研究 － 教师应用古文背景知识提高学生古文赏析能力的机制的研究 － 高考对教师在教学中应用古文背景知识的影响的研究 － 教师古文背景知识掌握状况与其职业态度的关系的研究	

在四种研究目的和研究选题中，实证研究的基本目的是描述和解释。

思辨研究的核心是论辩与价值导向，实证研究则以收集和分析实证信息为核心。这两种研究不是绝缘的，更不是对立的，好的实证研究，一定包括研究背景、研究意义、理论基础、概念辨析，这些内容很多都以思辨研究的结果作为基础或素材。例如，"教师应掌握丰富的古文背景知识以提高古文教学质量"和"教师古文背景知识影响教学效果的机制的研究"是思辨研究，"教师在教学中应用古文背景知识现状的研究"和"教师古文背景知识掌握状况与学生古文鉴赏能力的关系的研究"是实证研究，思辨研究澄清了实证研究的价值，并说明了研究中抽象概念的内涵和外延，为收集实证信息奠定了基础；同时，实证研究也有助于证实思辨研究中的理念和理论，澄清其在教育教学中落实的状况。

教育追求真、善、美，这意味着它同时具有科学求真（实证性）、价值驱动（社会性）、情感共鸣（艺术性）三重属性。教育研究的对象是教育，它自然会受到这三重属性的影响。我们在绪论中提到，不能强行征用某些研究方法与研究工具，就是因为要考虑教育研究对象特有的性质，这对教育研究的目的、内容、方法有重要影响。

一、实证性

世界上很多地方早期医疗史上有所谓的放血疗法，我们现在知道这不仅是无效的，还很可能是有害的。当时人们相信这种疗法是有效的，而不是用实在的证据证明它是有效的。医疗关系到人的健康甚至生死，需要实实在在的证据判断其有效性和安全性，而教育关乎人的成长和人生质量，关系到整个社会的人员素质，教育的质量怎么样？教育过程和条件存在哪些不足？回答这些问题当然不能只凭经验和想象，同样需要实实在在的证据。

几年前一位大学教授在网络上发的帖子受到热捧，其内容是鼓励家长不要放弃对孩子体罚，可以且应该"打孩子"。他现身说法：自己小时候挨了父母很多打，他同样也打自己的孩子，他和他的孩子"都发展得挺好"，这要拜被打之赐！此外，网络上还有引起大量家长共鸣的"中国狼爸"，他也动手打孩子，还把孩子"打进了"北大。基于实证的意识，我们应当提出和思考以下问题：

- 教授、"狼爸"（以下简称"他们"）打孩子的理念与价值观是怎样的？
- 他们打孩子的频率、方式、程度是怎样的？
- 他们打孩子的起因有哪些，不同起因是否"配合"不同打的方式？

- 孩子被打时有怎样的反应和体验？
- 打孩子产生了怎样的副作用？
- 打孩子的效果是否有大小和正负的差异，与哪些因素相关？
- 他们打孩子的同时伴随怎样的语言、表情、肢体动作？
- 他们打孩子的环境是怎样的？打孩子前、后是否还有其他教育行为？
- 他们和孩子有怎样的亲子关系？这对他们打孩子产生了怎样的影响？
- 他们自身是怎样的人？包括其人格特质、成长经历、受教育经历等，这些对其打孩子有怎样的影响？
- 其他家庭成员对打孩子的反应是怎样的？
- 被打孩子的重要他人——如孩子的老师、亲密同伴——对这种打孩子及其效果有怎样的体验和反应？
- 社会上人们对于打孩子有着怎样的观念？

要想回答这些问题，就有必要对教授、"狼爸"、孩子及相关人员进行访谈、观察、内容分析、心理测量、实验等，这些方法即为"实证方法"，由此获得的有关信息即为"实证信息"，这样的研究即为"实证研究"。

当我们以实证的态度和方法提出并探究上述问题，基于实证信息审视打孩子的方式、原因、条件、环境，以及这些因素与打孩子的结果之间的关系，就会发现对"打孩子必要且有效"的附和与认同是多么盲目和不靠谱——有些家长打"成功"了，更多的可能打出无数副作用，把孩子打成"终身（精神）残疾"！值得深思的是，教育中有多少这样似是而非而又言之凿凿的说法与观念啊！我们亟须借助实证方法对其进行审视、辨析、考证。

"实证"，其字面意思即事实和证据。维基百科对"实证研究"的解释是："用实证证据进行研究。它是通过直接或间接的观察或经历获得知识的方法。实证证据可以进行定量或定性分析。""实证"一词源于拉丁文"positivus"，意为"肯定、明确、确定"。美国社会学家汉森指出："实证研究致力于探寻确凿无疑的知识，所提出的是关于研究对象'是什么、曾经是什么、可能是什么、有望是什么'的陈述。"孔特（Auguste Comte，1798—1857）是实证主义哲学创始人，他在1844年写了一篇论文——《论实证精神》，总结了实证的五个特征：（1）实证指的是真实，与虚幻相反；（2）它表示有用与无用的对比，为的是不断改善现实境况，而不是徒然满足没有结果的好奇心；（3）它表现肯定与犹疑的对立，促成人们在认识上达成一致，结束无尽的争论；（4）它以精确超越模糊，获得对事物、现象描述所要求的精确度；（5）实证是否定的反义词，它的使命是组织而非破坏。涂尔干（Emile Durkheim，1858—1917）是孔特实证主义的继承者和发扬者，也是将实证思想转化为实际研究的践行者。他提出一系列社会学研究的实证规则，在《自杀论》一书中运用统计方法展现了大量资料，用以说明自杀现象受到民族、自然环境、性别、婚姻状况、宗教信仰、社会稳定和繁荣程度等社会事实的影响，从而明确了诸多社会事实之间的因果关系，这为包括教育学在内的社会科学研究提供了范例。①

系统性强调"基于证据""循证"的理念最早出现于20世纪90年代的医学领域。当时的循证医学（evidence-based medicine）旨在通过科学手段（典型的如实验）获得高质量证据用于临床医疗。近20年来，该思想方法逐渐扩展到社会科学领域的研究与决策之中。联合国在《千年发展目标报告》中将基于证据的政策（evidence-based policy）定义为：一种帮助规划者在更充分信息条件下决策的政策过程，该过程以最佳可得证据为核心。它有三个关键特征：（1）客观，不被个人的主观愿望或偏见所左右；（2）清晰的概念与表征；（3）可检验，遵循共同规则，使用共同方法和工具，可以获得相同的结果。

在教育领域，为了提高教育研究在改善教育政策和实践中的地位，美国国家研究理事会于1999年成立了"教育研究的科学原则委员会"。2002

---

① 有关"实证"的内涵及实证研究的历史，参见袁振国：《实证研究是教育学走向科学的必要途径》，《华东师范大学学报（教育科学版）》2017年第3期；以及［美］罗伯特•斯莱文等：《证据驱动的教育改革如何推动教育发展》，《华东师范大学学报（教育科学版）》2021年第3期。

年，该委员会出版了《教育的科学研究》①，委员会主席沙沃森（Richard J. Shavelson）在该书的中文版序言中说："实证证据是对研究结果的不同解释进行正确排除的基础，也是得出合理推论从而积累新知识的基础。"委员会总结出六条科学研究需要遵循的原则，这些原则同样适用于教育研究：（1）提出重要的、可以进行实证研究的问题；（2）将研究与相关的理论相联系；（3）使用能对研究问题进行直接研究的方法；（4）进行有条理的、明确的逻辑推理；（5）实施重复验证和研究推广；（6）公布研究结果，鼓励同行的检查和评判。

在教育实践领域，为了论证教育实践对学生学习与发展的长期影响，美国政府大力推动"基于证据"的政策制定与推行。2002年，时任美国总统小布什签署了《不让一个孩子掉队法案》，该法案强调国家政策"必须建立在事实和证据的基础上"。自此人们对"证据"形成强烈需求与高度重视，类似的术语纷纷出现，诸如"证据影响的"（evidence-influenced），"证据显示的"（evidence-informed），"证据表明的"（evidence-aware）。美国科学理事会发表了《教育的科学研究》《教育战略研究的合作者》《在联邦支持的教育研究机构中加强同行评议》等一系列阐述教育科学研究的报告，主张只有"基于证据"的实践才是检验教育活动的科学性的唯一标准。

教育研究实证化成为不可阻挡的潮流，教育研究自此突破了纯粹的思辨，实证性成为教育研究的一个属性被明确认可，教育研究的实证规范、方法越来越清晰和系统化。

教育研究实证化相当程度上借鉴了自然科学的理念和方法。例如，《不让一个孩子掉队》法案中提到"基于科学的"（scientifically based）有119处，提到"基于科学研究的"（scientifically based research）有69处，提到"证据和基于证据的"（evidence and evidenced）有59处。孔特1822年创立社会学一词时，把社会当成一种可以用科学方法研究的现象，认为社会学应成为与生物学、物理学一样的科学。他原来想要用"社会物理学"

---

① ［美］理查德·沙沃森等：《教育的科学研究》，曹晓南等译，教育科学出版社2006年版。英文版：《Scientific Research in Education》（网络下载地址：http: //nap.edu/10236）。

（social physics）来称呼他所从事的研究，但因这个词语被另一位学者用了而作罢。[①]

教育研究应当借鉴自然科学的研究范式与方法，但从当前的情况来看似乎有点走过头了，出现了对自然科学方法强行征用甚至盲目崇拜的现象，"教育研究的科学主义已然形成"[②]。此现象首先出现在心理学领域，以对科学方法皈依的姿态，将实验、实证、客观的研究方法推向极致，但凡不符合客观与量化标准的方法都遭到排斥。[③]当前，教育研究领域同样出现了这样的趋势和现象，有学者对此表达了忧虑[④]：

近年来，"基于证据"的教育研究不但被追捧，甚至一些学者提出唯有"基于证据"的教育研究才是真研究，才是好研究。而且，这种证据必须是"最为强大"的类型，如基于抽样技术、实验控制等，而个案研究等则是弱的。总的说来需要纯客观、量化、大样本。

我曾听过一个学术报告，所呈现的量化研究基于复杂乃至玄幻的数学统计与模型，得到一个特别反常识的结论。面对这样的结论，研究者不是反思研究的概念、工具、数据分析出了什么问题，而是强行解释其意义与合理性，将此当作一个得意的新发现——数据成为笼罩整个研究的信仰！对此有研究者指出[⑤]：

事实上，在几乎所有社会科学实证性研究中，研究问题的确定本身就来自人的意向性，即人们对所生活经验世界的困顿或者某种情感、价值偏好，围绕问题的变量关系确定以及变量的测定、数据的生成等本身都灌注着人们对自我生活世界的理解。以学生学业成绩差异与社会背景的关联为例，如何

---

① [美]艾尔·巴比：《社会研究方法（第11版）》，邱泽奇译，华夏出版社2018年版，第35页。

② 朱立人等：《马克思主义科学观视阈下的现代反科学思潮评析》，《佳木斯大学社会科学学报》，2017年第5期。

③ 顾明远：《中国教育大系：21世纪初中国教育》，湖北教育出版社2015年版，第790，791页。

④ 姜勇，戴乃恩：《论"基于证据"的教育研究的限度："文化存在论教育学"的视角》，《华东师范大学学报（教育科学版）》2017年第3期。

⑤ 阎光才：《教育及社会科学研究中的数据：兼议当前的大数据热潮》，《北京大学教育评论》2013年第10期。

理解和界定"学业成绩"？以分数来界定的成绩究竟反映的是认知能力还是精英权力？

因此，社会科学研究中的数据实际上是有意义的而不是单纯的抽象符号。对于一个训练有素的社会科学或教育研究者而言，没有一种对特定历史和文化境遇中"他者"的深度理解，数据之于他就如同一枚古钱币，仅识得其数字意义上的币值而全然不知其历史与考古价值。即使他具备理论的敏感，善于以经验观察者的身份去捕捉和把握不同社会事件间在数据上的关联性，但如果缺乏对社会事件背后及其背景中人的意图、动机、情感和行动意义的深层体验和文化觉悟，无论其数据分析的逻辑如何严谨，理论的建构如何精致，也不过是希尔德布兰德（David K.Hildebrand）等人所提到的那种自信满满的"社会统计学家"——"一无所有的经验主义"和"没有头脑的计数器"。

我们可以用电脑、软件、扫描仪对试卷中的客观题进行信息采集和评分，但无法用这些手段对蕴含价值观、情感的作文进行评判和量化，因为教育研究的对象不是由千万个零件组成的机械系统。教育实证研究中有客观的数据，但数据背后是情感、意志、诠释。教育研究必须观照其社会性和艺术性，研究目标和研究问题、实证信息收集的方法和工具、实证信息的分析与解释都因此而显现出与自然科学研究不同的特点。

二、社会性

教育有特定的目标，体现人的意志，受到价值观和社会文化的影响，这是教育的社会性的表现，教育研究当然要观照教育的社会性。"教育应当是怎样的""教育现状如何""如何改进教育"，这些都是有关教育价值观的问题，是实证研究选题的重要依据，决定了教育研究的目标和内容。在这个意义上，教育实证研究是为实现更好的教育提供依据，忽视教育社会意义的研究注定是空洞而苍白的。

我们来看发生在中国第八次课程改革中著名的"钟王之争"，由此分析其中的社会性因素及其对教育研究的影响。

　　"钟""王"分别指华东师范大学的钟启泉和北京师范大学的王策三，他们争论的焦点是"知识在教学中的价值及知识习得的方式"。支持和反对他们观点的研究者也加入了争论，下面是几篇有代表性的争鸣文章的摘要：

　　王策三在《北京大学教育评论》（2004年第3期）发表《认真对待"轻视知识"的教育思潮——再评由"应试教育"向素质教育转轨提法的讨论》，认为钟启泉等人撰写的《为了中华民族的复兴，为了每位学生的发展——〈基础教育课程改革纲要（试行）解读〉》强调了要重视"基础学力"，重视"知识"，可是其课程改革的主张却要知识降位、要从知识教育"转轨"。王策三针对钟启泉的观点提出三方面的批评。第一，理念上：坚决摒弃由"应试教育"向素质教育转轨的提法。素质教育内涵不清，没有教育不是为了提高学生素质，坚持"德智体美劳全面发展的教育"更好。推行所谓的素质教育，将几十年来的教育概括为"应试教育"并作为对立面予以批判不妥当，甚至"为考试而教与学"也不能笼统说是弊端。第二，策略上：教学中应"注重知识传授"，根本、永远不存在"过于"的问题。课程史上出现过的学生中心、社会中心、学科中心……基本上都是以失败而告终。第三，操作上：不顾国情和现实，不讲历史和继承，重起炉灶，另来一套；把现行教育的缺点推向极端——"书本中心""教师中心""课堂中心"；也把改革主张推向极端，实行"直接经验中心""儿童中心""活动中心"。

　　钟启泉在《全球教育展望》（2004年第10期）发表《发霉的奶酪——〈认真对待"轻视知识"的教育思潮〉读后感》。他指出，"应试教育"是当前教育弊端的关键表现，是"精英教育"的表现和产物，与"大众教育"的追求不符，必须旗帜鲜明地反对之。他认为王策三的观点是"凯洛夫教育学"教育思想的表现，其所谓的"知识"指的是静态知识、间接知识，忽视了学生基于直接经验获得的知识。他澄清"改变过于注重知识传授的现象"不是轻视知识，其含义有二：第一，除了传授现成知识，注重加强学生对其他知识的掌握；第二，除了传授知识，注重利用更多方式，特别是引导学生进行知识建构的方式进行知识教育。只立而不破不是改革，真正意义上的改革需要大破和大立，"重起炉灶"往往不可避免。同时，过分强调客观因素，忽略或淡化主观因素，一味抱怨现实距理想太遥远，只会使新课程的推进举步维艰。

钟启泉在《北京大学教育评论》（2005 年第 1 期）发表《概念重建与我国课程创新——与〈认真对待"轻视知识"的教育思潮〉作者商榷》。他承认让学生"习得知识"乃是课程教学的基本课题，学校中的课程教学就是使学生习得知识的重要场所。他同时提出问题：对于学生来说，什么是真正的"知识"？什么是有价值的"学习"？他指出，基于心理学研究，知识习得经历了三个里程碑：分别是基于行为主义、认知主义和建构主义的知识观。课程改革提倡的知识教育正是基于建构主义的，强调知识的经验基础，强调知识建构的过程，强调知识的协同。从学习的角度：学习不只是外部的、间接的、静态知识的获得，包括行为的变化、意义的形成、生存的感悟（洞察）、智慧的对话、文化性实践，这些都使得新课程必须超越"（静态）知识中心""传授中心""教师中心"的传统模式，这意味着"凯洛夫教育学"时代的终结。

王策三在《课程·教材·教法》（2008 年第 7 期）发表《"新课程理念""概念重建运动"与学习凯洛夫教育学》，针对钟启泉宣称建国以来我国教育科学汲取的是前苏联教育科学的糟粕——凯洛夫教育学——它应该并已经被"抛弃"，王策三认为凯洛夫教育学反映了现代学校教育的基本规定性，操作性很强，虽然它有局限、缺陷并时过境迁，但具有基本合理性，至今仍有意义。"新课程理念"有一定思想启发性和积极成分，但是它矫枉过正，本质上不符合现代学校教育基本规律，且思想驳杂，含混模糊，缺乏实践操作性，采取"大破大立"的激烈方式，不符合教育改革特点，脱离学校教育实际，人们终究不会完全接受。

郭华在《课程·教材·教法》（2010 年第 1 期）发表《新课改与"穿新鞋走老路"》，援引诸多调查数据，指出新一轮课改已经八年，但它的实施现状却被许多人概括为"穿新鞋走老路"，说明新课改未能遵循学校教育的基本规律，新课改理念及操作未能很好地实现与推行。郭华认为，这不是因为政府不作为、学者不关注，也不是因为教师不合格、不努力，而正是广大师生对某些片面、偏激的所谓"新课改理念"的自发纠偏，是学校教育规律发挥积极作用的实践体现。郭华批评了新课改推行者为了突出、美化"新"路而不惜将原来的"老"路简化、片面化甚至妖魔化。如：新路是"三维目标"，老路一定是只传授"知识技能"而不"培养人"；新路是"自主、合作、探究"，老路一定是"死记硬背、机械学习、被动静听"；新路是"关注社会生活、学生经验"，老路一定只是学习"书本上死的知识"；新路是"多元性、发展性评价"，老路一定只是为了"甄别、选拔"；新路是"师生平等"，老路的"教师主导"就只能是对学生主体性的压制，是教师霸权；……郭华认为，教学要满足学校教育面向大多数人（或者所有人）快速而有效地传授人类历史文化的目的。因此，它总要有这样几个特点：（1）知识成为学校教学关注的最主要对象；（2）讲授是学校教学最重要的传授方法；（3）教师是教学活动的主导者；（4）教学评价必须要有统一而确定的标准；（5）教学本身就具有教育性。郭华援引一个访谈的片段——研究者问教师："教学中有哪些具体的活动？"有的说"提问"（这个是最多的），有的说"讨论"，有的说"练习"，有的说"探究"，还有的说"游戏"，唯独没有人说"讲课"或"讲授"。研究者问："为什么没有人说'讲课'，难道你们在课堂上从来不'讲课'吗？"一位女教师看来是鼓足了勇气才说："讲啊，可是现在都在批讲授，认为讲授是落后的。"

这些内容是典型的思辨，充满了教育价值观，充分体现了教育的社会性，体现了人们对于教育的目标和功能不同的理解。这个案例提示我们，教育是一项社会性活动，没有价值观作规约的教育研究是不存在的，研究选题一定会也一定要考虑其教育价值及社会意义。上述争鸣中出现了非常多的术语，如"应试教育""素质教育""书本中心""教师中心""课堂中心""精英教育""大众教育""凯洛夫教育学""建构主义""静态知识"，等等，这些术语是教育社会性的体现，也是教育价值观的载体，包括对学生素质和教育目标、知识的内涵及其价值、学生如何获得知识、传授在教学中的作用、传授之外其他教与学方式的价值及可行性、课程改革推进的策略等方面的辨析与看法。每个方面都可以为实证研究提供大量有意义的选题，这也意味着有关此争鸣的每一个实证研究都有价值观的介入，都有对教育社会性的观照。判断选题是否有教育意义和社会价值非常重要，甚至很多时候研究者已有某种价值取向，希望通过实证研究获取支持其立场的证据。

帕尔默在《教学勇气》中写道[①]：

我曾凭直觉预感，教育将更加痴迷于外在的价值，从而挤掉支持教师和学生内在价值所需要的空间。如今我伤心地发现这不祥的预感竟如此准确。……那过分的"不让一个孩子掉队法"——一套已严重挫伤教师士气、窒息真正的教与学而且既无资金投入又无事实依据的联邦法令——就是对教与学只关注权重与测量而轻视意义之思维模式的不可避免的后果。有人说：我们需要量化指标，我们需要细称精量，以加强和实施教育问责。我的回答是：当然，我们确实需要细称精量，但必须具备三个我们至今尚未具备的条件。其一，我们要测量真正教育情境中值得测量的东西，死记硬背在真正的教育情境中是无足轻重的；其二，我们要懂得怎样测量我们准备测量的东西；其三，我们要重视那些可测量的东西，更要重视那些量化工具测量不到但同样重要或者更重要的东西。

这段话说得好！教育价值观是研究的基础与驱动，研究的各个环节——收集什么信息、如何收集信息、对收集到的信息从哪些角度去分析——都会受到其影响和制约。例如，有研究者计算教师在课堂上组织学生"自主、探

---

① [美]帕克·帕尔默：《教学勇气：漫步教师心灵（20周年纪念版）》，方彤译，华东师范大学出版社 2020 年版，第 15–16 页。

究、合作"的时间，通过观察、访谈、测试来判断这些教学方式的效果及师生的感受。这些教学方式是新课程提倡的，体现了教育的价值追求，研究者如果在价值观上赞同这些教学方式，就会基于实证研究获得的信息，分析哪些因素会影响新教学方式的效果，基于此来探讨新教学方式在一线实施的策略，这体现了研究者的价值观——希望这种新的教学方式能够在课堂上得到落实。

当我们在研究中对教育现象进行量化时，教育价值观的影响会更加显著与关键。例如，我们要通过测试评价学生的学业成就，命题者对"钟王之争"中提及的所谓"静态知识"的理解及态度就显得非常重要，会直接影响其在试卷中是否设置测查"静态知识"的题目，设置多少题目，以及给每道题目多大的计分权重，而这会直接影响我们对学生学业成就的判断。再如，如果对教师的教学能力进行量化评价，就需要设定由教育价值观驱动的评价维度与指标，这决定了什么样的教学内容和教学形式能得到积极评价和更高的量化分数。这两个例子说明，针对同样的研究对象和研究内容，如果研究者的教育价值观不同，就有可能得到差异很大的实证信息，并据此得到完全不同的研究结论。

三、艺术性

英国学者海特（Highet）在其《教学的艺术》一书中表示，他相信"教学是一门艺术，而不是科学"，因为教学涉及到人、人的感情和人的价值观，他认为这些是"科学鞭长莫及的领域"。[①]前述帕尔默的那段话中，除了强调"值得"测量的东西，还强调要重视"量化工具测量不到但同样重要或者更重要的东西"，这些"测不到的东西"，往往就是教育中的艺术性成分。

---

① 参见"'教学是艺术还是科学'之争"，姚利民：《有效教学论：理论与策略》，湖南大学出版社2005年版第82-85页；亦可参见"教学：是艺术还是科学？"，中央教育科学研究所比较教育研究室编译：《简明国际教育百科全书：教学（下）》，教育科学出版社1990年版，第231-233页。

帕尔默有一位难以忘怀的导师，这位导师改变了他的人生[1]：

我最难以忘怀的有这么一位导师，他似乎违背了优质教学的所有"金科玉律"，讲起课来眉飞色舞、口若悬河，不给学生留一点提问和评说的时间。他只沉迷于自己的想法，对学生的看法听而不闻，这倒不是他瞧不起学生，而是因为他迫不及待地要用所知的唯一方法去教学生，让学生分享他的知识和激情。因此，他上的课几乎都是独角戏，而学生只配当听众。他如此这般的满堂灌听起来像是一场教学噩梦，但当时我却莫名其妙地着迷于他的教学——的确，正是他改变了我的人生。数年后我才明白了为何对他的教学"心驰神往"，那是因为他为我揭示了追寻自我认同的线索。我是家里第一个上大学的，尽管我家看重教育，但无法给我提供如何做学问的先例，可我好像天生就有做学问的禀赋，在整个高中期间，我一直将这种天赋藏在密封的盒中，把课外活动当成主要课业，毕业时学业成绩还稍低于应届毕业生的平均水平。直到大学的第二个学期，我才打开盒子，为盒子里的东西欢欣鼓舞，此后学业上突飞猛进，一路凯歌，读完本科继续读研究生院，接着又到大学执教。读大学时就是那位上课侃侃而谈的教授使我初次认识到自己的这种天赋。

"不给学生留一点提问和评说的时间""对学生的看法听而不闻""学生只配当听众"的"独角戏""满堂灌""像是一场噩梦"，这样的教学和导师却让帕尔默"心驰神往""莫名其妙地着迷"……多么不同寻常又是多么迷人的教学和导师！这典型地体现了教育的艺术性。

艺术的核心是美、美感，美、美感和艺术互为本质。美感是一种情感，是精神乃至心灵层面愉悦的感受。施行教育的是人，教育的对象也是人，教育中必然会有人与人情感乃至心灵的互动、共鸣，他们因此而产生愉悦的、美的感受，就像帕尔默描述的那样。近代学者俞子夷在其《教学法的科学观和艺术观》中指出："我们教学生，如果没有科学的根据，好比盲人骑瞎马，

---

[1] ［美］帕克·帕尔默：《教学勇气：漫步教师心灵（20周年纪念版）》，第60-61页。（对于已标注过的文献，再次出现时只标注作者、书名和页码）

实在危险。但只知道科学的根据而没有艺术的手腕处理一切，却又怎能对付千态万状，千变万化的学生。所以，教学法一方面要把科学做基础，一方面又不能不用艺术做方法。"①教育要让学生在知、情、意方法得到全面的发展，从教育中体验美感、幸福感，这本身就是教育追求的高层次目标。同时，教育教学的最高境界也是教育艺术，如"庖丁解牛"中所说的"技近乎道"那样。因此，教育既是技术的，也必然是艺术的。

教育研究的内容具有主观性、模糊性，且富有情感，因此我们在选题、收集信息、分析信息、做出研究结论时就要匹配相应的方法和策略。例如，富有艺术性的研究内容有时"只能意会而不可言传"，这就需要用"白描"的方法呈现原始的现象与信息，而不做过多的概括、抽象、评价，就像帕尔默描述其"导师做了什么"以及"我的感受""导师对我的影响"。《质性资料的分析：方法与实践》的译者前言中有这样一段话②：

质性研究是科学与文艺的邂逅处，科学强调理性，文艺着重感性，好的质性研究者必须高理性与高感性并备，只有这样才能完成兼具条理性、理论性、可读性与共鸣感的论文。这样的好论文既能增进人们对研究对象的同情式理解，还能对理论的建树有所贡献，甚至为人情事理传达出余韵无穷的弦外之音。……质性研究者想要完善地糅合理性与感性，当然是项高难度的任务，这难度涉及了先天的资质与后天的努力。先天的资质主要关乎质性研究的文艺取向，直观、统观、同情式理解、共振、洞见、创意，以及驾驭文字的能力……但更困难的是，即使你有特高的文艺才情，仍需要具备科学研究的良好素养，才能够借着逻辑组织能力，将庞杂无比的田野资料剪裁成章，由概念化、命题化，走向理论化，写成好的学术论文——脉络分明、纲举目张、举证确凿、立论严谨、结论可靠。

由此可见，教育实证研究应"高理性与高感性并备"，"举证确凿、立论严谨、结论可靠"，这要求我们在研究中加强主观信息与客观信息的平衡，

① 转引自罗明基主编：《教学论教程》，黑龙江人民出版社1987年版，第306页。
② [美]Matthew B. Miles 等：《质性资料的分析：方法与实践（第2版）》，张芬芬译，重庆大学出版社2008年版。

并且基于信息的丰富和多元实现信息互证。例如，如果对帕尔默的导师进行个案研究，我们可通过访谈了解其想法和情感体验；同时也可以通过观察、内容分析等方法收集相关信息，如教学实录、事件记录、工作日志、教学计划、学生成果等；还可以选择其他研究对象进行访谈，从而实现主、客观信息的平衡及信息互证。需要说明的是，这么做的目的并不是为了消除研究内容中的主观、情感和模糊性，而是为了加强信息的完整性和真确性，在此基础上形成对信息更准确的理解与解释。

总的说来，我们会更多地用质性而非量化方法收集与分析主观的、情感的、模糊的信息，信息的生成和解释更多依靠诠释而不是计量，研究者有可能与研究对象进行深入互动，会有情感共鸣以及意义的生成与理解。例如，前面的引文中帕尔默说，"他为我揭示了追寻自我认同的线索""在整个高中期间，我一直将这种天赋藏在密封的盒中，直到大学的第二个学期，我才打开盒子，为盒子里的东西欢欣鼓舞"，如果这是访谈中出现的信息，研究者可以追问：

- 你做学问的天赋为什么被贮藏、封闭？
- "密封的盒子"是什么意思？
- "盒子"被打开的契机是什么？
- 你说"盒子"被打开时欢欣鼓舞，能具体谈谈这个感受吗？
- 天赋封闭在"盒子"里时你的感受又是怎样的？
- 导师为你揭示了追寻自我认同的线索，他具体做了什么，为什么会对你产生如此重要的影响？

这些问题的提出和回答都基于理解和诠释，其中还有情感的共鸣，基于此，我们能对研究对象形成全面而深刻的认识。

需要强调的是，本书讲的是实证研究方法，"实证"是研究不可或缺的关键属性，即使对于有艺术性的研究内容，仍然要从"实证"的视角对其进行分析和处理，不能把研究报告写成文学作品。例如，利用访谈法收集信息时，受访者可能表达主观的、情感的、有一定模糊性的内容，这些内容与自然科学中的"实证"不同，但它是真实的、确实存在的，而不是想象、杜撰、虚构的，这是富有艺术性的教育研究内容"实证"的特点。

　　此外，研究者在访谈中很有可能对受访者表达的内容产生情感共鸣，由此产生主观判断，进而生发更深入的访谈，研究者可以将此记录在研究报告中，作为深入理解研究对象的素材，这也是"实证"，因为它不是研究者的自说自话和凭空想象，同样是真实的、确实存在的。

第二章 研究选题

　　教育研究要解决"研究什么"和"怎么研究"这两个基本问题，前者决定了研究的方向与目标，后者决定了达到目标的路径与方法；前者关乎研究选题，后者关乎研究设计。本章分析"研究什么"——研究选题的方法与策略。

　　研究选题极为重要！它决定了研究的方向、价值和品质。总的说来，研究选题要有意义、有基础、有可行性。对此进行分析之前，我们先来看一位研究者对其博士论文研究选题的反思[①]：

　　总的来说，我投入时间也不算长，大约是一年时间，虽然完成了，但自己不是太满意，也有许多教训。对于定量研究，数据当然是基本材料，但也因此容易陷于数据导向的研究。事实上，我整个研究生期间的研究，都是由两个数据库——中国私营企业调查和首都大学生成长追踪调查——驱动的。

　　当我决定使用"首都大学生成长追踪调查数据"时，对该数据并不熟悉，即使知道要做"教育不平等"，也没有具体明确的问题和理论框架来引导。这样的话我首先花了大量时间和精力来熟悉数据，虽然在此过程中，研究问题逐渐明确，但该问题是建立在数据基础上的，因为我必须提出数据能够回答的问题，无论是支持还是证否。当我对数据进一步分析的时候，发现分析结果并没有我想象得那么有趣，这个时候换题目已经没有时间了，我只能想着给这样的结果赋予些意义，而这样的意义看起来就是一种虚假的深刻。当我毕业以后跳出那个毕业焦虑的情境，重新思考教育不平等研究的整

_____

① 该文 2020 年 5 月 6 日发表于微信公众号"学术与社会"。

体脉络，发现如果当时不局限于这个数据，而是从自己关心的研究问题出发，或许做出来的研究更有生命力。

正因为数据导向容易使得数据与理论相脱离，因而一直受到学界的诟病。我经常听到别人批评定量研究，主要有两个方面：一个是"你做的结果和我们的常识基本一样，还需要你费这么大功夫做吗？"一个是"你做的结果和我们的常识完全不一样，这就是玩数据的结果！"从这两种批评可以看出，大家对于定量研究的期待可能是"情理之中，意料之外"，符合常识，但又要发常识之所未发。我想，要达到这种目标，可能理论导向的研究更靠谱些。

这两段话很重要，信息量很大。研究者以现身说法的方式反思自己研究的缺憾（如下表所示）：

反　思	期　望
– 数据导向 – 玩数据 – 没有具体明确的问题 – 没有理论框架 – 没有想象得那么有趣 – （勉强）给结果赋予意义 – 虚假的深刻	– 从自己关心的研究问题出发 – （使）做出来的研究更有生命力 – 符合常识，但又要发常识之所未发 – （做）理论导向的研究

这提醒我们，一定要做好研究选题的工作，为高质量研究奠定基础。

我们以《中国教育学刊》2014年度重点征集的选题为例，分析研究选题的特点及选题时要考虑的因素。[①] 该年度重点选题有立德树人、教育公平、中小学生学业负担、现代教育体系、民办教育改革发展、教育投入与经费使用效益、教育家办学、教育质量与管理、教育评价、安全教育、学习科学、教育技术、课程研究、家校合作、学前教育改革发展、教育微论等十六个方面。以其中的"中小学生学业负担"为例，它包括以下更为具体的选题方向：

---

① 《2014年〈中国教育学刊〉重点选题》，《中国教育学刊》2014年第2期。

- 中小学生学业合理负担的量化研究；
- 中小学生学业负担现状及其问题研究；
- 学生学业负担过重原因及其策略研究；
- 学生学业负担的个案研究；
- 减轻中小学生过重学业负担的实践研究；
- 国外学生学业负担比较研究。

由此可见，研究选题即选择研究的课题、领域、内容，它决定了研究的总体方向，与本书第四章介绍的"研究问题"相比更上位、更概括。总的说来，研究选题要考虑目的、意义、内容和可行性等四个方面的因素。例如，如果选择"中小学生学业合理负担的量化研究"，这个选题的目的是"描述"学生学业负担的状况；如果选择"学生学业负担过重原因及其策略研究"，其目的是"解释"学生学业负担过重的原因并提出对策。

初步确定选题之后，我们要从理论和实践两个方面来评价选题的意义，进而审视该选题是否有明确、充实的研究内容，对研究结果形成较明确的预期；最后，我们还要评估研究的可行性，包括自己的研究兴趣和该领域的研究基础，如有必要还需要做预研究以确认研究的可行性。

下面我们对选题要考虑的这四个方面的因素进行分析。

一、选题的目的

实证研究的关键是收集高质量的实证信息并对其进行分析，这么做的目的是为了对研究对象进行"描述"和"解释"，这也是研究的两种基本目的。

（一）描述

学生的学业成就怎么样？教师的教学效能感状况如何？师生关系好不好？教研员对实施整本书阅读有怎样的看法？某区教学实验的进展顺利吗？……教育教学中有大量这样的问题需要通过实证研究进行回答，其关键在于收集实证信息对这些方面的状况进行描述。

下面我们来看一个研究者对其经历的"学生评价"的描述[1]：

自打我上学之后发现我学习一直都不错，……记得小时候期末考试后就会拿到成绩通知单，上面主要是各科成绩以及在班级（那时我所在的小学规模很小，每个年级只有一个班，人数也不多）里的排名情况，还有班主任的简短评语，大多是"热爱班集体，尊敬老师，团结同学"之类简短的几句话，成绩是最主要的评价内容。成绩单发了后，回家的路上碰到熟人，大多会问同样的话："考多少分？第几名？"后来附近的亲戚或熟人鞭策自己孩子学习时都要说："你看看人家××学习多好！"我一直对这种说法或概括感觉不大舒服，仿佛我就等同于考试高分，除此之外，别无价值。后来的成长和教育经历也多次无意间强化了这一点。

我对上学之前的童年记忆很少，记得有一天我正坐在架子车上一晃一晃地吃早饭，我的小姑（爸爸的堂妹，只比我大两岁）来叫我，说她要去上学了，问我去不去，我不知道上学是什么，觉得挺好玩，就高兴地说我也去。……那时，我五岁多一点。最初，老师让年龄大的孩子或留级生帮助年龄小的，具体也不记得帮助了什么，可能是让新入学的小孩尽快适应学校生活吧。反正，一年下来，我们同村的很多小孩没有升级，而我却升入了二年级。当时似乎特别流行留级，每年暑假前的全校集合大会上，校长总会在台上念各个年级的升级名单，被念到名字的同学就往前跨一步，表明下学年就升入高一年级。每次我都往前跨一步，结果，我的同学就比我大得更多。

初中的时候，大家都是住宿的，每周从家里带很多馒头和能放一段时间的咸菜，而我去在学校做老师的爸爸那里吃饭和住宿，就少了很多大家集体吃饭、晚上熄灯后聊天的甘苦记忆。我和同桌关系很好，冬天我们俩的脚都冻了，爸爸用一种偏方熬水，我和同桌一起洗脚。她时常会拿些好吃的，比如我记得一次拿的是皮冻，我们就在早自习课上偷偷地吃，结果被巡视的英语老师发现了，他过来对我同桌说："人家已经学会了，你呢？人家玩你也

---

① 李树培：《描述性学生评价论》，山东教育出版社 2012 年版，第 2-3 页。有删减。

玩？你也跟着人家起哄？"虽然不是很严厉，但我很不好意思，好像我别有用心拖同桌后腿似的。

高中我读的是市重点高中的一个实验班，我们班是从全市招来的，大多是各县的农村孩子，市区的只有五个，大家差别不是很大，都很淳朴且土里土气的。高二文理分班之后，我们新的班级就有了很多市区的孩子。有些会跳现代舞，有些会画漫画，有几个长相、走路都跟模特似的，感觉一下子多彩起来。我同桌是一个很漂亮的城市女孩，能歌善舞，但学习成绩不太好，打算报考音乐类院校，我总是给她讲题目，下课她就教我唱当时的流行歌曲，很多都是电视剧插曲，她可以说是我的音乐启蒙老师。她还教我学说普通话……每天晚饭后我们就到校园里打羽毛球，直到晚自习铃声响起才进教室。一次晚自习课间，我俩又飞奔着跑下楼梯，去校园里玩，在楼梯旁碰到了班主任老师，他叫住了我，说："你怎么老跟她混在一起啊？"我当时也没有吭声，但心里觉得不舒服。我当然不会跟她讲老师不让我和她玩。不知我同桌听到了没有，若听到，她心里会作何感想？

这是对研究者所经历的"学生评价"鲜明的描述——"万般皆下品，惟有分数高"！这样的描述很重要，使我们可以了解关于学生评价"发生了什么"，即学生是如何被评价的，评价的依据、标准、方式是怎样的，对学生产生了怎样的影响。

下面我们对描述在实证研究中的价值及关键特征进行分析。

1. 描述是实证研究的核心与基础

上面的案例中，研究者描述了她自己亲身经历、体验的"学生评价"，藉此我们得以理解有关学生评价的状况，分析它对学生的发展产生了怎样的影响，进而设计相应的举措优化学生评价、促进学生更好地发展。陈鹤琴在其研究中主要以量化的方式描述儿童提问的次数、载体（见本书绪论），使我们对儿童好奇心的重要表现——提问——的状况有了基本的了解，据此我们可以推测、解释儿童好奇心的状况及特点，这有助于我们回应、维护、激发儿童的好奇心。

描述有质性和量化两种方式，我们可以选择其中一种描述方式，也可以同时选择两种描述方式。量化和质性相结合的描述值得鼓励，因为任何事物都是质与量的统一体，没有质的规定性，量没有意义；而缺乏量的存在与积累，质也无法界定与表达。因此，量化与质性描述是相对的区分，只是有的研究侧重质的描述，有的研究侧重量的描述。上面有关学生评价的自述以质性描述为主，同时也可以补充量化的成分，如研究者对小学"升学与留级"这一制度进行描述，"留级的人很多，升级的相对较少"，说明其严格程度，如果有具体的升级、留级人数（比例）的量化数据，对此现象的描述就会更加精确。同样，陈鹤琴在研究中收集儿童提出的问题，利用"内容分析法"（见本书第六章）对这些问题进行质性分析，在此基础上对儿童的提问进行分类，进而进行量化的统计分类。总之，质性与量化描述可紧密结合，二者相互支撑，形成对事物既有骨架又有血肉的描述。

2. 素材的质量非常重要

描述的关键是呈现研究对象的表现或相关现象，如呈现学生考试的表现来说明其学业成就；呈现"学生评价"的相关现象来说明其状况及对学生的影响；呈现儿童的提问来说明其好奇心的形式及特点。这些表现和现象都是用来对研究对象进行描述的原始素材，后面文献综述部分提到的"零次文献"，如书信、论文手稿、笔记、实验记录、会议记录、田野调查记录、试卷和问卷作答记录、个体的作业、访谈音视频、视频影像等都是原始素材。这些素材是否全面、精细、深入将直接影响描述的质量。因此，是否能收集到高质量的素材，是评价研究选题价值及可行性的一个重要依据，也是评价描述性研究质量的关键因素。

3. 描述是现象与意义的融合

对事物进行描述不是直接呈现原始素材，而是要对其进行整理加工。如陈鹤琴将儿童提问的原始记录进行整理，剔除无效的言语信息，在此基础上进行概括和分类。上面案例中研究者有关"学生评价"的记忆一定比最终呈现出来的多，她必然要对记忆中的内容进行筛选，选择并整合其中有价值的内容。有研究者指出，原始素材的整理加工可看作是一种"转化"①：

> 我们应该认识到，经验性的描写或生活经验的描述——无论是口头的或付诸文字的——和生活经验本身并不是完全相同的。所有经历的回忆，经历的思考，经历的描述，经历的访谈录音，或经历的谈话记录都已经是对经历的转化（transformation）。甚至在以录音带或录像带直接记录生活片断时，生活也已在被捕捉的那一瞬间被转化了。

"转化"这个概念很重要，它提醒我们实证研究的描述是通过对原始素材的整理加工也即"转化"实现的。"转化"包括凸显某些素材、安排素材呈现的顺序、对素材进行整合、将素材类型化等。基于这样的"转化"，原始素材被功能化、结构化，在此基础上实现对事物的描述。值得注意的是，收集怎样的素材，以及对素材进行怎样的"转化"是由目的和意义驱动的。上述有关"学生评价"研究的研究者说：

> 我之所以选择描述性学生评价这个研究主题，某种程度上正是出于自己的学校生活体验，以及与同学的交往遭到老师的"善意提醒"这些经历。多年来一直有个微弱的声音萦绕于脑海之中：在求学阶段，一个人的角色体认只能是学生，评判标准只能是"好学生"吗？一个学生的价值只能根据其学习成绩由教师和家长赋予吗？

研究者对"学生评价"的体验对其来说有特定意义：在教育中学生的角色只是学生吗？评价学生价值的只有成绩吗？只能由教师和家长评价学生吗？这是一直萦绕于研究者脑海中的声音和疑问，构成其对"学生评价"相关现象进行描述的驱动力。

从现象学的角度看，现象与意义是融合的。海德格尔说，现象学就是"以其表现自身的方式来展现其意义"。基于现象学视角，做研究就是对某事物表情达意。伽达默尔指出，我们力图在呈现内容的同时说明其意义，它指

---

① ［加］马克斯·范梅南：《生活体验研究：人文科学视野中的教育学》，宋广文等译，教育科学出版社 2003 年版，第 66 页。

向（pointing）事物本身，同时指出（pointing out）事物的意义。就像我们把一朵花拍下来拿给别人看，不仅在表达："看，它是这样子的！"更在表达："（我觉得）它很美，你们看到了吗？""看，是不是这样？"这样对现象的呈现不仅是在描述花的形象，更是我们对其意义的"解读""指出"和"分享"。①

如前面所分析的，教育具有社会性和艺术性，对研究对象的描述往往同时也是对其意义的揭示。研究者因理解、兴趣、感动而关注研究对象并收集相关信息，进而对这些信息进行"转化"，这些都是由研究者对与研究对象相关现象的意义的理解所驱动的。就像我们拍下一张风景照时，已经有动机（被吸引、被感动）蕴含其中，我们通过构图、光线、主体和背景的关系表现对此风景的意义的理解。这样看来，教育实证研究中的很多描述不是完全客观的"再现"，而有些像文学的"表现"。但是请注意，即使是文学的"表现"，其内容也不是凭空捏造的，其表现的形式也是符合情感逻辑的。实证研究中的"表现"虽然有主观因素的介入，包括目的的驱动和意义的诠释，但它非常强调主观表达的客观基础，即描述应以丰富、翔实的原始资料为支撑。因此，一般情况下研究报告要附录关键的原始素材，这些素材是描述的基础，某种意义上比研究者的描述更重要，因为其他研究者可以基于这些素材对描述的质量进行判断，甚至基于这些素材从不同视角生成更多对研究对象的描述与理解。

（二）解释

教育教学中会出现如下表所示的四种现象（事件）：

	现象（事件）	
	出现 / 程度加强	没出现 / 程度减弱
有操作	新的教学方法有效提升了学生的学习成绩。	新的业绩奖励制度未能提高教师工作积极性。
没操作	学生这学期学习状态明显好转。	学生年级越高主动提问越少。

---

① 参见 [加] 马克斯·范梅南：《生活体验研究：人文科学视野中的教育学》，第 31、32、41 页。

"有操作"指人为施行某种行为以改变某个变量;"没操作"则指没有特定的、有意的人为干预。教育教学中很多现象(事件),无论是出现/程度加强,还是没出现/程度减弱,都会引发我们的好奇心:"为什么会发生?""为什么不会发生?""怎么会这样?"回答这样的问题即是"解释",这是实证研究的一个重要目的,也是常见的研究选题的驱动。

解释的本质是探查、说明两个或多个因素之间的因果关系。结果大多发生在原因之后,人们往往由果溯因,对因果关系的探究大多表现为对事物"原因"的探求。"原因"最早的一种定义来自亚里士多德,他认为原因是用来回答"为什么"的。真正为因果推论奠定方法论基础的是18世纪的大卫·休谟,他指出,我们必须也只能通过经常性地观察事件发生的规律来了解因果关系。休谟提出确定因果关系的两个原则:一是原因在时间上早于结果,二是原因和结果在时间和空间上的距离都要相近。

英国哲学家和经济学家穆勒(Mill,J. S.)在《逻辑学体系》(*A System of Logic*)中提出五种基于归纳法研究因果关系的方法,被称为穆勒五法,即契合法、差异法、契合差异并用法、共变法、剩余法。[①] 这些方法成为当时人们用以发现定律尤其是因果律的有效工具,并成为古典归纳逻辑的重要组成部分。在这五种方法中,契合法和差异法是最基本、最核心的两种方法。契合法是指考察几个出现某现象的不同场合,如果各场合除一个条件相同外,其他条件都不同,这个相同条件就是该现象的原因,即多种场合中ABC、ADE、AFG……只有A条件相同,且都有a现象出现,则A是a的原因。因这种方法是异中求同,所以又叫做求同法。差异法指的是比较某现象出现和不出现的场合,如果这两个场合只有一个条件不同,其他条件都相同,那么这个不同条件就是该现象的原因,即两种场合ABC、BC,前者有现象a出现,后者没有,则A是a的原因,因这种方法是同中求异,所以又称之为求异法。

穆勒五法应用于教育研究时会遇到困难,因为在教育情境中影响因果关系的因素太多、太复杂,甚至有许多未知因素,这给因果关系的认定带来很

---

① 彭漪涟等主编:《逻辑学大辞典(修订版)》,上海辞书出版社2010年版,第343–344页。

大的困难。例如，解释体罚给学生造成的影响，即澄清体罚与学生反应的因果关系非常复杂，如下表所示：

因	相关因素		果
体罚的内容 体罚的形式 体罚的强度 体罚的频率	体罚实施者	与接受者关系 气质与个性 教育信念与人生阅历 个体背景（性别、个性、受教育程度等）	被动／主动接受 表面／内在接受 积极／消极转变 达到／未达到目的 ……
	体罚接受者	与实施者关系 气质与个性 过往经历	
	体罚原因	客观事件／诱因 / 实施者的解读 被实施者的解读	
	体罚目的	泄愤 羞辱 矫正 / 被实施者的解读	
	体罚伴随因素	爱与期望 讲道理 体罚者情感表达	
	体罚环境	私密场合 公开场合 有／没有熟人在旁边	
	体罚前情	经常／不经常体罚 规则清楚／不清楚	
	……	……	

由此例可见，在真实的教育情境中寻求因果解释存在四个方面的困难：（1）因果关系非常复杂，只有一个原因和一个结果的情况很少见，很多时候表现出多因一果、一因多果；（2）存在因果循环，即结果会反过来影响原因，如学生被体罚后的表现反过来会影响体罚的内容、形式、强度、频率；（3）介入、影响因果关系的因素很多，易受随机因素干扰，很多因素难以控制，有些因素甚至难以察觉；（4）诸多因素难以实证化，如表格中的很多因

素相当主观，有时很难做出清晰的判断。

在自然科学研究中，基于严格变量控制的实验是发现、证实因果关系最可靠乃至唯一的方法。在科学实验中，实验变量往往可以被精准操控，无关变量能够被有效控制或平衡；可以实时、精准测量并记录实验数据；可以替换实验材料反复实验并保持实验环境高度一致性。基于这样的实验不仅可以发现变量间是否存在因果关系（自变量是否引起因变量的变化），还能将这种因果关系数量化、模型化（自变量引起因变量怎样程度的变化）。

教育研究也使用实验法，但往往会面临上述四个方面的困难。在这种情况下，社会学研究尝试通过优化变量控制以提高因果解释的效力和可靠性。例如，费舍尔（Fisher）完善了随机化实验设计，将足够数量的被试随机分配到控制组和实验组，根据大数定理，个体各种不可控的差异在随机分配过程中被抵消了。此外，还利用排除法、恒定法、匹配法等控制或消除无关变量（的影响）。[1]

我们应认识到，所有这些优化变量控制的努力是有意义的，但不能高估其效果。社会学研究中常用的统计模型，其因果解释率（即因变量的变化能被自变量的变化解释的比例）一般不超过 0.5，相比之下，生物学的解释率一般都在 0.8～0.9，而物理学领域的解释率则能精确到误差可以忽略不计。[2]需要指出的是，研究中的变量控制越严格，研究越接近实验室实验，因果解释的可靠性越高，但其生态效度——指研究结果推广到一般行为与自然情境的程度——可能会变差，因为严格控制变量的实验室情境与实际的教育情境存在很大差异，基于精准变量控制的因果解释推广到真实情境时可能会遇到困难。

基于上述因果关系解释的复杂性，人们将社会学中的"原因"定义为：使某种结果更有可能出现，并且没有它某种结果就不会出现，或者说它能够在适当的条件下产生某种结果。[3]"可能"两个字值得关注，它显示了教育研

---

① 参见本书第九章实验法中的相关内容。

② 彭玉生：《社会科学中的因果分析》，《社会学研究》2011年第3期。

③ [美]萨曼莎·克莱因伯格：《别拿相关当因果：因果关系简易入门》，郑亚亚译，人民邮电出版社2018年版，第5页。

究因果关系推论的特点及复杂性——即某种结果的产生由一系列条件共同导致，许多因果关系都包含偶然和未知因素，原因可能只是提高了某种结果出现的可能性，但并不保证它一定会出现。因此，社会学研究中的因果关系也被称为"概率型""或然型"因果关系。

自然科学基于严谨的变量操控、测量进行因果解释（explanation），社会学研究探察"或然型"因果关系，除了优化变量控制之外，它还基于诠释（interpretation）理解和判断因果关系，这是质性研究特有的方式。研究对象社会性越强，所处的情境越复杂，就越需要这种诠释的方式（参见本书第六章内容分析法中有关"诠释"的内容）。以前述研究者对自己经历的"学生评价"的描述为例，我们可以对其中的因果关系——诸如"学校为何以分数为核心乃至唯一标准评价学生？""这样的评价会对学生产生怎样的影响？"——进行分析和解释吗？可以得到比较可靠的因果判断吗？答案是肯定的，即可以基于相关现象的描述对因果关系进行诠释。

胡塞尔指出："事实和本质是不可分离的，虽然本质存在于个别之中，但是每一个别存在都是偶然的。只不过这种被称为事实性的偶然性……与一种必然性相关。"[①]胡塞尔认为这种必然性具有本质的特征，本质存在于每一事物或现象中，任何事物和现象都具有通向本质认识的可能，这是基于现象进行因果诠释的基础。前述研究者呈现了有关"学生评价"的现象，这是个案，其中有偶然性，但同时也有必然性和本质存在。绝大部分教育现象不是发生在实验室，未能（无法）对其中的变量进行严格操控与测量，基于诠释解释因果关系因此成为一种重要且有效的方式。诠释往往针对质性资料，包含对其社会文化内涵及教育意义的理解与挖掘。诠释有主观性，但这不意味着它是随意的，阐释有理论基础，有多样化的方法与范式，其优劣和价值取决于实证资料的质量及阐释者的知识与经验。以前述对"学生评价"相关现象的诠释为例，诠释者的教育学、心理学、教育社会学等方面的知识，还有其对一线教育教学实际状况的了解，都会对其诠释的质量产生重要影响。诠

---

① [德] 埃德蒙德·胡塞尔：《纯粹现象学通论》，李幼蒸译，商务印书馆 1992 年版，第 196 页。

释的质量越高，对因果关系中"或然"的解释就会越精确，越有助于消除其模糊性和不确定性。

二、选题的价值

研究一定要有意义、有价值，这是毋庸置疑的。什么样的研究选题是有价值的呢？总的说来，研究要能够基于"描述""解释"，提供有关研究对象的"新发现"，而且这种"新发现"应是"理论化"的。此外，教育是一个高度实践性的社会活动，这要求教育研究选题必须面对实践问题，具有实践价值。

（一）理论化新发现

我曾评审一篇硕士论文，对论文作者提出一个问题："你的研究关于优化整本书阅读，提出了某种做法，可是现在每个要实施整本书阅读的老师都会有自己的做法（体现于教学计划或教案中），你这可能只是一千种做法之外的另一种做法，其价值在哪里？"学生回答："对我来说这是新的，没有人做过，在一千种做法外又多了一种做法，这就是价值。"这个回答令人失望，这样的研究很可能是没有学术价值的。

研究的核心价值及必要性在于：基于"理论化新发现"回答研究问题。这里有两个重点——"理论化"和"新发现"，二者相辅相成、互为约束。

对实证研究来说，收集到以往没有的"新信息"，对其分析得到"新结论"，是否就是"新发现"呢？不一定。例如，王先生发现基于同样的品牌、容量、菌粉、程序、温度条件，用脱脂牛奶和全脂牛奶自制酸奶的效果是一样的。这对王先生来说是"新发现"，因为他的很多朋友误以为用全脂牛奶效果更好，他们都没做过这个实验，甚至全世界也只有王先生用某品牌的牛奶在某个特定的时间和地点做了这样一个"独一无二"的实验。这对王先生个人来说当然是一个有趣的"新发现"，他可以将其发表在朋友圈，但要发表在学术杂志上显然不够格。因为现有生化理论已清晰地阐明了牛奶制备酸奶的过程和机制，并且对其中的关键参数进行了精确量化。[①] 请注意，该理论"适用于所有品牌的牛奶"，包括未来可能出现的新品牌，这体现了理论的普适性。我们不能因为用了不同牌子的牛奶、在自己家里做的、用了塑料容器、是深夜做的等而声称有了"新发现"，这一切只是对已有理论的验证，是在经验和现象层面的扩展，没有在理论层面提供新的认识，从研究和学术的角度来看它不是"新发现"。

我对学生的整本书阅读研究的价值有疑问，学生认为即使已有一千种做法，自己的做法和他们都"不一样"。如同上面的酸奶实验，这种"不一样"只是在具体现象的层面上，如果已有研究相当完善地说明了这些现象背后的规律、本质、原理、机制，第"一千零一个"研究也只是在现象层面增加了一个案例。毛泽东说："感觉只解决现象问题，理论才解决本质问题。"[②] 严格意义上，只有能得到理论化知识的研究才是真正的研究。彭加勒（Poincare）曾形象地比喻："科学是由事实组成的，就像房屋是石头砌成的；但是事实的累积并不等于科学，就像一堆石头不等于房屋一样。"[③]

很多一线教师面对要完成的工作任务，如实施整本书阅读教学，必须设计工作方案将其落实在教学中，教师因此而研究、撰写工作方案当然是有价值的。但是请注意，这个价值是从推进工作的角度来说的，它很有可能不具备从研究视角而言的学术价值。没有理论基础、理论视角，最终没有形成理论化的新发现，是其没有学术价值的关键原因。我们前面提到，很多教师把研究等同于日常工作，把研究报告写成工作总结，但它不适合发表在学术杂志上，也不适合作为学位论文。

教育教学中有非常多大家耳熟能详的理论，如杜威的儿童中心、活动中心、经验中心理论，马斯洛的需要层次理论，加德纳的多元智能理论，皮亚

---

① 乳糖在乳糖酶的作用下被分解为单糖，在乳酸菌作用下生成的乳酸（PH值达到4.6~4.7时）使牛奶中酪蛋白发生变性，凝集沉淀而形成酸奶。这个过程没有脂肪参与，乳糖被分解转化，这是乳糖不耐受的人适合喝酸奶的原因。

② 毛泽东：《实践论》，见《毛泽东选集（1-4卷）》，人民出版社1991年版，第286页。

③ 转引自曾凡斌：《大数据应用于舆论研究的现状与反思》，《现代传播》2017年第2期。

杰的认知发展阶段理论，皮尔曼的智力二因素理论，维果斯基的最近发展区理论，等等，受到研究基础、研究能力、研究范围、研究条件的制约，我们不太可能构建出如此系统、深刻的理论，一线教师研究的目标在于形成"理论化新发现"，它具有如下关键特征：

- 抽象性，超越感性经验，基于概念体现了对事物的理性认识；
- 普适性，超越对具体现象的认识，实现对事物本质和规律的认识；
- 逻辑性，以高质量实证信息为基础，经过严谨的逻辑推理而形成。

这些特征是我们在研究选题时要考虑的，即通过设定具体的研究问题、预研究和研究设计（这些后面均有详细分析），评估是否能基于研究得到具有上述特征的理论化知识。

理论化知识可以表现为判断、说明、主张、公式、模型、程序、原理等。例如，有研究者综述了教育戏剧的起源与发展，其中有诸多理论化研究成果[1]：

瓦德（Ward）：戏剧性活动包括戏剧性的扮演、故事戏剧化、运用创作性戏剧技术于正式的演出。

斯莱德（Slade）：即兴与创作性动作是儿童的基础表现。

拉邦（Laban）：必须含括六种动作要素与八项基本训条，用以组成动作之续列。

卡拉德（Garrard）：青少年运用创造力于舞蹈、戏剧与剧场之内。

金（King）：主张结合戏剧的方法，舞蹈与其他艺术在基于美感的条件下形成多媒介路径。

麦凯瑟琳（McCaslin）：戏剧性的活动是学校课目内的一项基本课程，想象则是创作游戏的开始。

哈卡（Haaga）：戏剧化的要求是人类的本能，但首先是一种艺术形式。

克莱斯特（Criste）：剧场应帮助儿童解释过去、现在与未来的生活，应有过去的历史剧，让儿童想象认知当下的戏剧与向未来挑战的戏剧。

---

[1] 张晓华：《创作性戏剧教学原理与实作》，上海书店出版社 2011 年版，第 2—6 页。

维渥拉（Viola）：若与满足儿童观众相较，扮演者的个人成长才是真正的目标。

这些研究成果均具有理论化知识的特征，都有一定的抽象性和普适性。这意味着研究对象和研究情境可以是特定的、具体的，但研究结论要在一定程度上触及研究对象的规律和本质，并因此而有一定程度的普适性。

总之，通过研究能否得到"理论化新发现"是选题的一个关键考虑。有研究者指出："学术研究特别强调理论意义，即理论缘由（theoretical rationale）。每一个好的研究问题背后都有一个理论问题，反映研究者的理论训练和理论修养，决定了研究的价值。"[1]例如，一篇研究东北农村教师的博士论文，其选题依据是"人生的前二十多年一直生活在这片黑土地，对这片土地上的农村教师饱含情感"以及"读博期间曾经在美国交流一年，发现美国教师的境遇与东北农村教师差异很大"。这两个都不是好的选题依据，研究由个人情感驱动，缺乏理论缘由。任何研究都要建立在已有研究的基础上，这意味着研究选题应当"来自理论又走向理论"。

因此，我们要通过文献综述梳理以往研究得到的理论（化）成果，为自己的研究选定理论视角，划定理论范畴，明确其理论基础。这项工作特别重要——"有了理论的根才能长出理论的苗"。例如，有关"整本书阅读"的研究，我们可以将认知心理学理论、阅读测量理论、文学赏析理论、阅读教学理论、人际互动理论等作为研究的理论基础，基于理论视角规划研究的目标、内容、方法，并对能产生怎样的理论（化）成果形成预期和说明。

（二）面对实践问题

教育具有典型的实践性，教育研究通过描述、解释教育现象为其发展和完善奠定基础。因此，教育研究一定要有实践价值，即面对和解决教育教学中有价值的实践性问题。有实践价值的研究选题有三个特征：（1）它基于某种教育价值观；（2）它的研究内容在教育教学实践中真实而具体地存在；

---

① 彭玉生：《"洋八股"与社会科学规范》，《社会学研究》2010 年第 2 期。

（3）它的探究和解决有必要性乃至紧迫性。

　　我们鼓励教师从自己的日常教育教学实践中发现研究选题，这样的选题往往具体、鲜活、有生命力，而且能解决教育教学中的实际问题。下面我们来看一个例子，这是我给北京师范大学的本科生上"教育心理学"课时，一个学生分享的自己的一段学习经历：

　　还记得小学四年级的一道奥数题："中午十二点时针和分针重合，再过多少分钟时针和分针第二次重合？"读完题后，我下意识地环视教室，令人失望的是并没有找到钟表。我只能合上双眼，想象着时针和分针在表盘上"爬行"的过程。我当时的思路是分针走一圈用了60分钟，而时针指向数字1，那么再过5分钟，分针就可以"追上"时针与其重合了。我信心满满地写下了答案——65分钟。第二天习题纸发下来后，我发现答案的旁边居然是一个大红叉。我发现很多同学的思路都和我一样，自然也都错得一样了。放学回家后，我将墙壁上的挂钟取下，将指针来回地拨动。我发现，分针和时针在十二点重合后下一次重合时，指针确实不是正对着数字1。那它们重合的时候是指着什么位置呢？我一遍又一遍地问自己，但最终都无果——这道题渐渐被我遗忘了。

　　初二的一天，学校开运动会，我在看台上凝视着环形跑道，突然，脑海中闪过小学那道困扰我许久的问题，这环形跑道不正像一个偌大的时钟吗？而跑道上奔跑着同学不就是运动着的时针和分针吗？正午1点，分针指向数字12，而时针指向数字1，然而时针不会"傻傻地"等着分针过来与之重合，它也会按原有速度"向前"行进，这不就是一个跑得快的同学绕环形跑道一圈后追上速度较慢的同学吗？这道题就是一个追及问题！所以只要知道二者的距离差和各自的速度，就可以求出相遇的时间了。那一刻，我茅塞顿开，当年困扰我的难题迎刃而解，心中有说不出的激动。

　　如果我们只是把这道题给学生讲清楚，使其会做这道题乃至这类题，可谓完成了一项任务，但这不是研究，因为没有基于研究问题对研究对象进行描述和解释。下面我们分析如何基于该现象生成一个有理论价值和实践意义的研究选题。

这个"钟表问题"的实质是"追及问题"，其基本形式是：A 先出发，行走时速 6 公里/小时；A 走出 3 公里后 B 出发，B 行走时速是 8 公里/小时，B 多长时间能追上 A？根据教学经验，题目如果做出以下变化，其难度会增加：

- 不说 A 走出多远，而是说出发 1 小时后；
- 把 1 小时改为 1.5 小时、1 小时 10 分；
- 转换成施工题，即 A 先施工，B 后施工，多长时间 B 的进度能赶上 A；
- 转换成求效率的题，即 A 先施工，A 的工作效率已知，多长时间 B 追上了 A，求 B 的工作效率；
- 操场上 A、B 同时出发，操场周长已知，A、B 速度已知且 B 的速度比 A 快，求 B 多长时间能超过 A 一圈；
- 操场周长为 400 米，A、B 速度已知且 B 的速度比 A 快，问 1500 米比赛中，B 能否在 A 到终点前超过其一圈；如果不能，B 的速度要提高到多少才可以超过？或者二人如果保持当前速度，在多长距离的比赛中 B 可以在 A 结束比赛前超其一圈？

"钟表问题"看起来与最后两个"操场追及问题"类似，但其难度远远超过后者，它不仅对小学生来说是困难的，很多老师——我在教师培训时让很多小学、初中数学老师做这道题——都做不出来。这成为研究选题的契机，有一定数学和认知心理学基础的研究者会基于这个现象提出如下问题：

- "钟表问题"的难度为什么这么大？影响其难度的因素有哪些？
- 上述"追及问题"的各种题目的难度是渐进的，"钟表问题"的难度似乎发生了"质变"，其原因是什么？
- 学生为什么在初中发生了"顿悟"，这种顿悟的实质及其发生的条件是什么？这是否提示影响题目难度的既有客观因素也有主观因素？

基于这些问题，可以形成一个颇有实践价值的研究选题："小学数学试题难度评估及其影响因素的研究"。此选题的价值在于：（1）对教师来说，他们需要明确判断、识别学习任务的难度及其相关因素，这会直接影响其教学内容和教学过程，有时学习任务的困难之处也恰恰是教学的重、难点或关键教学目标。当教师判断教学任务难度大大超出了学生的能力水平，可以（应当）暂缓该任务部分内容的教学，或降低教学难度，从而避免无效教学及给学生增加挫败感。（2）对督导和教研人员来说，要对学生的学业成就进行测量，必须开发以高质量试题为核心的测试工具，其关键是准确把握每一道题的测试目标和难度，并且将不同难度的试题进行恰当的组合。（3）对课程设计者来说，课程设计要准确把握学习任务的难度，在教材中适当安排不同难度的学习任务以匹配学生的认知能力。

如前所述，研究选题要有理论意义，下面我们简单探讨此研究选题的理论基础和理论视角。数学题是由学生来做的，因此，它"难不难"受两方面因素的影响，一是数学知识本身的复杂程度，二是学生的认知水平，我们可从这两个方面为该研究奠定理论基础。

首先，从数学知识的角度看，有两个原因造成解决"钟表问题"的困难：（1）将分针和时针转化为追赶和被追赶的形象并不容易，前述各种形式的追及问题——后出发的人追上先出发的人、后开工的追上先开工的、操场上速度快的超过速度慢的一圈——追赶者和被追赶者高度一致，追赶的"形象性"强，容易形成解决问题的具象支撑。"钟表问题"里时针和分针都运动得特别慢，甚至是肉眼不可察觉的，而且分针要经过很长时间才能追上时针，这对学生建立起"追赶形象"很困难，将已有解题方法迁移到该情境就会比较困难。（2）表征时针、分针的速度和钟表一圈的距离很困难。一种表征方式是用"度数"，即钟表一圈是360度，分针的速度为每分钟走6度，时针的速度是分针的1/60，即每分钟走1/10度，二者的速度差是（6-1/10）度，分针超过时针一圈用的时间：360度除以速度差。这样的表征对解题者来说是有难度的。

其次，从认知心理学的角度看，就像肢体动作的发展要依赖身体的成熟一样，解决一定难度的题目同样需要依赖认知能力的成熟。心理学家皮亚杰指出，儿童的思维发展要经历四个阶段：动作感知阶段、前运算阶段、具体运算阶段、形式运算阶段。小学生在解决"钟表问题"时下意识地去墙上找钟表，即是典型的"具体运算"阶段认知特点的表现——需要具体的事物和形象作为思维的基础。还有，学生做错这道题，不是她一个人做错，周围的很多同学都做错了，而且错的思路都一样，这充分说明，处于某个认知水平的学生具有相似的思维水平和思维特征。学生在小学无论如何都无法解决的问题，到了初中迎刃而解，这显示其认知水平有了质变，发展到更高阶的"形式运算阶段"。案例中学生看到同学在操场上跑步突然联想到时钟，即显示其突破了形式上的束缚，找到了两种具象背后相同的本质。

由此例可见，学习任务和试题的难度应匹配学生的认知水平。同时，我们也不能被动等待学生认知的成熟，应依据维果斯基的"最近发展区"理论，在学习难度上让学生"跳一跳摘桃子"，从而使学生主动发展、积极发展，在每个认知阶段发展得更充分、更高效。

基于上述数学思维和认知心理学的分析，"推理""迁移""表征""具象与抽象""认知发展阶段""最近发展区"等理论支点进入我们的视野，为"小学数学习题难度评估及其影响因素的研究"奠定了理论基础，设定了理论框架，提供了收集实证信息的着眼点，使研究"来自理论又走向理论"成为可能。在此基础上以小学数学试题为研究对象，运用内容分析、访谈、测试等方法澄清习题难度及其影响因素，并从这些具体因素中概括、抽象出一般性和规律性的内容，从而得到"理论化新发现"。

综上所述，理论意义和实践价值是研究选题的两个基本出发点，我们可以针对教育教学实践中的真问题、好问题生成研究选题，同时，以清晰的理论框架为基础，通过研究获得"理论化新发现"。

三、选题内容与研究模式

明确选题的价值，指明了选题的大方向，但具体研究什么有时会让教师感到困惑。就像我们都知道饭菜要"有营养""口味好"，但还常常会发愁："今天中午做（吃）什么呢？"这个困惑包含了两个问题："买什么菜"与"菜怎么做"。研究选题同样要面对相似的两个问题："做什么研究"与"怎么做研究"。前者是选题内容，后者是研究模式。事实上，这两个方面紧密关联，就像"红烧鲤鱼"这个菜名同时提示了用料和做法，一个研究选题往往也同时提示了选题内容与研究模式。

（一）确定选题内容

概括而言，教育教学有四个相互关联的领域：教育教学成果、教育教学过程、教育教学条件与资源、教育政策与氛围，它们共同决定了教育教学的内容、形态、质量，我们可基于这四个领域考虑选题内容。

领　域		内　容
教育教学成果		学科学习成果　一般素养
		认知能力　学习能力　学习方法
		情绪情感与心理健康
		价值观与社会性发展
教育教学过程	教师价值观	教育理想与信念　教育教学观　学科教学观
	教师教学过程	备课　课堂教学环节　教学模式与方法　特定内容的教学
	学生学习过程	兴趣与动机　学习模式与方法　学习适应性　特定内容的学习
	教学与课堂要素	课堂氛围　师生互动　作业与练习
教育教学条件资源	教师素质与培训	基础素质　教学技能　学科素养　职前教育　职后培训
	教师资源	教材　教参　教具　网络资源　硬件条件
	学生资源	教材　教辅　学具　网络资源　家教与课外辅导
	家庭环境	家庭社会经济地位　父母教育教养方式　亲子互动
	心理与认知条件	成熟　认知发展　多元智能
教育政策与氛围		学区管理　教育政策　学校管理　文化氛围　家校协同

如前面所分析的，教育研究有两个基本目的：描述和解释。基于描述的目的，这四个领域中每一项具体内容都可以成为描述的对象；同时，我们可以对不同内容的"组合"进行描述，如将教师的"职前教育"与其"教学模式"关联起来，描述接受不同职前教育的教师其教学模式有怎样的特点。基于解释的研究，其基本模式是由 A 因素解释 B 因素，因而这样的选题至少涉及两项内容。一般而言，"教育教学成果"往往是需要解释的对象，另外三个方面往往作为解释它的原因，如基于学生的"心理与认知条件"解释其"学科学习成果"。

这四个研究领域只是一个大概的划分，在实际研究中，多个领域及其中的具体内容有时并不存在清晰的边界。如某研究选题属于"教育教学过程"领域中的"特定内容的教学"，同时也可能涉及"备课"和"课堂教学环节"，因此，我们在选题时还要从教育教学的实际出发，将研究选题与教育教学实践紧密关联起来。

（二）选择研究模式

就像买菜的同时就要规划如何加工它，当我们明确了研究选题的内容，就要考虑以怎样的模式开展研究。总的说来，教育实证研究有四种常见的研究模式：（1）实证化；（2）教育理念的落实；（3）其他领域的迁移；（4）"黑箱"探索。下面我们来看一个例子，如果初步确定要做"小学数学习题"方面的研究，下表显示基于四种模式可以形成更具体的研究选题。

研究模式	小学数学习题的研究
实证化	小升初课外辅导班数学习题内容及难度的研究
教育理念的落实	对基于形象思维提升小学生数学推理能力的习题的研究
其他领域的迁移	对基于 ×× 模式提高小学生解题效果的研究
"黑箱"探索	小学生解答 ×× 类型习题认知机制的研究

由此例可见，选择研究模式可以使研究选题变得更加具体；同时，研究模式与研究内容相结合，也能让我们进一步明确研究的目的，这即是本章开头所说的"做什么研究"与"怎么做研究"是紧密关联的。下面我们对基于这四种研究模式的选题的特点进行分析。

1. 实证化

在教育教学领域，有三种状况需要通过研究获得实证化结果。

第一，澄清现实状况。

通过实证研究澄清教育教学各方面的现状非常重要，这是我们判断教育教学在多大程度上达到既定目标的依据，对反思教育教学的优势和不足很重要。例如，"小升初课外辅导班数学习题内容及难度的研究"，就是要通过研究获得实证信息，澄清小学生实际面对的习题的内容和难度是怎样的，尤其是题目是否难在该难的地方，是否体现了课程标准的要求，以及习题难度是否与学生的认知水平相匹配，是否给他们造成了沉重的负担等。澄清这些现实状况，对于审视与改进习题质量，减轻学生不必要或过重的负担无疑是非常重要的。

第二，主观内容客观化。

教育教学中有很多观念、看法，这些主观内容符合实际情况吗？是否存在偏差？例如，2021年全国两会有政协委员提案："警惕PPT对教育教学的负面影响"[1]。该委员认为，课堂教学过度使用PPT对基础教育和大学人文素质教育造成了很多负面影响。通篇内容充满了"认为""觉得""同感""普遍反映"等表述，即使是基于调研的"发现"，其客观性也不足。如果"认为"PPT的消极影响很多，这个所谓的消极影响到底是什么？消极的程度有多大？即使其消极影响被证实存在且程度很深，取消或少用PPT可行吗？这些问题都需要基于实证信息来回答。

第三，精确化与条件化。

---

[1] 《光明日报》2021年03月08日第12版。

本书第一章分析了某位教授和"中国狼爸"宣扬打孩子不仅必要，而且能"打出好效果"，很多人对此"深信不疑"。关于这个现象我们提出了13个可以也应当进行实证研究的问题，如"他们打孩子的频率、方式、程度是怎样的？""孩子被打时有怎样的反应和体验？"基于这些问题收集实证信息，无疑能让我们精确了解"打孩子"的方式、环境、条件、后果，从而避免盲目跟风。任何一个教育教学现象的发生、发展都基于特定的环境和条件，对其形成精确认识的一个重要途径是"条件化"，即在不同的情境、条件下审视事物的状况及各相关因素之间的关系，上述有关"打孩子"的13个具体问题即是如此。从本书后面对收集和分析实证信息的方法的介绍中，我们会看到，除了收集与研究对象有关的实证信息，往往还要收集其背景信息，如问卷测查时选取不同年龄、性别、地区、学校的被试作为研究对象，从而了解在不同背景和条件下研究对象的实际状况，对其形成更精确、更全面的认识。

2. 教育理念的落实

教育理念体现了人们对教育的理解与追求，有时还体现了教育教学应遵循的原则与规范。例如，"对基于形象思维提升小学生数学推理能力的习题的研究"就是由教育理念驱动的。推理能力是数学学科要培养的基本能力，而小学生的认知以形象思维为主，因此，通过形象思维提升学生推理能力是重要的教学理念，通过习题看这一理念落实的情况，无疑具有相当高的理论意义和实践价值。

随着时代和社会的发展，教育必须也必然与时俱进，各种引领教育发展的教育理念不断涌现，实证研究要及时跟进，为判断教育理念落实的状况提供实证依据。需要指出的是，林林总总的教育理念其质量可能良莠不齐，研究选题不能盲目跟风和赶时髦。例如，有研究者指出，当前很多学校为了"特色"而搞"特色"，各种华而不实、有名无实的教育理念和教育模式满天飞，"十年前就有业内人士做过统计，喊出'某某教育'口号的竟有近五百种"。该研究者说[①]：

> 教育界被"特色"折腾，官僚主义的政绩观难辞其咎。相当一批分管官员未必懂教育，从他们视察中小学校时只打听"特色"便足可证明。也许他们认为，有"特色"才算是好学校，才谈得上有"创造性"。受社会浮躁之风影响，大批学校热衷制造"特色"，泛滥成灾。中小学正常的课程、教育活动，也被包装出"特色"。"特色"之初，不过是一些学校发展了体育特长项目，或是开设一般学校开不出来的选修课，丰富了学生的课外生活，至于有没有形成真正意义上的"特色"，尚有待时间验证。

> 一段时间以后，"特色风"大炽，一所学校说不出"特色"，就得看领导摆脸色，评比验收要吃亏。于是各种"特色"蜂起，滥竽其间：小学生写毛笔字，算"特色"；会背诵乘法口诀、百首唐诗，算"特色"；跳绳、踢毽子、拔河、乒乓球、山地车等运动，算"特色"；在操场上集体表演给爸爸妈妈洗脚，算"特色"；穿上古代服装磕头祭孔，算"特色"……当教育新闻充斥这些光怪陆离的"特色"时，学校教育本该做什么反而无人重视了。学校过于关注"特色"，就有可能忽略"基础"，皮之不存，毛将焉附？而一味追求所谓"特色"，不惜弄虚作假，势必扭曲常识，形成"反教育"。

该研究者指出："基础教育之要义在基础和普通，同一标准之下，可'特'之处并不多。"确实，基于教育理念驱动的研究选题，不仅要关注教育理念的"新"和"变"，更要关注其中永恒不变的内容，如"有教无类""全面发展""尊重个性""兴趣驱动""学以致用""举一反三""融会贯通""亲其师信其道"等。这些理念历久弥新、常在常新，是教育永远的追求，是研究选题永远的驱动。永恒的教育理念在不同的社会发展时期呈现不同的面貌，如孔子两千多年前提出"不愤不启，不悱不发"，现代的表达是"最近发展区"；"学以致用""融会贯通"，当下的表达是"基于项目的学习（PBL）"；几十年前评价教学质量的关键是"双基扎实"，现在则是"学科素

---

① 吴非：《学校不一定非得有"特色"》，《教育》2016 年第 7 期。

养"。这种"变"与"不变"构成了教育选题的张力与空间——了解永恒不变的教育理念在新时代背景下落实的状况及相关因素。因此，从永恒不变中我们看到某些教育理念强大而持久的生命力，这些恰恰是我们选题时应当给予高度关注的。

3. 其他领域知识的迁移

教育是人类社会生活的一部分，必然与其他社会科学乃至自然科学存在关联。教育之外的诸多学科——如心理学、社会学、脑科学、传播学、文学、戏剧表演、系统科学——中的知识和理论都有可能成为教育研究选题的驱动。例如，"对基于××模式提高小学生解题效果的研究"，"××模式"很可能就是其他领域的研究成果，该选题的目的即将此研究成果应用于优化小学生的解题策略。还有，心理学中的诸多研究——如记忆、情绪情感、认知与动作发展、人际互动等——并不是在教育领域内实施的，但由于这些领域和教育教学存在交叉地带、共同元素，使得该领域研究成果迁移到教育领域存在可行性与必要性。再如，本书第九章有关实验法的分析中，呈现了有关儿童"延迟满足"的实验，这个实验得到的结论是："掌握延迟满足的关键在于学会抑制产生挫败感的观念，并通过外在或内在的方式将注意力转移到更有吸引力且能够减少挫败感的刺激物上。"只要我们意识到教育教学中也有"延迟满足"现象的存在，研究其对教与学——尤其是反馈与激励——的影响就有可能成为一个有价值的研究选题。

需要指出的是，研究选题要从教育教学实践出发，其他领域的知识和理论要与教育教学有实质性关联，能给予研究切实的启发或辅助。例如，在我的"教育研究方法"课上，一个学生提交的研究选题是"高中生文言文阅读焦虑现状及应对策略研究"，这就是受到其他领域研究的启发而形成的有想象力的选题。"阅读焦虑"是第二语言学习领域的研究内容，有许多重要的研究成果。对学生来说，古文不是第二语言，但其学习又与第二语言的学习有相似之处。因此，第二语言学习中阅读焦虑的研究有迁移到古文学习研究的可能性，包括理论基础、研究内容、研究方法与工具等；同时，古文阅读焦虑的研究又扩展了该领域的研究范围，有助于丰富和完善该领域的知识与理论。

4. "黑箱"探察

20世纪中叶，美国著名数学家维纳（Norbert Wiener）在创立控制论的过程中提出了"黑箱"概念。他于1945年在《模型在科学中的作用》中指出："所有的科学问题都是作为'闭盒'问题开始的"，"若干可供选择的结构被封闭在'闭盒'中，研究它们的唯一途径是利用闭盒的输入和输出"。"闭盒"也被称为"黑箱"，大脑即是一个典型的"黑箱"——很多时候我们能够明确大脑接受了怎样的外部信息，也能观察它做出了怎样的反应，但大脑内部处理信息的结构及机制却不清楚。

实证研究的一个重要目的就是对"黑箱"这个未知世界进行探索，我们可以通过观察和测试，基于输入、输出信息的关联研究"黑箱"的结构与功能。[1]巴甫洛夫在经典条件反射实验中将食物伴随光、铃声等作为狗的大脑的信号输入，把狗的唾液分泌情况看成是大脑的输出，并据此推断大脑皮层神经中枢的功能及其工作机制。随着研究的深入和研究手段的丰富，"黑箱"有可能"变灰"甚至"变白"，如基于脑成像与生化技术，研究人员能够越来越清晰、深入地了解大脑不同区域的功能及其工作机制。

教育领域中也存在大量"黑箱"，对其进行探察是重要的选题指向。例如，"小学生解答××类型习题认知机制的研究"，即是为了探究学生解答习题时大脑这一"黑箱"中的认知机制。再如，教师在古诗文教学中使用了恰当的背景资料是"输入"，学生对古诗文的理解被优化是"输出"，值得研究的问题是，在"输入"和"输出"之间——在"黑箱"中——发生了什么？对此我们可以从以下几个方面进行研究：

－ 背景资料如何发挥作用？从文学赏析和儿童认知的角度，这些资料如何调动学生的兴趣，优化学生的感悟？

---

① 赵树智：《控制论之父：维纳》，吉林人民出版社2011年版，第97–98、100页。

- 教师呈现的材料内容是什么？有怎样的特点？与课文是如何匹配的？
- 教师是如何呈现材料的，包括哪些环节？学生在材料呈现的不同环节有怎样的反应？呈现材料的过程中教师做了什么？教师和学生分别在认知、情感、意志等方面有怎样的表现？
- 背景材料发挥作用的环境和条件是什么？背景材料在何时何处使用？学生的哪些特点会影响其效果？为获得好的效果应创设怎样的环境？

由此可见，"黑箱"探察体现了实证研究的"解释"功能，这种"解释"的价值是在确认因果关系存在的前提下，澄清由因致果的"机制"和"条件"。如"学生在认知、情感、意志等方面的表现"是由因致果的"机制"，它是教师呈现恰当的古文背景资料（因）导致学生学习效果优化（果）更为"直接的原因"；而"背景材料在何时何处使用"则是由因致果的"条件"，它的存在使得因果关系得以建立或更容易建立。总之，基于对"黑箱"结构和功能的揭示，我们可以更清晰地了解影响教育教学的关键因素及其作用机制，从而为教育教学的优化奠定基础。

四、选题的可行性

我们在注重研究选题的理论意义和实践价值的同时还要评估其可行性，没有可行性的研究选题即使有意义也无法实现。评估、判断的关键依据有两个，一是研究实施的条件，二是预研究。前者决定了选题的可行性，后者是确认选题可行性的重要手段。

（一）研究实施的条件

如果将研究选题比作攀登某座山的意向，我们必须对此意向实现的可行性进行评估，其关键是确认实施登山的各项条件是否具备。这些条件包括三个方面：基于前人的经验和各种资料，选择最有利的出发位置和攀登路线；

自己具备足够好的体能、技术、装备；具有热忱的向往和坚持的毅力。与此对应，评估研究选题的可行性也要确认以下三方面的条件。

1. 已有研究的基础

如前所述，研究要创新，要有理论化新发现，要面对和解决实践中的问题。而"新"是相对"旧"（已有研究）来说的，研究选题要建立在已有研究的基础上。当前，做一个"前无古人"的研究可能性极小，而且这样的选题往往很"危险"——如果说某个选题"别人都没做过"，很可能有两个原因：一是文献综述太差劲，没有充分了解他人在这个领域的研究，误以为别人没做过；二是选题的视角、逻辑、价值太差，有一定研究素养的人都不会这么选题。没有以往研究做基础的选题往往是"自说自话"。

基于已有研究，我们可以了解某个研究领域的研究主题、理论基础、核心概念、研究范式、研究方法与工具、重要研究结果，这些为研究选题奠定了坚实的基础。全面、深刻地把握已有研究，才能明确其取得了怎样的进展，还需要发展和完善的地方有哪些，这是研究选题非常重要的出发点。本书第三章较为详细地分析了如何做文献综述，这是了解、分析前人的研究必须而又重要的工作，我们对此应给予高度关注。

2. 研究者的知识与能力

走过千百次的小路边，有一株你从来没有注意过的植物，植物学家偶然路过这里，就会注意到并研究它——或因其珍稀，或因其出现的环境反常，或因以前没有见过实物……植物学家能注意到它并将其作为研究对象，是因为具备了相关领域的知识，有能力在该领域进行研究。很多研究选题不靠谱、可行性不高，一个重要原因是研究者在选题所属领域的积累太薄弱。

我有一个学生 L 是中学语文教师，其毕业论文选题即是根据他熟悉的领域定下来的。其学校所在区的教研室，每年都会从语文中考模拟考试中评出优秀作文，用作对教师进行培训的素材。L 采用内容分析法揭示这些作文的特征，分析其与课程标准匹配的程度，以及这些所谓的优秀作文对日常教学产生了怎样的影响。L 有多年一线教学经验，应对中考又是教师和学生的"必修课"，他对这些优秀作文的内容和模式非常熟悉，从而能够比较顺利地对作文的立意、主题、写作技法进行编码，进而结合自己的实际教学经验，对编码结果所反映的作文教与学的状况进行深入反思。因此，研究者在研究选题时，一定要考虑自己的知识储备，选择自己熟悉且擅长的领域，这样才能保证研究选题具有较好的可行性。

3. 研究者的志趣

《自然－人类行为》杂志发表的一项研究表明，即使在明确知道风险存在的情况下，很多时候人们也会选择冒险而满足自己的好奇心。研究人员先给志愿者看一些魔术视频，然后让他们标明自己对魔术的好奇程度，并选择是否转动标有"赢""输"的转盘。如果转到"赢"，会告诉他们这些魔术的秘密；反之，则可能受到电击（没有真正实施电击）。实验发现，志愿者对魔术越好奇，越倾向于选择转动轮盘。对大脑功能区的扫描显示，好奇心得到满足，就跟获得了奖励一样。[1] 好奇心实在是人类极宝贵的一种情志，驱动人们不断进行探索，人类藉此不断站上更高的认识世界和自我的平台。

研究者在选题时同样要考虑自己的志趣，研究应由发自内心的志向与兴趣驱动。研究是一个艰苦的过程，需要努力和坚持，但艰苦不应是痛苦，努力也不应是勉强，兴趣与志向能够提供充沛又优质的动力。因此，教师要选择自己感兴趣的研究选题，对研究的结果充满期待，这样才能在研究中表现出巨大的主动性和能动性，并从中获得巨大的成就感。

（二）预研究

经常有学生或老师问我："您看这个选题怎么样？"事实上很多这样的

---

[1] Johnny King L. Lau, etc.Shared striatal activity in decisions to satisfy curiosity and hunger at the risk of electric shocks.Nature Human Behaviour volume 4，page 531–543（2020）.

问题我无法回答——要经过预研究才能确定一个选题的可行性。预研究即在选题阶段预先开展初步的研究工作，以此判断选题的可行性。实证研究的核心是收集、分析实证信息，因此，预研究的关键任务是做到以下两个"确认"。

1. 确认实证信息存在

如前所述，研究教育理念落实的状况是一个重要的选题来源，可是很多研究选题中的研究对象更多地存在于理念层面，相关实证信息不存在或很难收集到。例如，开设综合实践活动课是2001年课程改革提出的重要内容，从小学至高中将综合实践活动设为必修课程，其内容主要包括：信息技术教育、研究性学习、社区服务与社会实践以及劳动与技术教育。2017年，教育部正式印发了《中小学综合实践活动课程指导纲要》，对课程的基本性质、课程目标、内容与活动方式、规划与实施、考核与评价等做出了具体规定。设置此课程的出发点是好的，期望对学生的全面发展产生积极的影响。那么，课程的实际实施情况怎么样呢？我们来看中国知网上两篇下载量非常高的论文，其内容是对中小学开展综合实践活动情况的调查。

在史玉等人的研究中[1]，研究者针对综合实践活动开展的状况，调研了成都市小学、初中和高中共计665所学校的校长和部分教育行政及教研人员。调研结果显示：39.5%的学校有总体实施方案，41.5%的学校有学年（学期）活动计划，近20%的学校有活动但无规划。63.4%的学校排入课表且正常开设，排入课表但不能保证上课的有17.2%。46.6%的学校有专门教材，15.5%的学校有1名及以上专任教师。研究者表示："这些积极参与问卷调研的学校还往往是比较好的学校，实际情况肯定更加不乐观。"另一篇专门针对小学综合实践活动的调查研究显示——学校方面：课时难以保证，教师资源匮乏，缺乏配套的教学设施；教师方面：指导能力有待提高，教师授课积极性低，课程实施缺少校外实践；学生方面：学习积极性不高，小组合作表面

---

① 史玉等：《成都市中小学综合实践活动课程实施现状调研报告》，《教育科学论坛》2019年第8期。

化，问题探究意识薄弱。①

由这两项研究可见，综合实践活动课程在教学一线开设的状况非常不乐观，我在某地区所做的调查同样显示（见本书第八章中"调查式问卷"部分），在所有学科中，小学生和初中生喜欢综合实践课程的比例分别是倒数第一（38%）和倒数第三（45%），这其中很可能还有相当多的学生因为该课程"放羊"而表示喜欢。因此，综合实践课程很有可能在相当程度上还停留在方案和文件里，如果以此做研究选题——研究该课程实施的现状、课程对学生的影响及其机制、影响课程实施质量的相关因素——其可行性会很差，因为很难找到一所较高质量实施该课程的学校，这样就可能无法收集到有价值的实证信息。

当前，"理念上红红火火，实践上冷冷清清"的现象在教育领域还是比较普遍的。各种新的教育理念，尤其是西方舶来品大行其道，如"STEM 教育""创客教育""翻转课堂""慕课"等；还有学科教学中也出现大量新的教学理念，如语文教学中的"大单元教学""整本书阅读""任务群"等。这些理念很美好，但是否在实践中"水土不服"？这提示我们，实证研究选题不能一厢情愿地觉得什么主题重要就做什么研究，有必要通过预研究判断要收集的实证信息在实践中是否存在。例如，我的学生想要研究英语课堂中的"文化导入"，这个研究主题有意义，是英语课程标准所强调的，但我仍然强烈建议他做预研究，探察在应试教育环境中，英语作为第二语言且工具性为主导属性的情况下，实际的英语教学中会有多少"文化导入"。比较充分的"文化导入"很有可能都只在公开课和教研员的培训方案里，平时的英语课堂即使有"文化导入"，很可能水平低、内容单一，这样的话就无法充分收集到有价值的实证信息，以此作为实证研究的选题显然是不可行的。

---

① 孙梦琪：《小学综合实践活动课程的实施现状研究》，沈阳大学 2017 年硕士学位论文。

2.确认能收集到实证信息

在确认实证信息存在的前提下，预研究还有一个目的：确认可以收集到有价值的实证信息。

一项实证研究包含多个环节，每个环节的完成都需要一定的条件，可能存在诸多不确定性，我们要通过预研究，初步确认收集信息各环节的可行性。这意味着我们要根据研究目标和研究规划，将实证信息的关键环节"捋"一遍，包括收集信息的载体、时间和空间、程序、工具等。例如，我的一个学生想要研究某种作文训练方法的有效性，我提醒她这个研究的核心是实验，有必要通过预研究检验以下各个关键环节的可行性：

- 找到条件相当的实验班和对照班；
- 有充分的时间（课时）对学生进行作文训练；
- 训练方法足够明确与成熟；
- 明确影响实验结果的变量并能够很好地对其进行控制；
- 有评价作文水平的高质量工具。

仔细考虑这些问题，就会发现这个研究选题的实施非常困难。该学生只有 2 个月的实习时间，每周去一次学校，只能利用放学前的一节课进行作文训练。即使如此有限的时间，还有可能被其他学科的老师"抢占"，或者因突发事件而无法用于作文训练。当学生意识到作文训练时间很可能不够时，她提出"训练一名老师"按照她的方法教学生作文，听了这个想法我没说什么，学生也立即意识到这个想法有多么不靠谱了。

同样，基于访谈和观察对某个研究对象进行个案研究，应通过预研究收集研究对象的有关资料，与其进行初步接触，判断访谈是否能顺利实施，能否实施有效的观察等。比如，如果预设的研究选题是分析教育硕士曾接受的PCK（pedagogical content knowledge，学科内容知识）训练对其教学的影响，通过预研究可能发现二者关系不大，因为学生一入职，其教学方法迅速被师傅（有经验的老教师）塑造，新教师为了尽快适应教学要求而无暇他顾，学校教的 PCK 被搁置。这样的话可能就要放弃这个选题，或者研究已度过适应期的教师运用 PCK 的情况。

　　事实上，很多好的研究都通过预研究乃至研究已进行到相当深入的程度才能确认研究的价值和可行性。因此，预研究是确认研究可行性的必要手段，它能够大大降低研究选题和研究实施的盲目性，还能让我们了解影响研究质量和进程的因素，据此对选题进行调整，或避开研究中可能出现的陷阱。

第三章　文献综述

　　很多老师的研究选题质量不高，一个极为重要的原因是读的文献不够多、不够好。据美国科学基金委员会等机构的调查统计，研究人员在一个项目中用于研究图书情报资料的时间，占全部研究时间的三分之一至二分之一。[①] 毫不夸张地说，文献综述是一个研究中最花时间、最吃劲的工作，对整个研究工作的质量和价值产生决定性影响。[②]

　　研究要提供"新发现"，"新"不是另起炉灶、自说自话，而是要建立在已有研究的基础上。研究的价值、可行性取决于研究者对已有研究了解和把握的程度，研究者从中发现其未到之地、未尽之处，进而生成研究的目标、视角与路径。有研究者认为，"我做我的研究，与他人何干？"这种想法值得警惕，因为很有可能他人已经做过你想要做的研究，甚至还做得更深刻、更全面。例如，有一个研究者要做有关"新手教师的理答行为"的研究，我在其开题报告的评语中写道：

　　（文献综述）第 8 页的表格"新手教师、熟手教师、专家型教师课堂理答行为差异比较"，引用多项已有研究，清楚地列举并对比了不同水平教师的理答行为，其中也包括新手教师的理答行为。本研究的意义在哪里？研究问题是什么？会有哪些新的研究发现吗？

　　该开题报告的参考文献中，有好几部有关教师课堂提问的专著，也有很

---

① 转引自王琪：《撰写文献综述的意义、步骤与常见问题》，《学位与研究生教育》2010 年第 11 期。
② 裴娣娜：《教育研究方法导论》，安徽教育出版社 1995 年版，第 90 页。

多比较新手和专家教师课堂提问的研究，可研究者似乎对此"视而不见"，显示文献综述没有起到应有的作用，没有为研究奠定坚实的基础。

总的说来，文献综述有两个价值：（1）避免重复前人的研究，找到研究的切入点；（2）为研究设计与实施提供参考。下面我们分析文献综述的内容、文献来源与收集方法、文献质量的评价。

一、文献综述的内容

（一）源起与发展

对某个研究领域源起与发展的综述非常重要且必要，它让我们看到该研究领域的生命力及发展历程，把握该研究领域的关键要素及发展走向，从中生成有价值的研究选题。下面我们看一个例子——张晓华在《创作性戏剧教学原理与实作》中综述"创作性戏剧的起源与发展"[①]：

"创作性戏剧"（creative drama）一词，系由美国戏剧教育学家先锋，瓦德（Winifred Ward），在 1930 年出版《创作性的戏剧活动》（Creative dramatics）的书名发展而来。瓦德的这种教育思想，主要是受到约翰·杜威实作学习（learning by doing）理论中"渐进式教学"（progressive education）与其师默恩斯（Hughes Mearns）的"创造力"（creative power）教学理论所影响。瓦德将这种戏剧性活动应用于课堂教学，其活动包括四个主要项目：一，戏剧性的扮演（dramatic play）；二，故事戏剧化（story dramatization）；三，以创作性之扮演推展到正式的戏剧；四，运用创作性戏剧技术于正式的演出。

1925 年，瓦德将这种教学方法引进西北大学后，再施教于伊利诺州的公立小学。1930 年后，她陆续出版了《创作性的戏剧活动》《儿童之剧场》（Theatre for Children）《儿童戏剧扮演》（Playmaking with Children）《故事戏剧化》（Stories to Dramatize）。1944 年组创"儿童戏剧会议"（The Children

---

① 张晓华：《创作性戏剧教学原理与实作》，第 2–6 页，有删节。

Theatre Conference）。1960 年发行教学影片《创作性戏剧活动的第一步》（Creative Dramatics the First Steps）。在瓦德及其学生的努力推展下，创作性戏剧活动对美国的教育产生了很大的影响，许多大学或学院纷纷将它列入课程。

"创作性戏剧活动"依据"儿童戏剧会议"于 1956 年在《教育戏剧期刊》（Educational Theatre Journal）所作的定义，指出："创作性的戏剧活动，是指让儿童在富有想象力的教师或领导者的导引下，创建出场景（scenes）或戏剧（plays），再以即兴式对话与动作（improvised dialogue and action）表演的一种戏剧教学。它是以促进表演者的人格成长（personal development）为目标，而不是去满足儿童观众。布景与剧装使用不多，有必要使用的话，它应该是一种示范的性质（the nature of a demonstration）。"

从瓦德的观点来看：教师应该选择优良的文学素材来建立更好的思维模式与社会态度，不宜过早对儿童运用成熟的艺术的形式，必须以"假设"（as if）的态度，结合艺术的形式与社会性的约制，建立创作性戏剧活动的程序。在 1950 年代，美国许多教师组织以表演为中心的创作性戏剧活动，以致学校在假日举办了过多的戏剧表演，这显然忽略了瓦德的建议。

创作性戏剧活动蓬勃的发展和做法上的分歧，与各国教育学者纷纷投入该领域的推展与研究有关。主张应以戏剧艺术为主的重要学者，如：史莱德（Peter Slade）认为即兴与创作性动作是儿童的基础表现。拉邦（Rudolf Laban）主张必须含括六种动作要素与八项基本训条，用以组成动作续列（movement sequences）。卡拉德（Alan Garrard）教导青少年如何运用创造力于舞蹈、戏剧与剧场之内。金（Nancy King）主张结合戏剧的方法，舞蹈与其他艺术在基于美感的条件下形成多媒介路径（a multi-media approach）来作为一般的学习。麦凯瑟琳（Nellie McCaslin）则坚持戏剧性的活动是学校课目内的一项基本课程，想象则是创作游戏的开始。也有许多学者主张基于剧场形式的艺术表现比较重要。如：哈卡（Agnes Haaga）认为戏剧化的要求是人类的本能，但首先是一种艺术形式。克莱斯特（Rita Criste）认为剧场应帮助儿童解释过去、现在与未来的生活，所以应有过去的历史剧，让儿童想象认知当下的戏剧与向未来挑战的戏剧。维渥拉（Ann Viola）认为，若与满足儿童观众相较，扮演者的个人成长才是真正的目标。

美国中小学普遍设置通识戏剧教育课程，1994年由国会通过"目标2000：教育美国法案"，其中的"艺术学习机会标准"（The oppertunity-to-Learn Standards for Arts Education）将戏剧教学标准分为四项：课程与进度、教职员、材料与器材以及设备订定标准，分别按幼稚园（二至五岁）、小学（一年级至五、六年级）、初中、高中四个不同学习阶段订定了详细实施标准。目前美、欧、澳洲各国之小学已普遍（非全部）在学校课目中列入了创作性戏剧或戏剧课程。中国台湾则在1997年3月12日公布"艺术教育法案"，在九年一贯课程总纲纲要中将表演艺术纳入国民义务教育的艺术与人文学习领域之中。

创作性戏剧发展至今，已是美国中小学阶段教育戏剧的一般通称。其内涵广泛地包括了一些不同的名称或活动，如：儿童戏剧（children's drama）、戏剧性游戏（dramatic play）、即兴式戏剧（improvisational drama）、非正式戏剧（informal drama）创作性游戏表演（creative play acting）。亦包括一些教育家或学者的论著或观点之名称，如：库克（Caldwell Cook）的"游戏"（plays），威（Brian Way）的"参与剧场"（participation theatre），科尔尼（Richard Courtney）的"发展性戏剧"（developmental drama），以及英国、加拿大、澳洲、新西兰等国在学校课程上所称的教育戏剧（educational drama），角色戏剧（role drama），甚至简称戏剧（drama），或是中国台湾九年一贯"艺术与人文"领域课程施行的表演艺术等戏剧教学之项目。

从这个有关教育戏剧源起和发展的综述中，我们可以看到教育戏剧萌发的契机与主要发起者、主要类型与范式、关键成果、共识与争议、在教育中的实践，等等。从中我们既可以感受到教育戏剧的生生不息，也能感受到其发展中的迷茫与彷徨，而这为我们的研究选题提供了动力、基础和方向。李婴宁在《想象真实：迈向教育戏剧的新理论》的中文序中说[①]：

---

① ［英］大卫·戴维斯：《想象真实：迈向教育戏剧的新理论》，曹曦译，中国人民大学出版社2017年版。

吊诡的是，当我们经过十余年的坚持和努力，似乎终于得到教育界的首肯、社会的认可时，全球教育气候却几乎将作为艺术形式的课堂戏剧带到了绝境：西方在多年的推进后陷入了停滞状态，而现在看起来正在倒退，到了一个很有问题的阶段。……教育戏剧理论界在过去20年却从未突破过20世纪60年代至80年代英国的教育戏剧的发展水平。甚至教育剧场运动在其五十周年纪念时，却发现真正的运动本身早已戛然而止了。人们说教育戏剧的希望可能在中国，因为目前中国已经越来越重视并将这一学科引入普通教育了。

从这段话我们能感受到，任何教育领域都是一段生命历程，包含着生发、发展、壮大、顶峰、衰落、再生……呈现出螺旋上升、否定之否定的发展过程。"西方的教育戏剧正在倒退，到了一个很有问题的阶段"，西方的教育戏剧似乎已经完成了一轮循环，在中国却尚处于方兴未艾的阶段，中国的教育戏剧要重复西方的发展历程吗？还是会（应当）有自己特有的发展路径与走向？教育戏剧中国化的关键是什么，哪些应当坚持，哪些需要摒弃？只有对教育戏剧的源起和发展脉络有足够清晰的把握，才能回答这样的问题，并从中生成有价值的研究选题。

（二）理论基础

研究要生成"理论化新发现"，即真正有价值的研究成果都是在一定程度上反映事物本质与规律的理论化知识，在这个意义上，实证研究就是将实证信息理论化的过程。这意味着研究要"走向理论"，而"走向理论"的前提是"来自理论"，即研究必须有理论作为支撑。因此，理论基础是文献综述的重要内容，文献综述应呈现并说明与研究相关的理论依据。例如，上述教育戏剧的溯源中杜威的"从做中学"理论和迈恩斯的"创造力教学"理论，即是开展教育戏剧研究重要的理论基础。

我的一个学生对中学教师古文背景知识进行研究，她在文献综述中呈现了"保留剧目"理论（repertoire theory）和"期待视野"理论（horizon of expectations theory）作为其研究的理论基础[1]：

---

[1]　张宁：《中学语文教师文言文背景知识测试工具及现状研究》，北京师范大学2019年硕士学位论文。

"保留剧目"是伊瑟尔在《阅读活动：审美反应理论》一书中提出的。他认为，文学交流的目的最终是一种文化和观念的交流，因而阅读的完成问题，实际上就变成了这种交流如何在文学阅读中实现的问题。伊瑟尔提出了交流的条件，即"陈述者与接收者共同遵循的惯例，双方都接受的成规和接受彼此的意愿"。而这种在文本中隐藏的又能被读者所接受和理解的惯例、常规背景便是伊瑟尔所说的"保留剧目"，它所涉及的范围极其广泛，它可以指由作家所经历或创造的并被读者所体验和接受的共同社会政治、文化传统、思想情感等因素。

　　"期待视野"的概念最初是由伽达默尔在《真理与方法》中提出的，后来姚斯在《作为向文学科学挑战的文学史》中将这一概念用于文学批评理论。姚斯认为：任何阅读活动都是在一定的期待视野中进行的，所谓期待视野指的是在文学阅读之前及阅读过程中，读者作为接受主体，在心理上形成一种阅读的"既定图式"，即阅读经验期待视野，简称"期待视野"。期待视野的形成主要包括三个方面：对作品所属类型和标准的了解和掌握；对先前或者当代一些作品的阅读和理解；当时所处的社会现实和已有经验。

　　"保留剧目"理论指出，文学交流中读者和作者遵循共同的"惯例""常规"，包括社会政治、文化传统、思想情感等因素。"期待视野"理论指出，读者在阅读时存在由其知识和经验构成的"既定图式"，该图式会对文本的理解产生影响。在文献综述中呈现这样的理论很有必要：一方面，它证明了研究的价值与合理性，某种意义上，古文背景知识就是"惯例""常规""既定图式"，对文本解读会产生重要影响；另一方面，它为研究提供了具体的依据和方向，尤其为确定古文背景知识的内容框架提供了参考。

　　理论不是研究中的"应景"之物，它能为研究的选题和实施提供富有想象力的驱动。例如，李婴宁在《想象真实：迈向教育戏剧的新理论》的序中说："教育戏剧是一个横跨教育学、心理学、认知学和戏剧学的 20 世纪新学科。"这意味着：一方面，教育戏剧的具体研究往往处于某个理论框架之中；另一方面，以多方面的理论及其整合为基础，可以产生多样化的研究选题和研究路径。这就像奥布莱恩（O'Brien）所指出的，理论像是万花筒中的棱镜，万花筒转动时多个棱镜折射出不同的颜色和形状，不同的理论为我们观察世界提供了不同的视角。[①] 例如，心理学理论——包括认知心理学、人格心理学、咨询心理学等，各个学科教学理论——如语文、品德与生活、音乐等，学科教学中更具体的理论——如语文教学中的阅读理论等，都可以为研究选题提供有价值的视角与基础。

（三）概念界定

自然科学研究中的概念往往非常清晰，如温度、冰点、沸点、大气压强等。教育研究中的诸多概念则相当抽象，而且在不同的时代和社会背景下可能有不同的定义。因此，文献综述有必要对研究的核心概念进行辨析，为实证信息的收集奠定基础。

举例说来，近几年有关"核心素养"的研究成为热门。褚宏启在《核心素养的概念与本质》中指出："核心素养这一概念的内涵外延聚讼纷纭，莫衷一是，滥用、泛用的现象比比皆是。"[②] 在我国教育领域，多年来一直关注和使用的是"素质教育"这个术语，"核心素养"是一个西方的舶来品，启用它的必要性是什么？这个概念的内涵与本质是什么？与"素质教育"相比其不可替代的价值又是什么？如果不能很好地回答这些问题，"核心素养"的意义、内涵就不清楚，据此收集的实证信息的质量必然是低下的。

褚宏启首先梳理了"核心素养"这个概念的起源：它舶来于西方，英文是 key competencies，competencies 也可以直译为"能力"，但从它所包含的内容看，译成"素养"更为恰当。简言之"核心素养"也是"关键素养"。作者追溯了"素养"与"核心素养"最早出现在哪里，"核心素养"真正"火起来"又是在什么时间，什么场合。随后，作者将"key competencies"与同样有很大影响力的"21 century skills"（21 世纪技能）进行对比，说明在具体内容上二者大同小异，进而介绍了"更具时代感"的"21 century skills"的背景和内容，这为理解"核心素养"提供了有价值的视角。作者指出，可

---

① 参见"什么是理论"，大卫·希尔弗曼：《如何做质性研究》，李雪等译，重庆大学出版社 2009 年版，第 83—84 页。

② 褚宏启：《核心素养的概念与本质》，《华东师范大学学报（教育科学版）》，2016 年第 1 期。

以把核心素养简单界定为："为了适应 21 世纪的社会变革，人所应该具备的关键素养。简而言之，核心素养即'21 世纪关键素养'。"最后，作者指出理解"核心素养"这一概念需要关注四点：（1）核心素养是"关键素养"，不是"全面素养"；（2）核心素养要反映"个体需求"，更要反映"社会需要"；（3）核心素养是"高级素养"，不是"低级素养"，甚至也不是"基础素养"；（4）核心素养要反映"全球化"的要求，更要体现"本土性"的要求。

在中国知网以"核心素养"为关键词进行搜索，还有以下几篇对此概念的辨析有价值的论文：《论核心素养的内涵》（张华，《全球教育展望》2016 年第 4 期），《素养：一个让人欢喜让人忧的概念》（崔允漷，《华东师范大学学报（教育科学版）》2016 年第 1 期），《论学生发展核心素养的内涵特征及框架定位》（辛涛等，《中国教育学刊》2016 年第 6 期），《构建中国化的学生发展核心素养》（林崇德，《北京师范大学学报（社会科学版）》2017 年第 1 期），《学生发展核心素养研究的国际分析》（黄四林等，《中国教育学刊》2016 年第 6 期），《关于数学核心素养的几个问题》（马云鹏，《课程·教材·教法》2015 年第 9 期），《英语学科核心素养的实质内涵》（程晓堂等，《课程·教材·教法》2016 年第 5 期）。

由此例可见，我们在文献综述时，一定要对研究中的关键概念进行清晰界定，说明其来龙去脉、内涵与外延、与其他重要概念的关系、关键特征、争议与误解、在实践中的应用，等等，这对实证研究非常重要，直接关系到收集哪些信息及如何收集信息以表征此核心概念。值得注意的是，与自然科学中纯客观的概念不同，教育中的诸多概念背后有意志和情感，这使得同一个概念或有不同的理解，或强调的侧重点不同，甚至可能存在争议。研究者综述时要较为全面地呈现这些内容，表明自己如何对不同观点进行综合，并据此对概念进行清晰的界定。

（四）研究方法与范式

实证研究收集与分析信息需要一定的方法、工具，有时还表现为某种范式，如在行动研究中基于问卷法收集信息。"行动研究"是研究范式，"问卷法"和"问卷"则是收集信息的具体方法与工具。文献综述要关注以往研究所使用的方法、工具和范式，分析评价其应用的情境、条件和效果，为我们选择研究方法、工具和范式提供参考。

方法、工具比较容易理解，什么是范式呢？最早提出这一概念的是美国科学哲学家托马斯·库恩，"范式"指在某一学科内被人们所共同接受、使用并作为交流思想的一套概念体系和分析方法。[①]有研究者指出："范式就像是一把尺子，因为它能区分内行和外行、专业和非专业。我们常说'隔行如隔山'，什么是'行'？它是用'范式'来界定的。"[②]本书第十章介绍了三种研究范式：个案研究、临床法、行动研究，从中我们能体会到，研究范式以独特的研究方法为核心，与研究的价值取向、研究对象、研究内容、适用情境等共同构成具有鲜明特点且系统性的研究模式。

需要指出的是，有关研究方法、工具、范式的综述要密切关联自己的研究目的。例如，绪论中提到的陈鹤琴的研究，他对以往研究儿童好奇心的方法进行了回顾，分析了斯密斯和霍尔所用的间接问答法（即问卷法），指出这样的研究方法效率较高，能在短时间收集到相当多有关儿童好奇心的信息；同时，运用此方法了解儿童好奇心是间接的——由父母描述表现儿童好奇心的语言和行为，藉此收集的信息的数量和质量会受父母的记忆、概括、表达能力的制约。基于此，陈鹤琴提出要用直接对儿童的提问进行观察、记录的方法研究其好奇心。陈鹤琴进而引用已有研究的结论，说明有一定语言表达能力的儿童，提问是衡量其好奇心一个关键且有效的指标，以此说明其运用直接观察法的适切性。再如，用问卷法收集实证信息时，要对相关研究所使用的问卷进行综述，说明已有问卷的内容架构、应用情境、信度及效度指标等，在此基础上确定自编问卷还是选用已有问卷，如果是自编问卷，要说明可（应）从已有问卷获得哪些参考。

本书第八章在分析自编问卷时呈现了一个例子，研究者在编制《大学生学习适应性问卷》时，先梳理了已有的学习适应性问卷，对其特点和内容进

① 参见马涛：《经济思想史教程（第2版）》，复旦大学出版社2018年版，第4页；亦可参见【美】托马斯·库恩：《科学革命的结构》，李宝恒等译，上海科学技术出版社1980年版。

② 劳凯声：《人文社会科学研究的问题意识、学理意识和方法意识》，《北京师范大学学报（社会科学版）》2009年第1期。

行述评，在此基础上提出自编问卷的必要性及思路。[1] 这典型体现了对研究方法、工具进行综述的价值。

（五）关键研究结果

关键研究结果是指某个研究领域重点的研究结果，这些结果或是某个研究领域重要的理论发现，或对实践产生了重要影响。以著名的"霍桑实验"为例：美国芝加哥的西方电器公司霍桑工厂的员工工作效率十分不理想，其他许多工厂也面临此问题。1924年11月，哈佛大学心理学家梅奥领导的研究小组入驻霍桑工厂进行实地研究。研究重点是明确各种工作条件与生产效率的关系。以下是四个关键实验的研究结果[2][3][4]：

照明实验：不论怎样改变——降低或增加——照明条件，实验组和对照组的生产效率都明显上升。研究结论：当工人知道自己在参与实验，会认为这是管理人员对他们的重视与期待，其生产效率随之提高。

福利实验：增加6名女工的工作福利，如缩短工作时间，延长休息时间，并在休息期间免费提供茶点等。研究结果表明：女工的生产效率与福利不存在相关，生产效率不仅没有随福利的取消而下降，反而出现了持续上升的趋势。研究者认为，是融洽的人际关系发挥了作用，它在调动生产积极性方面比福利更重要。

群众实验：对14名男性工人实行计件工资制。研究假设：多劳多得的计件工资制会使工人更加努力地工作。结果这些工人的产量依然只保持在中等水平，而且他们还自发形成了"潜规则"——约定一定的日产量，谁也不能超出太多以突出自己；同时，谁也不能低于这个产量太多，从而影响整个小组的产量。这些工人还规定，谁也不准向管理人员告密，否则将受到挖苦、

---

① 张大均：《当代中国青少年心理问题及教育对策》，四川教育出版社2010年版，第366-367页。

② Augustine Brannigan, William Zwerman. The real "Hawthorne effect" [J]. *Society*, 2001, 38（2）.

③ Desmond L. Cook, Joann King. A Study of the Hawthorne Effect in Educational Research[J]. *Research in the Teaching of English*, 1968, 2（2）.

④ Desmond L. Cook. The Hawthorne Effect in Educational Research[J]. *The Phi Delta Kappan*, 1962, 44（3）.

谩骂甚至拳打脚踢。调查发现，这14名工人之所以规定维持中等产量，是担心随着产量的提高，管理人员会认为并不需要这么多工人，从而改变现有奖励制度，或裁减工人，或使一些产量低的工人受到惩罚，而自己很可能就是被惩罚者中的一员。梅奥基于此提出"非正式群体"的概念——在正式的组织中存在一些自发形成的群体，他们有自己特殊的规则，也就是"潜规则"。

交流实验：研究人员在霍桑工厂组织了一场大规模的态度调查，用两年多的时间找工人谈话，共计两万多人次。研究人员被要求细心倾听工人们对工厂的各种意见和不满。态度调查的那段时间，霍桑工厂的生产率有了极大提高，因为谈话使工人们积攒多年的不满全都发泄出来，他们因此心情舒畅，进而提高了生产效率。

这些研究成果多么重要！它们回答了某个研究领域非常关键的问题，而且具有相当高的普适性和理论化特征。我们的研究目标是达到此前未至的高地，这些关键成果就是以往人们在攀登时留下的标记。这些标记清晰地表明哪条路走得通，旁边有怎样的风景，前面可能有哪些地方值得探索。因此，对以往研究的关键研究成果进行综述很有价值。

绝大多数研究都会对研究结果进行讨论，这部分往往包括两方面的内容，一是根据研究结果提出改进建议，二是对整个研究的反思，包括研究的不足和进一步的研究方向。综述时对这些内容应予以重视。

需要指出的是，文献综述既要有综合，更要有述评。综合意味着对资料进行整理与整合，包括辨识有价值的关键文献，依据不同的视角将文献进行归类，澄清各种事实和观点之间的关系。文献综述不能变成"综而无述"的资料堆砌，有研究者举例何为"综而无述"[①]：

罗文清翻译越南学者阮文康的《语言死亡：语言的安全与不安全》，从全球一体化与都市化视角，探讨语言从安全到不安全的发展过程，引进语言安全等级划分的5种类型，即永久语言（viable languages）、永久的小语言（viable but small languages）、濒危语言（endangered languages）、濒临绝种语

---

① 贾洪伟等：《方法论：学术论文写作》，中国传媒大学出版社2016年版，第192页。

言（nearly extinct languages）和绝种语言（extinct languages），……指出语言从安全到不安全的发展过程，导致某些弱势语言（特别是少数民族语言）的最终消亡。

作为对比，该研究者撰写了体现述评特点的综述：

《语言死亡：语言的安全与不安全》针对语言本体安全的言论，具有一定的普遍性，但语言从安全到不安全的发展，并非只取决于使用者的多寡，还存在其他众多因素，其中政治意识形态、族群对于它的认同度等都是重要的决定性因素。例如，希伯来语曾一度因为无人使用沦为死语言，后因以色列建国采用其为官方语言，一度复活。可见，语言的安全与否凭借的是该语言在国际、国家、族群层面的重要程度，而不是只依靠使用者的多寡。

此外，每个研究都有预期和假设，我们在文献综述时，不能只选那些支持自己观点和假设的资料，有意忽视那些与自己的研究假设相悖的资料。有研究者指出[①]：

一个研究报告只有在了解其他人的研究并回应了他人的观点，或者回应了读者前瞻性的质疑和异议时才是完整的。……一些研究新手认为，如果提及任何与他们意见相左的观点就会有损他们的研究。事实恰恰相反，当你提到不同的观点时，你展示给读者的是，你不仅知道这些观点的存在，而且能自信地给予回应。更重要的是，你必须利用这些不同的观点来提升你自己的研究。

事实上，由于教育研究有社会性和艺术性，再加上真实的教育情境非常复杂，因为研究视角、研究对象、背景条件的差异，得到不同甚至相悖的结论都是正常的。对文献综述来说，重要的不是简单支持一方面的结论，否认或忽视另一方面的结论，而是要分析不同结论的条件与背景是怎样的，这恰恰为自己的研究提供了启发与参考。

有一种文献——对某个研究领域的综述——值得重视。这类综述有两种：一种是高水平论文及论著中的综述；另一种是专门的综述性研究成果，如俞

---

① ［美］杜拉宾：《芝加哥大学论文写作指南（第8版）》，雷蕾译，新华出版社2015年版，第26页。

佳君的《以学习为中心的评价研究：理论与方法述评》，柳靖等人的《论职业教育价值观的嬗变》，王帅的《当代西方主流教育领导理论新进展》，辛涛等人的《教育测量理论新进展及发展趋势》。这些内容可为我们的文献综述提供密集的、高质量的素材。但是，我们不能直接照搬这类文献的内容，因为他人文献综述的目的和视角不一定与自己的研究完全匹配。因此，在参考他人的综述资料时，要根据自己研究的目的有所选择，批判性地予以参考。

二、文献来源与收集方法

要想做出高质量的文献综述，首先得积累足够全面和高质量的文献。总的说来，收集文献的途径主要有两种：一是平时的积累，二是即时的搜索。

（一）平时的积累

想要做好任何一个研究，必须在某个领域持续"深耕"，这意味着研究者需要持续关注某个研究领域，在不断阅读文献的过程中收集、筛选、积累有价值的资料。这些平时积累的资料会成为文献综述的重要来源，主要包括以下几个方面。

1. 经典文献

每个研究领域都有一些经典论著，它们往往是某领域内开创性、突破性、综合性的研究成果。这些文献经过时间检验，是该领域研究的基石，对研究的基本方向和框架有重要影响，是文献综述经常提及的内容，包括该研究领域的起源与发展、理论基础、概念界定、研究范式、重要的研究成果等。

2. 学术期刊

学术期刊是研究者发表研究成果最重要的载体。期刊具有即时性，能够反映最新的研究热点和研究动态。经常阅读学术期刊，可以开阔视野，把握研究的趋势与动态。对教育研究来说，教育领域的专门期刊需要特别关注，其中不同的期刊有各自的侧重点，如比较教育、教育理论、教学法、学科教学、教育测量、教育统计等。研究者可根据自己的研究选题，有针对性地关注相关学术期刊。

3. 专题论文集

很多研究领域有自己的学术组织，会刊印专题论文集。这些组织往往定期或不定期组织学术会议，会前征集论文，会后刊印论文集，这对于把握某个研究领域的动向和前沿信息非常重要。

4. 工具书

工具书是专供查找知识信息的文献，其种类有很多，主要包括：（1）字、词（辞）典：对字词及短语进行解释的文献，以及对各领域专门词汇进行解释的工具书，是概念辨析的重要依据。此外，还有一种集素材与赏析相结合的辞典，如《唐诗鉴赏辞典》《宋词鉴赏辞典》《古文鉴赏辞典》等，对于编制相关内容的测试工具是很好的参考资料。（2）年鉴：逐年出版的提供各行业事实、数据的文献。如《中国统计年鉴》《中国人口年鉴》《中国经济年鉴》《中国教育统计年鉴》等。年鉴包含了大量基本事实与数据，而且通过逐年分析，能够看出某个方面的变化趋势。（3）手册：汇集某学科或某方面基本知识的资料，如各种事实、数据、图表等。"手册"的英文是 handbook 或 manual，前者侧重"是什么"一类的信息，如数据、事实等，后者偏重"如何做"，如操作规范。（4）标准：以科学、技术和实践经验为基础，经有关部门协商一致，由主管机构批准，以特定形式发布，作为某领域共同遵守的准则和依据。工具书的使用方法可参考专门的资料，如《中文工具书使用法》《参考工作与参考工具书》等；还有工具书的索引，如《中国工具书大辞典》《社会科学工具书七千种》《中国社会科学工具书检索大典》《国外工具书指南》《国外科技工具书指南》等。

（二）即时的搜索

除了平时的积累，面对特定的研究任务，还需要即时搜索以完成文献综述。当前，越来越多的文献被电子化、网络化，网络资源已经成为文献即时搜索的主要来源。下面我们以最常用的中文网络资源平台——中国知网（CNKI，简称"知网"）为例，说明如何进行文献的即时搜索。

利用核心词搜索文献是最常用的方式，核心词指基于研究关键内容所概括的核心词汇。在知网中，最常用的核心词包括"主题""篇名"和"关键词"。在实际的搜索中，这三种方式有很大的重叠，说明数据库的算法兼顾了文献的主题、关键词、内容和标题。将核心词输入搜索框，知网就会利用大数据，基于多种算法对海量文献进行检索。

1. 光谱式搜索

表达研究关键概念的术语可能不同，但它们可能属于同一个研究领域，我们要灵活设置关键词进行"光谱式"搜索。例如，搜索有关戏剧教学的文献，以"戏剧教学"为关键词进行搜索，发现相关文献并不多。但搜索结果中秦云霞的《戏剧教学法在小学英语课堂中的应用研究》在"概念界定"中提到了"教育戏剧"（drama in education），于是将搜索关键词设为"教育戏剧"，可以得到大量有价值的文献。有关教育戏剧还有很多的相关概念，如教育剧场（theatre in education）、儿童戏剧（children's drama）、创造性戏剧（creative drama）、过程戏剧（process drama）、发展性戏剧（development drama）等。[①] 这些关键词属于同一个研究领域，构成一个"光谱带"，各自体现了不同的侧重点，以这些关键词进行"光谱式"搜索，可以获得更为全面的资料。

2. 隐性内容的挖掘

从研究题目逐级生成关键词，这是很多文献综述采取的策略。如《初中英语学困生英语学业自我概念的研究》，基于研究题目可生成以下关键词："学困生""英语学困生""学业自我概念""英语学业自我概念""学困生学业自我概念"等，进而根据这些关键词搜索文献。可是，有些关键词的生成不是这么简单明了，以我指导的硕士论文《中学语文教师文言文背景知识测

---

① 陈昊：《教育戏剧：理论探讨与实践进展》，《内蒙古师范大学学报（教育科学版）》2017 年第 9 期。

试工具及现状研究》为例①，该研究的目标是：（1）构建文言文教学背景知识框架；（2）编制测查教师古文背景知识的工具；（3）利用该工具对中学教师古文知识掌握现状进行测查。基于上述目标，比较明确的关键词包括"教学背景知识""语文教学背景知识""文言文教学背景知识""教学背景知识测试"等。值得注意的是，古文教学具有双重属性，遵循双重规律：一是中学语文教学的规律，二是文言文赏析的规律。上述关键词基于教学视角，没有体现文学赏析视角，文学赏析视角即是一个隐性的文献搜索目标，要综述文言文的源起及发展、审美价值、重要文论和作品批评，这对于建立文言文解读的背景知识框架无疑非常重要。

3. 追踪与扩展

任何一个有意义、有价值的研究领域，都会在相当长的时期内被研究者从不同的角度进行研究，这意味着我们应当以追踪的姿态进行文献综述。追踪包括横向和纵向两个维度。横向追踪指对同时期的资料进行收集整理，这些资料应有密切关联，如在课程改革背景下，有关知识传授的地位和价值多重、多轮的争鸣。纵向追踪指随着时间的发展，对有传承接续关系的研究成果进行收集整理，这些研究来自相同或不同研究者持续不断的深耕，如皮亚杰基于其研究提出智力发展阶段理论，皮亚杰和他的团队及其他研究者在这个领域持续探索，我们应关注这些研究的连续性，澄清研究之间的衔接与发展线索。

在知网搜索到某个文献时，系统基于大数据会列出该研究主题的"热门"作者，最重要的依据是他们的研究成果更多地被他人引用。如以"核心素养"为关键词进行搜索时，林崇德、辛涛、李艺、崔允漷、马云鹏、刘恩山……作为该研究领域的"热门"作者被推荐，这为我们以作者为线索追踪文献提供了便利。

知网基于研究主题（关键词）、参考文献和被引用次数等方面的数据，能够在我们搜索文献时推荐非常丰富的关联文献，这为文献追踪与扩展提供

---

① 张宁：《中学语文教师文言文背景知识测试工具及现状研究》。

了极大的便利。例如，以"教育戏剧"为关键词进行搜索时，陈昊的《教育戏剧：理论探讨与实践进展》作为一篇综述性文章进入视野，在这篇文章的下面，有推荐关联文献的"引文网络"，如下图所示：

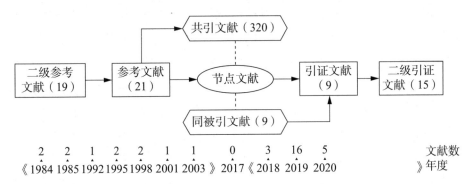

所有相关文献按照发表年份排列，并被归为不同的类型，下面对这些文献的类型进行简要介绍。

● 节点文献。当前搜到的文献（即上述陈昊的论文，下称"文献A"）。

● 参考文献。文献A的参考文献。在陈昊论文的参考文献中，我们发现了一个重要的研究者：张晓华，其研究成果——《台湾中小学表演艺术戏剧教学的解析》和《创作性戏剧教学原理与实作》——被高频引用，是华人研究教育戏剧的重要人物。基于作者姓名进一步追踪，会找到另一篇文献——《教育戏剧理论与发展》。此外，还有两篇文献值得关注：郭梅君的《小学戏剧教育两种模式的比较与思考》和张生泉的《教育戏剧的探索与实践》。参考文献中还有若干英文文献，有英文阅读能力的研究者也可以参考，如 Guidelines for A Creative Drama Program. Jeffrey Gelfer，Peggy Perkins. *Day Care & Early Education*.1992；*Creative Drama for the Classroom Teacher*.Ruth Beall，Heining. Allyn & Bacon.1993。

● 二级参考文献。文献A参考文献的参考文献。在该类目下发现若干有价值的文献，如周斌的《关于推动教育戏剧发展的若干思考》、黄爱华的《戏剧教育的基本理念及其运用》、吴戈的《戏剧本质新论》。

● 共引文献。也称同引文献，与文献A有相同参考文献的文献。在此类目下发现两篇有价值的文献：王毅的《学校教育戏剧研究》、付钰的《中小学教师教育戏剧运用的理论与实践研究》。

● 同被引文献。与文献 A 同时作为参考文献被引用的文献。此类目下有若干文献值得关注：卡梅尔·奥沙利文的《教育戏剧》、霍华德·加德纳的《多元智能新视野》、梅休的《杜威学校》、李政涛的《教育生活中的表演》、王琳琳等人的《西方教育戏剧的发展沿革与实施》、宋璐等人的《身体姿势的心理效应：基于具身视角》、顾纾的《教育戏剧在小学语文课堂教学中的实践探索》、陆素英的《小学语文"教育戏剧"课程开发与实施研究》。

● 引证文献。引用文献 A 的文献。这个类目下有价值的文献包括刘建梅的《教育戏剧在小学语文教学中的应用现状研究》、马凯的《以课本剧为载体的教育戏剧实践研究》。

● 二级引证文献。文献 A 引证文献的引证文献。这个类目下有价值的文献有徐诗的《小学语文课本剧教学个案研究》、徐颖的《初中地理戏剧课堂构建研究》、周梦慧的《运用戏剧教学法的小学英语阅读教学设计研究》。

知网还会推荐相似文献，即与陈昊的论文内容上较为接近的文献，由此我们可获得一篇有价值的文献：徐俊的《关于教育戏剧的语词、定义与划分的再思考》。进一步追踪，又找到一篇徐俊有关教育戏剧内涵界定的文献：《教育戏剧的定义："教育戏剧学"的概念基石》。在相似文献中还有岑玮的《教育戏剧的教育意义与教学策略》，此文质量不高，但其参考文献中有一篇价值不错的参考文献：黄爱华的《学校戏剧教育的基本理念及实践构想》。

除了知网的推荐，我们在文献搜索时还有可能发现其他线索，如会看到多篇上海师范大学有关教育戏剧的硕士学位论文，一直持续到 2020 年，说明该单位存在一个持续研究教育戏剧的团队，可对他们在这个领域的研究成果给予更多的关注。

由这个案例可见，知网利用大数据建立了文献之间的关联，以某篇文献为节点，多层次、多角度呈现关联文献，使得我们可以从一篇文献入手，不断追踪到更多有价值的文献。但是，并不是每篇被推荐的文献都有价值，我们要审视文献自身的质量，还要判断它和我们的研究有怎样的关联，并从文献追踪中获得研究的启发。例如，在上面文献追踪过程中，我们关注到加德纳的《多元智能新视野》，他提出的多元智能中的"言语语言智能""视觉空间智能""音乐韵律智能""身体运动智能""人际沟通智能""自我认识智能"等都是学生参与到教育戏剧中需要调动和可以培养的智能，这为下一步的文献追踪乃至研究选题都有启发意义。还有梅休的《杜威学校》，提醒我们将教育戏剧与杜威的教育理论关联起来，戏剧是将现实生活浓缩、典型化后的再现与表现，恰恰可作为实现杜威的理念——"教育即生活，学校即社会"——的载体。李政涛的《教育生活中的表演：人类行为表演性的教育学考察》，主张在教育情境中理解"教育生活中的表演"，考察表演对于教育和生命的价值。其关于表演的本质及其对学生发展价值的分析，对于理解教育戏剧促进学生发展的机制有重要意义。还有吴戈的《戏剧本质新论》，也是文献综述时值得关注的资料，因为教育戏剧的目标是优化教育，而优化教育的载体是戏剧，所以它必然要遵照和体现戏剧的某些规律与本质，该文献分析了戏剧的要素及其使人获得感动与成长的机制、策略，这为构建和优化学校中的教育戏剧提供了有价值的视角。

由这四个例子可见，文献的追踪不只是资料的累积，我们还要从文献中获得启发，优化我们研究的目的、内容、方法。上述这四篇文献，其标题都不含"教育戏剧"，但它们无疑为教育戏剧的研究提供了重要的基础和参考。

上面只是以知网为例，显示其强大的功能为我们搜索、追踪文献提供的极大便利。当前，各种文献数据库蓬勃发展，电子化文献搜索与收集成为不可逆转的趋势，我们应当多尝试、多摸索，高效使用多样化的网络文献平台。例如，知网主要收录学术期刊中的论文，如果在论文的参考文献中发现有价值的著作，可转向"读秀"这个主要收录著作的平台进行搜索。在该平台上，几乎所有中文著作都可以被检索到并提供部分阅读，还有一些文献有全文阅读并且可以下载。

最后需要指出的是，文献数据库不是万能的，以知网为例，只有在论文中被列入"参考文献"，其信息才会被检索到，一些有价值的论文、论著可能并未出现在已有研究的参考文献中，这些资料就无法被知网检索和呈现。同时，很多文献资料也有可能未被电子化数据库收录或检索，如一些经典典籍、古旧文献、各协会或学会的会议资料、某研究领域专题研讨会资料、某些工具书、非公开刊发资料等。因此，我们在充分利用电子数据库的同时，也不能忽视线下资料的阅读与积累。

三、文献质量评价与筛选

从上面的例子可以看到，当我们利用数据库搜集文献时，往往会得到海量的文献，对此不能照单全收，而要对其质量进行评价并据此进行筛选。以下是评价文献质量时可考虑的因素。

1. 作者

一般而言，一个高水平研究者会有相当丰富和高质量的"成果群"，他们也往往因此而有一定的声望，文献综述时对这些作者及其成果应给予关注。例如本书第六章介绍扎根理论，格拉泽（Barney Glaser）、斯特劳斯（Anselm Strauss）和科宾（Juliet Corbin）是三个非常关键的研究者，他们提出了扎根理论，并通过持续多年的研究发展和完善了该理论，出版了一系列颇有影响力的论著，这些是了解、应用扎根理论的必读文献。此外，前述如杜威、皮亚杰、加德纳这样有很高学术声誉的研究者，他们的研究成果不仅是奠基性、开创性的，而且对教育教学及学生发展有全面的指导意义，应成为教育研究必备的基础性文献。需要指出的是，文献作者的声望与其作品的质量总体呈正相关，但也会存在例外的情况。因此，我们会对有声望的作者的研究成果给予更多关注，但不能"因人废言"，文献本身的质量是对其进行评价和筛选最重要的依据。

2. 期刊与出版社

高质量的研究成果倾向于发表于高水平的期刊，或由高水平的出版社出版。高水平的期刊和出版社往往坚持更高的刊发和出版标准，对研究成果的质量要求更高。论文发表于期刊需经过严格的同行评议。高水平的出版社长期致力于某一学术领域图书的出版，往往会有更好的眼光，更专业的编辑，其出版的图书质量也往往更高。与前述作者因素一样，期刊或出版社的声誉也是搜索和筛选文献的一个线索，但文献本身的质量仍然是筛选的最重要的依据。

3. 文献时间

学术研究是不断发展的，更完善、水平更高的研究成果会不断出现。随着时代的发展，各种新方法、新工具被用于实证信息的获取，对其丰富性、全面性有重要影响。理论是收集实证信息的基础，而实证信息反过来也验证了理论或促进了理论的完善，随着时代的发展，理论基于思辨和实证也在不断发展变化。因此，关注文献中实证信息的时间坐标是有意义的。所有研究都是在已有研究的基础上创新与发展的，筛选文献时应关注其发表的日期，追踪最新的文献，了解最新的研究成果。当然，这并不是说时间久远的文献可以忽视，我们在前面的研究选题中提到，不仅要关注教育理念、理论的"新"和"变"，更要关注其中永恒不变的内容，如"全面发展""尊重个性""兴趣驱动""学以致用""举一反三""亲其师信其道"，等等。这些理念、理论历久弥新，常在常新，是教育永远的追求，只不过它们在不同的时代呈现不同的面貌，如孔子两千多年前"不愤不启、不悱不发"的教育理念，现代的表达是"最近发展区"；几十年前评价教学质量的关键是"双基扎实"，现在则是"学科素养"。很多理论的内核没有变，只是表征理论的现象和条件有了变化。此外，如前所述，文献综述的一个重要内容是对某研究领域进行溯源，这必然要求我们梳理从远至近的文献。后续研究得以确立的一个重要驱动，就是对以往研究中的结果进行验证和修正，这也要求我们不能忽视过往文献中的理论和实证研究。

4. 文献评价及被引

高质量的研究会被更多的研究者参考，一个文献被引用的次数可以作为衡量其质量的一个指标。我们在查找和筛选文献时，对于那些被引频率高的文献应给予高度关注。如上面有关教育戏剧文献搜索的例子，基于电子资源和大数据，网络资源平台能检索出被高频引用的文献及其被哪些文献引用，这为我们进行文献筛选和追踪提供了极大的便利。此外，很多高质量的、重要的文献还会被公开评议，如在报刊上进行专门的介绍、评析、争鸣，有些机构会为重大的标志性成果举办专门的发布会、研讨会，还有专门的文献索引文献（如《人大复印报刊资料》）对重要的研究成果进行汇总。我们在文献综述时，对这些被摘录、汇总、评议的文献应给予更多关注。

5. 文献加工程度

根据文献加工程度，可将其分为零次、一次、二次文献。零次文献是最原始的素材型资料，如书信、论文手稿、笔记、实验记录、会议记录、访谈音视频、个人或集体作业、试卷和问卷答题记录、日常行为记录等。零次文献对于实证研究极为重要，本书后面几章介绍的观察法、实验法、访谈法、内容分析法、问卷法，其关键就是收集高质量的原始资料，这直接关系到研究的品质与价值。一次文献是基于一定规范产生的富有逻辑性、思辨性、学术性或艺术性的作品或研究成果，如学术论文、实验报告、调查报告、文艺作品等。相当多的一次文献是对零次文献的加工，包括遴选、整理、概括、抽象、数据化等。二次文献以一次文献为素材，对其进行进一步的加工、整理，包括评价、分析、理论化、解读等。例如，很多研究者从不同角度对皮亚杰的研究进行评析所形成的论著即为二次文献。二次文献对一次文献进行概括和裁取，信息密度大，而且有研究者对一次文献的评析和解读，收集这些文献是很有价值的。需要注意的是，二次文献经过作者的加工、整合，我们从中得到的信息可能是片段的，甚至是偏颇的。此外，有些二次文献中对零次、一次文献的引用，并不是直接参阅原文献，而是从其他文献中转录，有可能以讹传讹，这种情况在实际研究中并不少见。因此，文献综述时引用二次文献一定要谨慎。

第四章　研究问题与研究设计

　　一个高质量的研究起始于好的、有意义的选题，进而，我们要基于研究选题提出具体的研究问题，通过解决研究问题实现研究选题的目标。对实证研究来说，回答研究问题涉及多个环节，有很多因素会影响研究质量。因此，我们需要考虑各种条件进行研究设计，优化研究的各个环节及要素，保障研究质量，推进研究顺利实施。

一、研究问题与研究假设

　　我们一旦提出研究问题，就自然会对问题的答案形成假设。重要的是，这个假设的内容和形式会影响研究设计，因为研究的目的就是想办法验证这个假设。

（一）明确研究问题

　　研究问题是整个研究的驱动和牵引，很多研究质量不高，一个极为重要的原因就是没有提出高质量的研究问题。下面来看一个教师有关整本书阅读的研究报告[1]：

　　今天和大家交流的话题是整本书的阅读，先看两段有关的论述："国文教材似乎该用整本的书，而不该用单篇短章……退一步说也该把整本书做主体，把单篇短章做辅佐。"这是 1942 年，著名语文教育家叶圣陶先生在《论

---

[1]　来凤华：《教出语文的个性》，新华出版社 2017 年版，第 218-232 页。略有删改。

中学国文课程改订》中所作的论述，至今已历时七十余年，但是他的思想依然熠熠生辉："真正的语文教育必须扩大阅读面，增加阅读量，去引导学生读'整本的书'，把世界当作课本，而不是把课本当作世界。"

一、前期准备：确定阅读书目

1. 读什么书

说句实在话，从浩如烟海的典籍中找到适合孩子读的书绝非易事。费了好大的功夫，经历了三个境界，才确定书目。第一个境界是"上穷碧落下黄泉，两处茫茫都不见"；第二个境界是"过尽千帆皆不是，斜晖脉脉水悠悠，肠断白蘋洲"；第三个境界是"众里寻他千百度，蓦然回首，那人却在灯火阑珊处"。最终确定的书目——第一模块：现当代文学作品精读（9本）；第二模块：传记文学精读（7本）；第三模块：古典文学精读（6本）；第四模块：外国文学选读（8本）。（具体书目略）

2. 这些书是怎么来的

一定要做调查。第一我们参考了××区教委推荐的中考阅读书目；第二我们语文老师做了一个推荐书目；第三做问卷调查，看孩子们喜欢哪些书；第四是调查家长认可哪些书。

3. 这些书有什么特点

我们在选择书目的时候有三大原则：第一经典性；第二趣味性；第三开放性。经典性，文学经典是人类自我认识、自我想象、自我认可的思想和文化的结晶，百读不厌，常读常新，我们想绕也绕不过去。趣味性，为孩子选择读物要适合孩子年龄特点、兴趣爱好、认知水平。开放性，优秀作品把它吸纳进来，通过阅读实践，不适合的我们把它淘汰出去。

二、阅读课程的整体设计

1. 规划课时，确定阅读时间

四个老师每人教一个模块，同时开设。初一到初二两个学年，四个学期，学生轮流选一遍，正好完成阅读闭合。我们采用"3+2"模式，每周五节课，三节上基础语文，两节上阅读课，我们就有了课上的时间保证。另外，既然是个课程，就得有时间限制，所以阅读每本书我们设定了阅读的时限。800页以上的鸿篇巨制，我们规定六周时间，一周两节共12课时；300～799页的作品，共五周10课时；300页以下的两周4课时。

2. 整本书怎么阅读

把书放给孩子"放羊"吗？没有节制、引导、调控、管理吗？不是的。我们在考虑如何推动孩子深入阅读时，围绕五个方面：读、思、议、写、拓。"读"是自读；"思"是在读的过程中思考、品味、揣摩，把自己阅读过程当中生发的问题梳理出来；"议"是通过讨论，消除疑难，分享思想成果；"写"就是把阅读的思考通过文字固化下来；"拓"就是深化拓展，在更宽阔的视野上观照这个作品。想好了这五步，我们就通过一些课型把它固化下来，在每个时间节点上通过一个课型把阅读推进下去。自读课就完成"读""思"环节，讨论课、引导课完成"议"这个环节，写作课完成"写"这个环节，拓展课和延伸课完成"拓"这个环节。

三、课型的具体实践

1. 自读课

先做读书笔记，再梳理问题。例如，第一个孩子摘抄名句名词；第二个孩子画龙点睛，片言只语，直击要害，做点评；第三个孩子每摘抄一段都用红色的笔做认真的赏析。孩子们在阅读的过程当中，除了做摘抄之外，还梳理了许许多多的问题。例如，《老人与海》学生问题收集，共85个问题。（具体问题略）

2. 讨论课

把梳理的问题分类，然后课堂讨论。老师认真梳理学生提出的问题，看哪些是有价值的问题，哪些是核心问题，我们把这些问题整合打包。通过梳理，我们发现孩子们提出的问题主要有四个方面：第一，老人为什么老梦到狮子；第二，老人为什么老念叨孩子；第三，老人为什么老提到棒球；第四，为什么书名不叫"老人与鲨鱼"，而叫"老人与海"。我们把这四个问题放到课堂上，进入讨论课这个环节，每个小组认领一个话题讨论、分享、总结。

3. 引导课

孩子和书本做了交流，孩子和孩子之间做了交流，师生之间还缺少一个互动交流，引导课就来了。老师在引导课上的功能和作用是什么？老师既是学生平等的对话者之一，又是课堂阅读活动的组织者，学生阅读的促进者，老师要依据自己既有的文化视野、认知水平对作品做出自己的领悟和解读，作为平等的阅读主体介入学生的阅读生活中，激发学生的阅读兴趣，激活学生的阅读思维，提升学生的阅读品位。（案例略）

4. 写作课

把讨论、分享、碰撞、释疑后的想法写下来，形成作品。通过和书本交流，同学之间交流，师生之间碰撞，孩子们心中生发了许许多多的想法。我们如何把他心中的想法通过语言固化下来，写作课就来了。在写作课上，孩子通过思考写作，形成了自我认知。一个学期下来，每个孩子有了一本阅读感悟笔记，写得非常认真。

5. 拓展课

链接资源，拓展素材；自主选择，探究阅读。写作课结束，这个阅读的链条是不是就断了？还没有，继续延伸。我们提供了很多素材，基础性的，像海明威的生平、创作风格、访谈录，包括对海明威的简单的评价；还有专业性的，我们搜集了许多研究文章打包放到平台上去，供一些有兴趣的、有探究能力的孩子选择使用，这样就大大地拓展和深化了孩子的认知，也培养了孩子的探究精神和能力。

6. 延伸课

搭建平台，继续发酵。拓展之后，阅读的余波还是要继续让它回荡，这时候我们就想到要搭建一个平台，让孩子的思考在这个平台上继续发酵。我们建立了"书山论剑"这样一个平台，孩子把自己阅读的一些想法放上去"晒"，有的孩子展示阅读感悟，有的孩子质疑提问，有的孩子在上面展示自己的阅读发现。

四、整本书阅读效应初显

通过这一系列的环节，我们这一个学期下来，感觉有了一些阅读效果：（1）构成了共同的话语体系，丰富了孩子的语言建构。（2）从完成阅读任务到产生阅读兴趣，再到渐渐形成习惯，孩子经历了一个比较丰满的阅读过程。（3）读书把孩子的学习经历和生活经验连接起来，发展了思维。（4）在文学性和科学性的跨越中，孩子们形成了自己特有的学习方式。（5）呈现出精神成长的轨迹。

之所以将此报告较完整地呈现出来，是因为当前很多教师的课题研究都是这样的模式。这位教师的整本书阅读教学效果也许相当好，这个内容作为"工作总结""工作交流"是合适的，但它不是严格意义上的（学术）研究，其中最大的问题是没有提出明确的、有学术价值的研究问题。

有读者可能会说，怎么没有问题呢？文章中不是明确提出"读什么书""这些书是怎么来的""这些书有什么特点"等问题吗？还有"如何安排课时""整本书怎么读""用怎样的课型与教学方式"这样的隐性问题吗？我们先来看一个例子：做一个菜有若干步骤，"切成片还是切成丝？——切成丝""白醋没了，怎么办？——用陈醋""菜量太大，怎么办？——叶子做汤，菜梗凉拌"……每个步骤看似对应一个问题，但其实质是完成了一个任务，或者说实施了一个决策。同样，上述有关整本书阅读研究中所谓的问题，其本质是完成任务或实施决策，并不是研究问题。没有研究问题，就没有真正的研究，该报告即是我们在前面"研究选题"中所谈到的"第一千零一个"工作方案——每个要实施整本书阅读教学的教师都会有一个工作方案，这只不过是"又一个"工作方案而已。同时，我们会发现这个研究也没有文献综述、研究假设和研究设计。

综观这些年来我审读的开结题报告、硕士学位论文，没有研究问题或好的研究问题是一个较为普遍的现象。有研究者总结当前行动研究的六个常见误区，第一个就是"有行动无问题"[①]：

常见的情况是，实践者并没有明确研究问题，而是直接从实践中选择一项阶段性的工作或者任务作为研究对象，或者选择的问题是个体解决不了的"宏大问题"，或者是似是而非的"假问题"，抑或是力不从心的"理论问题"（如"教学过程中谁为主体谁为客体"）。在样本中，一些教师声称自己在做行动研究，但所做的却都是常规的教育教学工作，最后的"研究成果"其实是一份工作总结，如《大学生职业生涯规划》课程开发的行动研究""开展行动研究，打造精品课程""落实管理制度，促进校园和谐：乐清商校构建和谐校园的行动研究"。这类研究没有针对自身实践中的特定问题，只有所谓的"行动"而无"研究"。

对于实证研究来说，研究问题一定要非常具体，能够直接对应和引导收集怎样的实证信息。例如，上述有关整本书阅读的研究，我们可提出清晰、具体的研究问题：

- 学生对什么样的书感兴趣？
- 影响阅读材料难度的因素有哪些？
- 如何基于教学目标选择整本书阅读材料？

解决第一个问题，可以对学生进行访谈，观察学生的阅读活动，对学生完成阅读任务的状况进行分析；解决第二个问题，可以对学生进行阅读测试，可以对阅读材料进行内容分析，还可以采用个案研究，通过学生的"出声阅读"判断阅读材料的难度；解决第三个问题，可以先将"教学目标"具体化、行为化，然后对阅读材料进行内容分析，在此基础上判断二者匹配的程度。由此可见，高质量的问题是实证研究的牵引，决定了收集怎样的实证信息以及如何收集实证信息，基于这样的问题实施的研究才有学术价值。

---

① 钟柏昌等：《行动研究应用中的常见误区：基于过去 6 年教育类核心期刊论文的评述》，《现代远程教育研究》2012 年第 5 期。

（二）提出研究假设

人类面对任何一个问题都会提出假设，其本质是对问题答案的预期。例如，某人平时都坐 A 线路公交车上班，发现附近新开行的 B 线路也能到单位。他发现 B 路线停靠站比 A 线路少，遂决定尝试乘坐 B 线路公交车。此时他心中必然有一个假设，即 B 线路比 A 线路更省时，其尝试是要验证这个假设，可能的结果有五个。（1）假设证实：确实省了时间；（2）假设证伪：没省时间，甚至时间更长了；（3）有条件的假设证实：工作日省时，周末和假日时间更长；（4）发现假设之外的信息：B 线路公交人更少，大部分时间有空座；（5）假设未能验证：出现突发状况，当天交通管制。

这五个结果都是有价值的：

– 假设证实或证伪让我们确认事实是什么；

– 有条件的假设证实让我们把握事实发生的条件；

– 发现假设之外的信息，需要我们判断该信息的价值，及其与所做研究的关联程度，进而决定是否扩展或转换研究目标；

– 假设未被验证，说明实验行动需考虑偶发情况以优化设计。

研究假设不是凭空想象，它有三个特征：（1）有目的；（2）依据已有信息基于归纳和演绎做出判断；（3）有不确定性。例如，某人在等车时偶然发现有一条新线路也可以到单位，决定尝试一下，这样的行为背后没有假设，因为没有特定的目的。但如果他看到新线路，决定试一下看是否节省时间，这样的行动是有目的的，但并没有根据一定的信息进行判断，这也不构成假设。如果他观察新线路的站牌，计算其线路长短及停靠的站数，并与当前线路做比较，基于此"预计"新线路时间更短——这即是依据已有信息做出判断。公交车实际行驶时间会受很多因素影响，因此该"预计"有不确定性，也正因为有不确定性，假设才值得被验证，实证研究也才有意义。

无论有没有假设，不都要实施研究吗？同时，研究假设似乎并不会改变研究结果，它有什么用呢？研究假设在以下两个方面发挥重要作用：

1. 澄清和评价研究的意义

如果要实施"教师评价学生（简称'师评'）对学生自我评价（简称'自评'）影响的研究"，通过文献综述发现重要他人的评价对个体自我评价有重要影响，而教师是学生的重要他人，我们可以依据推理形成假设："师评"对学生"自评"有重要影响。但我们会发现基于这个假设实施的研究意义不大，因为研究的发现不够新，只是证实了已有的发现和理论，将某个领域的研究结论"平移"到了教育领域。这也是为什么很多研究给人的感觉是"这个研究不做也知道结论"或"这不是显而易见吗"。因此，正是因为提出了研究假设，我们得以据此判断研究可能的结论，进而判断该研究的价值。

基于研究假设判断研究价值不大时，可以尝试修正研究选题。例如，教育领域有很多关于师生关系的研究，将"重要他人的评价对个体自我认知的影响"（以下简称 IOI）与师生关系结合起来，会形成有价值的研究。例如，"师生关系对 IOI 的影响"即是一个很有意义也很有趣的问题——"亲其师才能信其道"，相当数量的研究表明，师生关系影响学生对教师指导的接受，而"师评"能对学生的自我认知产生影响，是因为学生接受了教师对他的评价。基于此，我们可以提出研究假设：师生关系对 IOI 有中介作用。类似的研究选题还有：师生互动类型与 IOI 的关系，师生互动的内容与 IOI 的关系，教师特征与 IOI 的关系，等等。基于这样的修正，我们可以提出新的研究假设，在此基础上判断研究是否具有学术价值。

2. 为研究设计、实施提供依据

对研究结果形成期待和假设，往往伴随着对实现结果的路径及相关要素的理解，这样的理解事实上为研究设计提供了依据。例如，有研究者提出有关教育改革政策推广研究的两种研究假设，如下面两张路径图所示 [1]：

---

① ［美］Matthew B. Miles 等：《质性资料的分析：方法与实践（第 2 版）》，第 26–27 页。该研究主题源自 Andover.Conceptual framework：A Study of dissemination efforts supporting school improvement. The Network.Inc.1979.

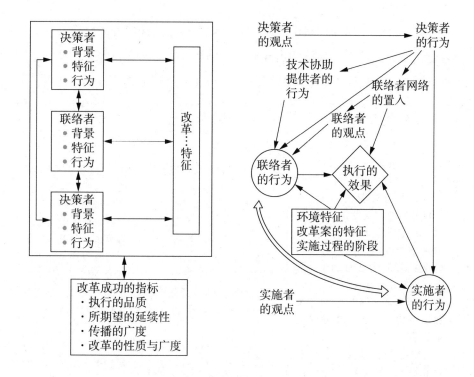

由此例可见，研究假设不仅仅是设想研究结果，它更是一个系统的构想，包含了研究中的要素及要素间的关系。这样的研究假设提供了研究实施的路线图，并且在相当程度上明确了研究的内容、方法、工具。这就像我们对新房装修的效果有了预设之后，用什么样的材料和工艺在一定程度上就确定了。例如，如果假设师生关系对"重要他人的评价对个体自我认知的影响"有中介作用，基于这样的假设，我们可以提出更具体的研究问题，如"中介作用的表现是怎样的？""不同类型师生关系中介作用的程度是否有差异？""中介发挥作用的机制是怎样的？"为了解决这些问题，就要进行研究设计，规划用怎样的方法、过程和工具获得实证信息以回答这些问题。例如，针对"不同类型师生关系中介作用的程度是否有差异"这个问题，我们就要构思如何测出师生关系的不同类型，如果用问卷，选用已有问卷还是改造或自编？用怎样的统计方法检验不同师生关系的中介作用及其差异？

就像前面分析的，研究假设不是凭空想象，它是依据已有信息做出的判断，而这些已有信息往往是从文献综述中获得的。因此，文献综述、研究假设、研究设计是一体的，基于高质量的文献综述才能提出好的研究假设，进而才能对研究设计产生具体的指导作用。例如，要对语文教师的古文背景知识进行测查，下表即呈现了文献综述、研究假设、研究设计之间的关系：

基于文献综述或预研究	研究假设	研究设计
– 中师毕业的教师，职前有关古文背景知识的学习极少。 – 与高中教师相比，初中教师认为古文背景知识对教学来说没必要的比例更高。 – 由于应试教育的影响，教师普遍不重视有助于把古文讲得更精彩但未必有助于"涨分"的背景知识。 – 学历高、毕业院校好的教师接受的古文背景知识教育的质量更高。 – 发达地区、优质学校学生基础相对好，整体教学水平高，有利于教师在教学中更多应用古文背景知识。	– 教师古文背景知识总体水平较低。 – 与高中教师相比，初中教师古文背景知识掌握处于相对劣势。 – 发达地区、优质学校、高学历、毕业于名校的教师古文背景知识掌握处于相对优势。 – 与考试、教学内容关系密切的古文背景知识教师掌握得更好。	– 被试选取应考虑学段、地区、城乡、学校质量、教师学历及毕业院校等因素。 – 多设置一些低难度的题目，以提高测查的区分度和信、效度。 – 课标、教参对古文背景知识的要求是重要的命题依据。 – 重视高利害性考试对教师古文背景知识的影响。

由此例可见，研究假设要么是理论认识、感性经验，需要通过实证研究予以证实及精确化；要么是基于已有信息进行的逻辑推论，需要通过实证研究验证其合理性。基于扎实的文献综述，发现尚不清楚或有待确证的内容，提出好的研究问题，就一定会有研究假设。在这个意义上，能否提出清晰的研究假设，是检验文献综述及研究问题质量的重要标准。

二、量化与质性模式的选择

两个身高、体重完全相同的女生，可能都会觉得自己胖，也可能一个对自己的体重满意，一个不满意；两个人都减重 3 斤，可能一个很高兴，一个觉得很不够。同样的身高、体重，却产生了不同的看法，前者是客观的量化数据，而胖或瘦则是对个体"有意义的"质性判断。在一所学校测量全部学生的身高、体重，根据一定的标准测算肥胖率，通过问卷调查学生饮食和锻炼的状况，这是典型的量化研究。如果选择几个"特殊的"肥胖学生（他们因完全不在意自己的体重而显得"特殊"）做个案研究——他们是否曾经有过困扰，这种困扰具体是什么，造成了怎样的影响，他们是如何克服的？在当下"以胖为耻"的文化氛围中，他们又是如何调整心态的？这样的表现与其个性、家庭环境、生活经历、亲密同伴等因素的关系是怎样的？——这样的研究显现了典型的质性特点。

选择量化还是质性模式进行研究，这是研究设计必须要考虑的一个重要问题，因为这两种模式匹配不同的研究目的、研究内容和研究方法。总的说来，量化研究将研究对象的数量特征抽取出来并对其进行分析；质性研究将整个研究对象包括其背景纳入研究视野，以诠释的、揭示事物意义的方式对其进行描述和解释。下面我们对量化和质性研究的特征、价值进行分析，在此基础上说明如何依据研究目标和研究对象的特点选择恰当的研究模式。

（一）量化研究

对数量及数量关系的敏感深植于人乃至动物的基因之中，这有助于其应对外部世界的挑战，如面对数量不同的敌人产生不同的情绪与行为反应，依据猎物的体型、体重选择捕猎对象。基于智慧的发展，人类超越了本能的数量感知，运用越来越复杂的测量和统计方法对事物进行表征，这也成为量化研究的基础。下面我们首先分析量化研究的特点，进而分析量化的基础——研究内容的指标化与可测化。

1. 量化研究的特点

量化研究有四个特点，这是我们在选择研究模式时要考虑的。
第一，以测量与统计为核心。

量化研究有两个关键——测量和统计，前者用来反映事物的数量特征，后者用来揭示数量的程度、性质或数量间的关系。以学生数学思维素养的量化研究为例，首先要对"数学思维素养"进行可测化的定义，进而构建高质量的测量工具（试题），使用该工具对学生的思维素养进行测量，以数量

（分数）表征学生的数学思维素养。进而，我们要对学生的得分进行多种形式的统计分析，通过平均分、最高分、最低分、分数的分布、合格率与优秀率等说明学生数学思维素养高低和优劣的程度；通过思维素养测试得分与其他量化因素（如学生的家庭背景、地域、性别、教师教学能力等）的相关统计说明二者的关系，基于此可推论影响学生数学思维素养的因素有哪些。

需要指出的是，对身高、体重、体能等外在客观事物的测量比较简单，而对于内隐、抽象、社会化内容的测量可能相当复杂和困难，如上述"数学思维素养"的测量。我们会在后面分析如何将研究内容可测化，并在第八章"问卷法"部分呈现若干重要的量化统计方法。同时，我们也建议读者专门学习有关教育测量和统计分析的知识。

第二，把握研究对象总体状况。

量化研究往往同时对相当数量的个体进行测量，个体某方面数量特征经过统计处理被"整合"而显现总体状况，这是量化研究独特的价值。例如，如果想了解某地区新教学法的效果，应当对该地区所有学生或有代表性的抽样进行测试，计算考试分数的平均分，以此显示新教学法的"总体"效果；计算所有分数的标准差以显示学生成绩"总体"离散程度；将分数按照某种标准分段，呈现各段内学生的比例，以此了解"总体"上学生成绩的分布等。

第三，消除随机误差，逼近真实值。

有一个物体，让5个人用同样的工具进行测量，得到的结果很可能不一样（测量工具精度越高，不一样的可能性越大），这是因为每次测量都存在误差。根据伯努利（Jacob Bernoulli）提出的"大数定理"，如果将若干次测量的结果累加后平均，测量次数越多，平均值就会越可靠，即与真实值越接近。仍以上面新教学法效果的研究为例，参加测试时有些学生状态好（发挥超常），有些学生状态差（发挥失常），这是一种随机误差（也称为偶然误差和不定误差），基于大数定理，足够数量的学生参加测试，其分数的平均值将更接近真实值。需要指出的是，随机误差会让测量结果在真实值上下随机波动，增加研究样本数量能消除随机误差。还有一种误差是系统误差，如试题总体过难或过易，或测试内容与新教学法的教学内容有较大出入，或学生不熟悉测试的形式，这些因素会引起研究结果朝某个特定的方向偏离，这样的系统误差通过增加测试人数是无法消除的。

第四，基于变异对事物形成认识。

依据达尔文的观点，在生物领域变异（variation，也即差异、不同、多样）是有价值的、值得被重视的，并非令人不悦的误差乃至失误——没有变异就没有进化。这对社会科学研究有重要启发：我们应重视一致性中的变异、差异。[①] 例如，一所学校某年级 500 名学生参加数学考试，就会有 500 个分数，我们能从中得到大量信息。总体来说学生的表现不错（平均分较高），可是，也有相当高比例的学生处于低分段，这样的变异提示两级分化的存在；某班学生的成绩明显优于总体表现，这样的变异提示我们应进一步探究其原因是什么；某班的平均成绩垫底，可是其中有 3 名学生的成绩处于整个年级的前 5%，这样的"变异"提示我们可将其作为个案进一步研究。这些都是基于一次考试数据的变异进行对比，还可以基于多次考试数据的变异进行纵向对比。量化研究往往能提供基于多个变量的大量数据，我们可以基于不同变量、从不同视角观察数据中的变异，对研究对象形成更为深刻的认识，这是量化研究特有的价值。

量化研究中往往有所谓的背景变量，如性别、家庭社会经济地位、地域、地区、学校质量等，这些变量是将研究对象分组的依据，同时提供了观察和对比变异的视角。值得注意的是，对不同组别研究对象的比较可能会出现两种偏误：异质性偏误（heterogeneity bias）和内生性偏误（endogeneity bias）。例如，要对比上过和未上过大学的人收入的差异，直觉上会比较二者收入的平均值。这样的对比基于一个假设：两组人除了有没有上过大学，其他方面都是一样的。这个假设是有问题的，这样对比的结果会高估上大学的回报率，因为能力强、有毅力、善于学习的人上大学的可能性也较大，他们总体上比没上（上不了）大学的人在这些方面素质更好，在工作中也会因为这些素质获得较高的酬劳。因此，上过和没上过大学的人的收入差异，相当

---

① 谢宇：《社会学方法与定量研究》，社会科学文献出版社 2006 年版，第 13 页。

一部分应归因于个体的一些与大学教育无关的素质，忽视此因素的比较形成的偏误即为异质性偏误。此外，这种对比还有一个假设，即大学教育对两组人的影响是一样的。这个假设也有问题，实际上有的人适合读大学，他们读大学受益多，有的人不适合读大学，读大学对他们来说获益较少，甚至也许不读大学反而发展得更好。因此，上大学这个变量对两组人的影响是不同的，忽视此因素的比较形成的偏误即为内生性偏误。我们在量化研究基于变异的对比中，要警惕这两种偏误的存在。

2. 研究内容指标化、可测化

如前所述，量化的要义是对研究对象进行测量，以数量方式表征其属性。对自然、客观、抽象程度低的研究对象进行测量简单明了，如身高、年龄、班额、师生比、人均经费等；而对高度抽象、内隐、社会性的研究对象——如学科素养、探究精神、学习适应性、师生关系、古文背景知识等——进行测量，则需要将这些概念进行具体化和外显化，使其可测量、可量化。举例来说，林崇德主持了"中小学生核心素养的发展与评价"研究项目，2016 年 9 月公布了中国学生发展核心素养的框架与内容，如下表所示[①]：

维度	文化基础		自主发展		社会参与	
核心素养	人文底蕴	科学精神	学会学习	健康生活	责任担当	实践创新
基本要点	人文积淀 人文情怀 审美情趣	理性思维 批判质疑 勇于探究	乐学善学 勤于反思 信息意识	珍爱生命 健全人格 自我管理	社会责任 国家认同 国际理解	劳动意识 问题解决 技术应用

"核心素养"是一个高度复合、抽象的概念，如果要对其进行量化研究，必须将这个抽象概念具体化、可测化。上面的表格显示，"核心素养"被具体化为"文化基础""自主发展""社会参与"三个维度，每个维度再具体化为两个核心素养，每个核心素养又具体化为三个"基本要点"，这是将抽象、

---

① 林崇德：《构建中国化的学生发展核心素养》，《北京师范大学学报（社会科学版）》2017 年第 1 期。

内隐概念逐步具体化、外显化、行为化的过程，这为研究对象的测量和量化创造了条件。

这个过程很像心理学中给变量设置"操作性定义"。最早提出"操作性定义"的是美国物理学家布里奇曼（Bridgman），他认为如果要避免一个概念模糊不清，最好能以"测量它的操作方法"来界定。他以物理学中的长度、时间、重量三个概念为例："1 米"为从赤道到北极直线距离的 1/10000000；"1 小时"为地球自转一周所需时间的 1/24；"1 克"为 1 立方厘米纯水在摄氏 4 度时的重量。给测量对象设置"操作性定义"的思想在 20 世纪三四十年代被物理学界普遍接受，1971 年被《科学》杂志列为世界五大哲学成就之一。[①] 社会科学研究借鉴了此方法，首先广泛应用于心理学研究，其关键是根据可观察、可测量、可操作的特征来界定研究中的概念，以下是三种常见的下操作性定义的方法：

● 条件描述法。以特定条件来定义研究对象的某种状况，或规定用某种操作诱发某种状态。这种方法常用于给自变量下操作性定义。例如，"饥饿"：连续 24 小时未进食的状态；"竞争关系"：两个以上的同伴，所处环境相似，有相同的目标，但只允许其中一人达到目标，这时他们之间的关系为竞争关系。

● 指标描述法。通过设定某种标准来界定概念，即某个概念或变量能达到某个标准，即得到某种分类或等级的认定。例如，"青少年"：年龄在 7 岁以上，18 岁以下的人；"发散思维"：对同一物体多种用途的设想能力，具体指标为在 60 秒内回答"砖的不同用途"达 10 项以上为优秀，5 项至 9 项为一般，5 项以下为差；"阅读能力"：用中等难度的文章进行测验，阅读速度达到 200 字 / 分以上、辨别达到 90% 以上、理解达到 80% 以上、记忆达到 70% 以上为合格。

● 行为描述法。对研究对象的行为特征进行描述，通常用于给因变量下定义。例如，"旁观"：注视别人的活动达 2 ~ 3 分钟以上，自己未参与。再如，"谦让行为"：分配糖果时的礼让行为，可以分成三种水平，"主动谦

---

① 郭生玉：《心理与教育研究法》，（台北）精华书局，1986 年版，第 14–17 页。

让"——没有任何人提醒或暗示，能将高级糖果让给别人；"被动谦让"——在他人的提醒或暗示下，能将高糖果让给别人；"不谦让"——经他人再三提醒，都不肯把高级糖果让给别人，一定要自己享用。

下操作性定义时须兼顾排他性与普遍性，排他性越大，解释的范围越小，普遍性也就越小。例如，"攻击性"的操作性定义可以是"与同学争吵或打架"，排他性最低，外延最广，包含争吵和打架两种行为；"与同学打架"，排除争吵行为，排他性略增，解释范围缩小；"每周至少与同学打架一次"，排他性最高，解释范围最小。

抽象内容逐级具体化、行为化是为了形成可测量的"指标"，下一级更具体的内容，都可以看作是上一级内容的"指标"。"指"：指征，即行为化的、可观测的行为与现象；"标"：标准，即被认定为某个分类或等级的依据。例如，上述学生核心素养中，"乐学善学"是被具体化的评价学生核心素养的指标，但仅根据这四个字对学生的表现进行量化还比较困难——从指征来看，没有提示更加具体的、可观测的行为表现；从标准来看，没有程度和量级的提示。对此我们可以编制问卷或行为核查表，明确标示出若干能观测、能评价的指征（行为表现），如"能主动探索课本之外的相关知识"，进而，在该表现下面设置若干表示程度的选项，如"总是能做到""有时能到做到""偶尔能做到""做不到"等，学生的表现对应不同的选项，相应地被评价为不同的分数。为了使量化更精准，可考虑设置一组"难度"不同的表现，就像用一组难度不同的试题测评学生的数学能力。仍以"乐学善学"为例，可以设置一组能体现学生"乐学善学"的表现，学生能做到这些表现的难易程度是不一样的，这样的测量会具有更高的"区分度"。

总之，对研究内容进行量化时，常用的工具包括问卷、试卷、行为核查表等，构建这些工具的关键就是下操作性定义及指标化，换言之，经过这样的过程，一个对研究内容进行量化的工具就形成了。我们必须意识到，基于测量内容具体化构建的指标往往是测量内容所有可能表现的一部分，而且其全面性、有效性与研究者的水平和经验有很大关系。此外，对同一个内容进行测量，如果测量目的、测量对象不同，其关键指标很有可能不一样，例如，在对大学生的学习适应性进行测量时，如果已有工具是测量初中生的，可能就要对此工具进行改编，构建适合测查大学生学习适应性的指标。

还有一点需要注意，教育测量借鉴了自然科学的研究方法，但教育中的诸多概念并不能像自然变量那样进行完全客观、无歧义的定义与测量，甚至很多概念有"只可意会不可言传"的成分（参见本书第一章所分析的研究内容的艺术性），对其进行测量极困难乃至不可能。我曾参与一个学生评价研究，要求对学生的品行如"尊敬师长"进行量化。为了保证客观性，要列出明确的信息收集点——在什么样的时间、地点、情境，以怎样的方式收集、记录能证明学生品行的证据。例如，早上在校门口，观察学生遇到老师时是否行礼或问好；在办公室，观察学生和老师单独交流时的言行是否谦恭有礼；课间休息时，在走廊上观察学生遇到老师时的言行是否符合规范。不可否认，这样的测量内容指标化客观性、操作性很强，一个稍加训练的人就可以实施测评。但我们要警惕，这样的做法很可能存在将测量内容窄化、表面化的风险。

我们在第一章谈到教育研究有实证性、社会性、艺术性三重属性，若测量不顾其社会性和艺术性，盲目运用所谓科学方法，一味追求客观，必将走入"科学主义"的误区。因此，测量、量化是揭示事物属性的手段之一，不能为了量化而量化，要依从研究的目的及研究对象的性质，明确量化使用时的条件限制。同时，我们要清醒地认识到量化的局限，谨慎依据量化结果描述与解释研究对象的状况。这也提醒我们，对事物的量化往往只能表现其某个方面、层面的性质或状况，要对其进行更全面、深入的描述和解释，很多时候有必要整合质性方法。

（二）质性研究

我们先来看质性研究中"质"的含义。辞海的解释："质是一事物区别于他事物的一种内部规定性，由事物内部的特殊矛盾规定。"该解释呈现了

"质"的具体特征：（1）质地，如木质、纸质；（2）性质，本质；（3）评断，评量；（4）指事物内部的质，与"形"相对。由此可见，"质"标示事物独特的、本质的特点与属性。

我们可以通过问卷同时测查几百名学生的创造性，每个学生都会有一个得分，这是典型的量化信息。某个学生参与了测试，他是众多被试中的"某一个"，他在创造性上有一个赋值，在研究中被抽象为一个代号、一个分数，这个分数能说明其创造性的某些状况和特点，但无法表现出他在创造性上独特的、本质的特征。这样的量化追求一致性，所有人某些方面的特性被统一的量尺进行测量，排斥和抑制了个体特殊性，每个人的分数被用来进行各种数学操作（如累加并求平均值），每个分数并不具有独立、完整的意义，分数背后的大量相关信息未被关注。

如果从得分高的被试中选择几个同学做个案研究，对他们进行观察和访谈，就有可能得到质性信息，包括学生创造性的具体表现和发展路径、影响其创造性的内部与外部因素等，进而对他们每个人及这个群体的创造性形成独特、具体、鲜活、完整、深入的认识。我们还可以在真实情境中观察学生在解决问题时创造性的表现，这个过程会生成诸多测试中看不到的信息，研究者可通过深入追踪得到非常丰富的质性资料。在这样的研究中，学生及其创造性就会成为"唯一的那一个"。

有研究者将质性研究（qualitative research）定义为[1]：

以研究者本人作为研究工具，在自然情境下，采用多种资料收集方法（访谈、观察、实物分析），对研究现象进行深入的整体性探究，从原始资料中形成结论和理论，通过与研究对象互动，对其行为和意义建构获得解释性理解的一种活动。

这个定义说明了质性研究的关键与本质。该研究者还指出教育研究采用质性模式的价值[2]：

---

[1] 陈向明：《质的研究方法与社会科学研究》，教育科学出版社 2000 年版，第 12 页。
[2] 陈向明：《范式探索：实践—反思的教育质性研究》，《北京大学教育评论》，2010 年第 4 期。

（1）质性研究非常符合教育这一介于人文学科与社会科学之间的学科的基本特点，既可以对学校作为社会组织的结构和运作机制进行宏观探究，也可以对教育中个体的思维和行动进行微观考察。（2）任何教育实践都反映了一个民族的精神追求，是一个国家的历史、文化和群体心理的厚重积淀；而质性研究认可价值的重要性，认为人的道德标准、行为动机和利益关怀都是研究的重要内容。（3）质性研究可以对教育过程中的各种变化进行追踪，了解事情在自然状态下变化的状态和趋势。（4）质性研究的平民性使"教师成为研究者"成为可能，使他们从后台走到了前台，从被动变为主动，在研究中形成新的自我身份和自尊、自信。（5）质性研究强调从在场的教育实践者自己的视角和语言探究问题，在本土概念和外来理论之间形成对话，有利于教育理论和实践的创新。（6）质性研究灵活的设计非常适合教育的实践要求，并擅长探究学界和（或）实践界尚不清楚的问题，研究者可以充分调动和发挥自己的创造力和想象力，自下而上地建构起对研究现象的理解和解释。

教育领域的量化研究总体上借鉴了自然科学的方法，质性研究则是社会学包括教育研究所特有的模式。"由质性资料导出的发现，会具有一种'不可否定性'，文字具有一种具体的、生动的、有意义的力量。……这些效果并不是简化的一堆数字所能产生的。"质性研究还有一个特别重要的价值："保留住时间流程，精确地看出哪一事件导致哪一事件，并引出精彩的解释。"[①] 质性研究是达成对研究对象进行因果解释的一种重要且可行的方法。本书在第二章中"选题的目的"部分提到，自然科学研究实现因果解释的方法是实验法，社会学研究一方面借鉴此方法，同时通过"诠释"形成因果解释（参见本书第六章中对"诠释"的分析）。

有研究者总结了质性研究的主要类型，如下表所示[②]：

---

① ［美］Matthew B. Miles 等：《质性资料的分析：方法与实践（第 2 版）》，第 2 页。
② ［美］巴歇尔等：《设计质性研究》，王慧芳译，湖南美术出版社 2008 年版，第 4 页。

杰克布	阿特肯森，德拉门特，汉默斯里	丹晨，林肯
人类行为生态学 生态心理学 整体民族志学 认知人类学 民族志传播学 符号互动论	符号互动论 人类学 社会语言学 民俗学方法论 民主评估 新马克思主义民族志学 女性主义	个案研实 民族志学 现象学和民俗学方法论 扎根理论 传记学方法 历史社会科学 参与式研究 临床研究

对很多读者来说，看到这么多质性研究模式，可能会觉得非常复杂甚至繁琐，对于要学习或掌握这些模式望而却步。如何面对如此复杂的模式？有研究者提出建议[1]：

这些分类系统表面上看起来可能是颇有道理而且是切割清楚的，但最后它们可能会让读者发现，这些分类系统之间基本上不是不兼容的。不论是从定义方式或从划分标准来看，都是如此。如果读者想要把这些派别划分得一清二楚，可能会把自己弄得紧张不已。

"紧张不已"，这确实是复杂的质性研究模式可能给我们带来的困扰。就像文学中对"散文"的定义一直充斥着争论，但是没有定义的时候散文就存在了，概念的辨析和争论并不妨碍人们进行散文创作和赏析。因此，对一线教师来说，可以尝试了解、学习多种质性研究模式，但更重要的是把握质性研究普遍的共同特征，以实际研究目标为驱动开展质性研究，而不必套用某种模式，一定要将研究塞进某个分类之中。那么，质性研究是否有一些共同特征？答案是肯定的。有研究者指出：大多数的质性研究本质上都是"自然取向"的，比较重要的特征有[2]：

– 进行质性研究，乃是密集地与长时间地与一个"现场"或生活情境做接触，这些情境基本上是很"平凡的"或普通的。

---

[1] [美]Matthew B. Miles 等：《质性资料的分析：方法与实践（第 2 版）》，第 10–11 页。
[2] 同上，第 11 页。

- 研究者要对所研究主题获得一种"整体的"了解，包括其逻辑、序列、明显的和隐藏的规则。

- 研究者尝试以"局内人"的视角知觉和观察，藉此获取资料并经历一个有意义的过程，包括深度的注意、同情的领会（empathetic understanding）以及把相关的成见都先搁置或"放入括号"中。

- 研究者主要的任务是阐述，可能会基于原始资料概括或抽象出某些主旨、判断、理论，不过这只是对原始资料的一种阐释，原始资料仍然是最核心的成果，有可能生成更多的阐释。

- 或许会使用标准化工具，但研究者是该研究的主要"观测工具"。

- 资料分析多半是处理文字资料，包括分类、关联、释义、概括、抽象等。

从本书第六章"内容分析法"中网友对爷爷日记进行诠释的例子，我们可以体会到上述所有质性研究的特点。事实上，上述多种质性研究模式都具备这些一般特征，只不过它们各自强调了某个方面。一个实际的质性研究，很有可能同时体现了上述多种模式中的某些特点，如一个基于访谈和观察的研究，它是个案的，有临床的切近与互动，有基于民族志的对研究对象所处文化生态的关注，对收集到的资料采用基于扎根理论的编码分析，等等。因此，我们在实施质性研究时，可以参考每一种模式所强调的研究视角与方法，同时把握质性研究一般性的共同特征，在研究目标的牵引下，根据研究对象的特点和研究条件灵活运用各种研究模式。

（三）量化与质性研究的关系

上述分析有助于我们认识量化与质性研究的特点、价值，有研究者从研究目的、对知识的定义、研究的层面、研究的手段、抽样方法、资料特点、分析框架等31个维度说明质性研究方法与量化研究方法的区别[①]，读者若有兴趣可以参考。

---

① 陈向明：《质的研究方法与社会科学研究》，第10–11页。

我们在研究时应选用量化还是质性模式？与此问题相关的是"量化与质性研究哪个更有价值"？迈尔斯称这个问题"曾引起激烈的战火"[①]：

Fred Kerlinger 是一位杰出的量化研究者。他在晚年曾对我们其中的一人说："没有什么东西是质的资料，任何东西不是 1，就是 0。"我们不同意此观点。Berg 也有一句类似的名言："所有的东西基本上都是质性的，我们可以把原始经验不是归于文字，就是数字。"Campbell 也曾指出，所有的研究追根究底都有其质的基础。……量化研究者被冠上一个刻板印象，说他们像是"咀嚼数字的人（number crunchers）"；质性研究者则被冠上另一个刻板印象，说他们像是"凝视肚脐的人（navel gazers）"。Gherardi & Turner 完整地分析过这场论战，还冠上一个有趣的名字："硬汉不搜集软资料（Real Men Don't Collect Soft Data）。"

这个争论非常重要！说明在很多时候量化和质性方法被对立起来。在描述了"激烈的战火"之后，迈尔斯总结：

不过最终我们还是得面对一个事实，即如果我们想要了解这个世界，数字与文字都是必要的。正如 Kaplan 所言："数量乃属于性质，而深究一种性质也确有必要采用它的度量单位来表达。"……Howe 的分析显示：量化与质性研究其实是"无可避免地纠结在一起的"。……Salomon 指出，问题完全不在于量化与质性的对立，而在于我们究竟是否想要用一种"分析"取向去了解少数被控制的变量，或者是想用一种"系统"取向去了解复杂情境中变量间的互动。于是问题不再是研究设计中可否将两种资料与两种方法连结在一起，而是究竟可否并用，怎么做，以及为了什么目的而做。

事实上，社会学领域中的任何一个研究对象都是质和量的统一。《大辞海》中解释"质"时说，"与'量'一起构成事物的规定性。量是质的等级、规模、范围和结构的表现，是一种可以用数量来表示的规定性。一切事物都是质和量的辩证统一"。这个解释给我们的启发在于：将量化与质性信息进

---

① [美]Matthew B. Miles 等：《质性资料的分析：方法与实践（第 2 版）》，第 56 页。

行结合，是对事物进行描述和解释最好的方式。我们来看费孝通的经典研究——《江村经济》中有关"人口控制"的部分内容[①]：

尽管村中的人认识到后代的重要性，但现实中还存在着必须限制人口的因素。儿童的劳动能对家庭经济作出贡献，这是事实，但必须要有足够的劳动对象来利用这些劳动力，由于拥有土地的面积有限，能养多少蚕也有限度，家中多余的成员，成了沉重的负担，有鉴于此，让我们先来观察一下这个村平均的土地拥有量情况。

该村的总面积为 3,065 亩，农地占 90%，如果将 2758.5 亩农田平均分配给 274 家农户，则意味着每户只能有一块约 10.06 亩大的土地。正常年景，每亩地能生产 6 蒲式耳稻米。一男、一女和一个儿童一年需消费 33 蒲式耳稻米（第七章第 5 节）。换句话说，为了得到足够的食物，每个家庭约需有 5.5 亩地。目前，即使全部土地都用于粮食生产，一家也只有大约 60 蒲式耳的稻米。每户以四口人计算，拥有土地的面积在满足一般家庭所需的粮食之后仅能勉强支付大约相当于粮食所值价的其他生活必需品的供应。因此，我们可以看到，这个每家平均有四口人的村子，现有的土地已受到相当重的人口压力。这是限制儿童数量的强烈因素。

按照当地的习惯，孩子长大后就要分家产。有限的土地如果一分为二，就意味着两个儿子都要贫困。通常的办法是溺婴或流产。人们并不为这种行为辩护，他们承认这是不好的，但是有什么别的办法以免贫穷呢？从这个村子中儿童的总数可以看到这个结果：16 岁以下儿童，总共只有 47 名，平均每家 1.3 个。

杀害女婴就更为经常。父系传代及从父居婚姻影响了妇女的社会地位。在父母亲的眼中，女孩的价值是较低的，因为她不能承继"香火"，同时，她一旦长成，就要离开父母。结果 0～5 岁年龄组的性比例是：100 个女孩比 135 个男孩。只在 131 家中，即占总数 37% 的家中，有 16 岁以下的女孩（不包括"小媳妇"），只在 14 家中，有一个以上的女孩。

[①] 费孝通：《江村经济》，上海人民出版社 2013 年版，第 37–38 页。

研究报告中有大量的数据，同时该研究又是公认的质性研究的典范，由此可见量化与质性信息在研究中是相辅相成的——量化信息为事物定性提供了依据，而质性信息又为数据赋予了意义。"在父母亲的眼中，女孩的价值是较低的，因为她不能承继'香火'"，这是一个质性的判断，是对"杀害女婴"这一事实和现象的解释。进而，研究者用精确和丰富的数据对上述判断提供了更有力的支持，"0～5岁年龄组的性比例是：100个女孩比135个男孩。只在131家中，即占总数37%的家中，有16岁以下的女孩，只在14家中，有一个以上的女孩"。因此，我们不要割裂或片面强调量化或质性信息，可以利用问卷、试卷收集量化信息，也可以利用访谈、观察收集质性信息，既体现量化数据的质性特征，也体现数量对于质性判断的参考意义。

三、研究对象与抽样

做研究设计时关于研究对象要回答两个问题：（1）选择多少研究对象；（2）如何选择研究对象。解决第一个问题有两种方案：大样本和个案。一般而言，大样本匹配量化研究，个案匹配质性研究。请注意，这只是"一般而言"，大样本也有可能是较典型的质性研究，如费孝通"江村经济"研究，涉及的人相当多，收集了很多量化数据，但其研究对象是"唯一的那一个"江村，江村成为一个个案，该研究也因此而具有典型的质性研究的特征。同样，量化研究也有可能以个案为研究对象，如格赛尔的"双生子爬梯实验"，探究成熟对个体发展的影响，该研究较为严格地进行变量控制与测量，研究并不在意其研究对象是哪两个具体的儿童，换另一对双生子也应当会得到同样的实验结果，换言之，他们是可替代的研究对象，研究只关注其某些方面的若干"颗粒型信息"，该研究因此而体现出较明显的量化特征。

关于第二个问题——如何选择研究对象，个案的选取我们会在第十章中的"个案研究"部分进行分析，下面我们探讨大样本作为研究对象时，如何选择研究对象及确定其数量。

如前所述，量化研究的价值在于"把握总体状况""消除随机误差、逼近真实值""基于变异对事物形成认识"，这要求它必须选择较多（足够）数量的研究对象。选取研究对象有两种方式，一是将符合要求的所有个体作为研究对象，二是选择部分个体作为研究对象。后一种方式称为抽样。例如，如果想要研究某市三年级小学生数学学习水平，可以选取该市全部三年级小学生作为测试对象，基于这样的测试，每个学生都有一个成绩；但如果测试目的不是给每个学生一个成绩，而是描述该市三年级学生的总体表现，我们就可以进行抽样——抽取部分三年级学生——对其进行测试，以其表现推论总体学生的表现。

基于抽样测试结果的推论可靠吗？下表是一个例子：为了研究学生网上消费情况，在保证一定可靠性的前提下对所需样本量进行测算（简单随机抽样，抽样比忽略不计）[1]：

假设 / 要求	样本量
消费方差 59845，估计量方差的界限为 400	150
估计量的绝对误差界限为 40，置信概率为 95%	144
估计量的相对误差界限为 0.1，置信概率为 95%，学生网上消费平均 429 元	125
估计量的变异系数界限为 0.05，学生网上消费平均 429 元	131

由这个测算可以看到，对于一个可能有几千名学生的总体，只要抽取一百多人作为样本，就能够以相当高的精度根据抽样数据推论总体状况。由此我们也可以了解，样本量不直接取决于总体的数量，而是取决于（1）研究对象总体在某个变量上的变异程度[2]；（2）对抽样误差（即抽样精度）的要求；（3）对由样本数据推断总体状况的置信程度（即可靠性）的要求。总的说来，研究对象总体差异越大、要求的精度和可靠性越高，所需样本量就越大。

实证研究中，与研究对象数量有关的两种因素会影响数据收集的质量：一是人的因素——搜证工作量超过一定程度，搜证人员的疲劳或增加人手会加大搜证质量劣化的风险；二是客观因素——搜证往往有多个环节，每个环

---

[1] 杨贵军等编著：《应用抽样技术》，中国统计出版社 2015 年版，第 32-33 页。
[2] 可通过预研究对少量研究对象进行测试，或根据以往相关研究的经验，判断研究对象在研究变量上的变异程度。

节都可能因偶然因素而出现差误,研究对象越多,出现差误的概率越大,当研究对象的数量超过某个临界值后再增加时,其对"逼近真实值"的贡献就会弱于差误风险的增加。因此,在保证一定精度和推论可靠性的基础上,能以较少的样本代替总体提供研究所需的信息,对于保证研究的质量,提高研究的效率和经济性是必要且可行的。

抽样是一项基于统计分析的系统性工作,可以根据研究目的和研究对象的特征,结合精度和推断可靠性的要求决定抽样的形式和样本数量。[①]例如,要研究某市优秀语文教师掌握古典文学理论的状况,如果对该群体进行抽样,就要澄清下列问题:

- 什么样的教师是"优秀教师"?
- 选择哪个年级和学段的教师?
- 选择哪个地域范围的教师?
- 研究对象可否以及从哪些方面分层、分类?
- 研究对象的差异有多大,抽样精度和可靠性的要求有多高?

上面的分析基于简单随机抽样,而且只是其中忽略抽样比的一种形式。实际研究中,根据研究目的和研究对象的状况,会有不同的抽样策略和抽样方法。总的说来,抽样包括概率抽样和非概率抽样两种形式。概率抽样以概率论为基础,事前确定每个单元被抽中的概率,再按照给定的概率进行抽样。常用的概率抽样方法有简单随机抽样、分层随机抽样、等距抽样、单级整群抽样、两级抽样。非概率抽样是指有意抽取具有某种特征的单元,包括目的抽样、方便选样、定额抽样等。[②]抽样是一项专门技术,各种抽样方式的适用条件及抽样数量的测算方法可参考有关抽样的资料。

在现实研究中,大部分研究者没有条件对较大范围的研究对象进行研究,而是采取"方便抽样"的方式,即基于方便、可获得性来考虑选取研究对象。这种情况下,如果没有采用规范的方法进行抽样,即使研究对象的数量较多,也不能基于样本数据推断总体状况。

---

① 【美】汉姆·加尔顿:《抽样调查方法简介》,武玲蔚等译,格致出版社 2014 年版。
② 参见杨贵军等:《应用抽样技术》,中国统计出版社 2015 年版。

四、保证研究质量

做研究设计的重要目的在于保证研究质量——能提出清晰、有价值的问题，通过合理、可行的方法收集有价值的实证信息回答研究问题。这就要求我们在进行研究设计时明确研究质量的关键指标及影响因素。

有研究者分析了9篇有关二孩生育意愿的研究论义——这些研究首先找出与二孩生育意愿可能相关的各种因素，然后将其转化为各种指标，通过调查问卷进行测查，确定影响二孩生育意愿的因素——"分析结果令人遗憾"[1]：

这9项定量研究不仅在具体使用的影响因素数目上互不相同，而且影响因素的具体内容上也互不相同，就是采用同一个影响因素的不同研究之间所得的结果也互不一致。概括地说，对于影响育龄人群二孩生育意愿的因素究竟是什么的问题，这9项定量研究的结果给出的是一组杂乱的回答，描绘的是一幅杂乱的图画。

更令人不安的是，这有可能不是个案，而是教育研究中的普遍现象。弗吉尼亚大学的诺塞克（Brian Nosek）和同事们在过去几年里一共严格重复了98个心理学实验，其中有两个实验分别做了两次，只有39次重复是成功的。这一研究结果发表于《科学》（Science）[2]，2015年11月5号的《南方周末》发表了黄永明据此采写的报道——《多数心理学研究不可信》：

看到跟老龄有关的词后，年轻人走路的速度会放慢。这是心理学家约翰·巴赫（John Bargh）在1990年代初的一个发现，它也成为了"启动效应"的一个经典实验。然而，在二十年后，想要尝试重复该实验的心理学家却发现，他没有办法得到相同的结果。

从2011年开始，在弗吉尼亚大学工作的诺塞克与一批志同道合的心理学家一起，开始了他们的浩大工程。他们选择了三本心理学领域内的顶级学

---

① 风笑天：《问题与路径：二孩生育意愿研究中的定量方法与定性方法》，《学习与探索》2019年第6期。

② Estimating the reproducibility of psychological science，*Science*，28 Aug 2015：Vol. 349, Issue 6251，aac4716，DOI：10.1126/science.aac4716

术期刊，然后尝试重复这些期刊在 2008 年发表的每一项实验。这些心理学家尽最大努力还原原作的实验条件，他们也尽可能地与原作者协作，在他们的指点之下来完成那些实验。毕竟实验中往往有一些技术性的细节是没有呈现在论文中的。

诺塞克和同行们在过去几年里一共严格重复了 98 个实验，其中有两个实验分别做了两次，只有 39 次重复是成功的。由于诺塞克检验的是心理学领域的顶级期刊，这些文章是质量最高的，那么如果将其他水平的期刊考虑进来，可能有超过 80% 的研究结果是重复不出来的。

研究结果不能重复出现，说明研究结果的可靠性严重不足，即信度不好，这样的研究其效度自然也不会好。实证研究的关键是收集到高质量的信息以回答研究问题，表征实证信息质量的指标有效度和信度，其中效度更为关键，信度是效度的必要条件，有效度的研究其信度必然是好的。下面我们分析研究的效度及其影响因素①。

效度（validity）是测量学中的术语，指测量工具或手段能够准确测出事物某种属性的程度。该术语用于实证研究，则表示研究结果真实和准确的程度，因此又被称为"真确性"。实证研究的目的是描述和解释，效度则是实证信息表征研究对象状况或证明变量之间因果关系的真确程度。由于实证研究的核心是收集实证信息，效度也可看作实证信息的"效力""有效性"。我们可以从以下两个维度理解效度的内涵及其影响因素。

1. 内容效度、构想效度和效标关联效度

根据判定的标准与方法，测验的效度分为内容效度、构想效度和效标关联效度三种。②

● 内容效度。指测验题目对测验目标覆盖的全面性和有效性。成就测

---

① 本书第八章"问卷法"中，从数据统计的角度较为详细地分析了如何评估问卷的信度和效度，可与这部分内容共同参考。

② 参见 [美] 罗伯特·F. 德威利斯：《量表编制：理论与应用（第 3 版）》，席仲恩等译，重庆大学出版社 2016 年版，第 60–72 页；亦可参见美国教育研究协会、美国心理协会、全美教育测量学会主编：《教育与心理测试标准》，燕娓琴等译，沈阳出版社 2003 年版，第 12–37 页。

验特别注重内容效度，如学生经过一段时间的学习，要通过测验评估其学业成就，而测验以教学大纲和教材为依据，后者规定了学生应当掌握的内容，也即测验的目标。内容效度高的测验，题目出得全而且出得好，即对测验目标的覆盖更全面，且能够准确地"击中"目标。一般来说，由富有经验的专家对测验的内容效度进行评价。

● 构想效度。指测验内容与某种理论构想匹配的程度。教育研究中诸多研究对象的内核是一个抽象概念，如智力、素养、焦虑、能力倾向、成就动机、亲子关系等。所谓理论构想，指这些抽象概念内涵、结构的理论构想。例如，"核心素养"这个抽象概念有一个理论构想，测验内容应当与该理论构想相匹配。评价测验的构想效度有两种方式：（1）专家对测验题目与概念的理论构想匹配的程度进行评价，这与内容效度的评价很相似。二者的区别在于，评价内容效度所依据的"内容"是显性的、明确的，而概念的理论构想是潜在的、内隐的。（2）对测验结果进行因素分析，根据分析结果判断测验在多大程度上符合概念的理论构想。

● 效标关联效度。效标（validity criterion）是衡量测验有效性的参照标准，效标关联效度指测量结果与效标一致的程度。例如，学生在高一入学时接受学习能力测验，其高考成绩可看作是衡量该测验有效性的效标，二者分数的相关程度即为测验的效标关联效度。常用的效标主要有学业成就、等级评定、临床诊断、专门的训练绩效、实际的工作表现、有较高效度的其他测验等。评价效标关联效度最基本的方法是计算二者的相关系数，其值越大，测验的效标关联效度越高。

上述三种效度虽然都源于教育与心理测量领域，但它们对评价教育实证研究有普遍的借鉴意义。实证研究的核心是收集实证信息对事物进行描述和解释，这也可以看作是广义的测量，只不过有的研究没有通过测试获得数据。例如，利用访谈法收集有关访谈对象的实证信息，最后会对访谈对象形成某种认识，访谈和这种认识同样存在效度的问题——在多大程度上对研究对象的有关属性和现象进行了有效的、真确的描述和解释？其内容效度可理解为：我们应当从若干方面了解研究对象的状况，访谈内容对这些内容的覆盖面是怎样的？构想效度可理解为：访谈的目的是了解研究对象某种突出的品质，这种品质表现为一种抽象的概念，比如"坚持性"，对此概念的内涵和结构有一个理论构想，那么访谈内容在多大程度上匹配了这个理论构想？效标关联效度可理解为：基于访谈对访谈对象某方面的认识和判断与其日后在该方面表现的关联有多大的一致性？

总之，所有实证研究都要关注研究质量的关键指标——效度，即有效地、真确地对研究对象进行描述和解释。做研究设计时要审视研究中的每个要素和环节，保证其合理性与规范性，藉此保证研究的效度。

2. 内在效度与外在效度

所有研究都发生于特定情境中，基于该情境的研究结果的有效性为内在效度。例如，在 A 市实施了教育实验，对于 A 市而言，实验结果的有效性即为内在效度。外在效度指发生于特定情境的研究结论适用于该情境之外的程度。例如，上述在 A 市的实验所得到的研究结果也适用于 A 市之外的其他城市，则该实验具有外在效度，适用范围越广，外在效度越高。

内在效度是研究质量的根本保证，是外在效度的先决条件。外在效度高的研究，其内在效度一定高；而内在效度高的研究，外在效度不一定高。内在效度取决于特定情境下研究各要素、各环节的合理性与规范性；同时，如果一个研究能够考虑更多的相关因素，其外部效度相应就会较高。例如，有关学生学习效能感及其影响因素的研究，如果研究对象包括不同性别、年级、地区的学生，考虑了学生的家庭社会经济地位，收集了不同学科学习效能感的数据，这样的研究会有较高的外部效度。需要指出的是，任何一个研究考虑和控制的条件越多，需要收集的信息也越多，变量控制和测量的难度也会越大，这可能会引起研究质量的劣化，进而危害研究的内在效度，而一旦内在效度受损，外在效度必然降低，这意味着内在效度和外在效度有时是一对矛盾。

有些研究尤其是质性研究，有时并未将追求外在效度作为明确的驱动和诉求。如前所述，质性研究寻求"意义"的理解和阐释，它的研究对象也许能代表某一个群体，但作为研究对象被选取，更因为它是独特的"那一个"。例如，我们对一位优秀的教师进行访谈，欣赏其教学艺术，感受其人格力量，探寻其成长道路，揭示其人生发展过程中的资源、背景、重要他人和重要事件等。这样的研究对象及其发展过程有可能是独特的、不可复制的，研究选题时并未将研究结论在其他情境的推广作为重要的考虑因素。有意思的是，这样的研究虽然没有主动地、有意识地追求外在效度，但它如果有较高的内在效度，就有可能因为触及了事物的本质，对现象进行了深刻的描述和解释而自然地具有外在效度。这就像小说中的经典人物形象往往都是独一无二、不可复制的，但即使人物和事件发生于特殊的情境中，甚至是虚构的，仍然会让世世代代的人们感动，无论读者与小说中的人物所处的情境有多么不同。因此，很多基于个案的质性研究之所以没有刻意追求却具有外部效度，根本原因是研究对象与研究对象之外的群体存在"部分相同"或"本质相同"，这一点可参考本书第十章"个案研究"部分。

影响研究内在效度的因素很多，最经典的概括是坎贝尔和斯坦利于1963年提出的影响研究内在效度的8个因素[1]，以及1979年库克和坎贝尔加以补充的一些因素[2]，将二者进行综合的结果如下所示：

● 偶然事件（history）。也被译为"历史"，指研究过程中未曾预料的影响研究结果的因素。例如，研究者利用问卷调查亲子关系，如果当时正逢亲子因特定事件而关系紧张，被试在回答问卷时就有可能出现"不寻常的"消极反应。

● 成熟（maturation）。如果研究周期较长，研究对象的身心状况可能会发生改变，如认知能力提高、体能变强、人格更独立；还有消极的因素如饥饿、疲劳、倦怠、兴趣减少、动力降低等。这样的成熟很可能与研究变量混在一起，使因果判断出现偏差。例如，对高一某班学生进行阅读训练，一年后对其阅读能力进行测量，如果学生的阅读能力有明显提高，其中有多少

---

① D. T. Campbell & J. C. Stanley（1963），*Experimental and Quasi-Experimental Designs for Research.* Boston，MA: Houghton Miffliu Company.p.5.

② T. D. Cook & D. T. Campbell（1979），*Quasi-Experimentation：Design and Analysis Issues for Field Settings.* Boston: Houghton Mifflin Company，p.51.

是训练的结果？又有多少是学生认知能力提高的结果？耗时较长的研究都应当警惕成熟这一因素的影响。

- 前测效应（testing）。也称练习效应或热身效应。在有前、后测设计的研究中，被试通过前测获得的经验会有利于其在后测中的作答，如学生经过前测，对测验内容或形式的熟悉更有利于其在后测中获得好成绩，这意味着后测中的部分结果可能来自前测的影响。

- 测量工具（instrumentation）。指测量工具不一致对研究质量产生的消极影响。如果测量工具在前、后测——包括内容、形式、难度、程序、标准等方面——不一致，就难以确定研究结果是否反映了测量对象的真实状况。

- 统计回归（statistical regression）。基于某个测试，分别选取得高分和低分的个体，对他们再次进行相同或相似的测试，二者得分都会向平均分移动。此现象如同价格偏离价值太远时，就有向价值回归的趋势。再如，身高很高的父母，其子女往往比他们矮，而很矮的父母，其子女往往比他们高。这种在统计上出现的极端值向中间值变化的现象被称为统计回归。统计回归对内在效度的威胁在于：当被试在某个变量上有较为极端的表现，往往会在随后的测量上出现趋中现象，而这可能会与自变量的影响混同，或被误解为某种因果关系。

- 被试选择偏差（selection biases）。当两组或多组被试的研究结果需要对比，如果不同组被试的某些特征，如能力、家庭背景、学习基础、生活环境等存在差异，且这些差异没有通过样本匹配或统计手段予以消除或平衡，就会造成因果关系解释的偏差。

- 实验样本的流失（experimental mortality）。研究期间有被试缺席或中途退出，样本因此失去代表性而影响研究的结论。

- 选择与成熟的交互作用（interactions of selection and maturation）。如果 A 因素对因变量的效应在 B 因素的不同水平上有差异（或者反过来），A、B 之间即存在交互作用。例如，假设收入（自变量）和幸福感（因变量）呈某种函数关系，如果"职业成就感"作为另一个自变量介入后函数关系发生明显改变，即意味着收入和职业成就感存在交互作用。如果研究对象是人，且研究持续时间较长，就可能存在选择与成熟的交互作用。例如，选择成绩好和成绩差的两组学生对其进行学习方法训练，六个月后对其学习能力进行测量，这样的研究就可能存在交互作用，即与成绩差的学生相比，成绩好的学生学习能力往往也更强，会随时间（即成熟）增长更快，即成熟这个变量与因被试选择而形成的变量——学习能力——发生交互作用，也即选择与成熟的交互作用。该交互作用如果被忽视，对研究结果的解释就会形成偏差。

- 因果方向不明（ambiguity about the direction of causal inference）。研究变量互为因果或因果循环使得判定因果关系变得困难。如研究教师期望对学生成绩的影响，很难由研究结果断言是教师期望影响了学生的成绩，学生成绩影响教师的期望水平也是极有可能的。

- 实验处理的扩散（diffusion of treatments）。实验研究中实验组的某些处理如果被应用于对照组，会降低实验处理的效应，从而损害研究的内在效度。例如，由同一个教师在实验班和对照班分别教学，实验班的某些教学措施可能无意识地被应用于对照班。

- 补偿性均等（compensatory equalization of treatments）。实验中如果实验组被提供更好的条件，相关人员（如在对照班教学的教师或参与研究的学校领导）可能会有意或无意地认为对照组被亏待了，从而为其提供某些补偿，这事实上增加了未曾预料的变量，会对实验结果产生影响。

- 补偿性竞争（compensatory rivalry）。指实验中对照组在与实验组竞争时，表现出超常努力的现象。这种现象也被称为约翰·亨利效应——传说有一位叫约翰·亨利的铁路工人是打道钉能手，他拼命与刚引进的蒸汽道钉机竞争，最后耗尽体力而死。新、旧教学法教学效果比较研究中，对照组可能会不服气或担心实验结果威胁自己的自尊心和地位，从而加倍努力地教学或学习，这相当于引入了未曾预料的变量，从而对研究的内在效度产生了影响。

- 自暴自弃（demoralization）。被试由于得知未被选入实验组而产生消极情绪，因而故意怠工，消极应对各项任务，表现得比平时差。这是与补偿性竞争相反的一种状态，同样因引入未曾预料的变量而对研究的内在效度产生了影响。

这 13 种因素都会对研究的内在效度产生影响，人们对这些因素如何影响研究内在效度的认识主要源于实验，但同样对实证研究有普遍的参考意义。实证研究的一个重要研究目的是对与研究对象相关的现象进行解释，解释的本质就是澄清两个或多个因素之间的关系，这些因素与实验中的变量是相似的，只不过没有基于实验法对其进行操作、控制和测量。因此，无论使用何种方法，上述诸多因素都有可能对信息的收集和分析产生影响，这是我们在研究设计时应当予以充分关注的。

前四章阐明了教育实证研究的三重属性，分析如何确立有价值且可行的研究选题，基于研究目的完成高质量文献综述，生成具体的研究问题，通过研究设计为研究实施做出好的规划。这些内容是为收集实证信息做准备，下面各章将介绍几种收集实证信息的主要方法。

第五章 观察法

通过观察收集信息是实证研究中最重要、最基础的方法，英国社会学家莫瑟（C.A. Moser）说，"观察可称为科学研究的第一方法"[①]，它与第六章的内容分析法一样，在实证研究中处于枢纽和基础的位置，广泛地渗透在其他研究方法中。

观察是个体与生俱来的能力，我们在日常生活和工作中经常需要对各种事物和现象进行观察。例如，作为一名研究生，观察自己的学习活动、观察同伴的学习行为；作为一名教师，观察专家型教师的教学，观察班上几个不守纪律学生的行为，观察自己的教学效果。因此，所有研究方法中相对而言观察法最容易上手，读者阅读这一章，可联系自己日常生活中的观察行为，思考如何将其迁移到实证研究中。

一、观察法的内涵与特点

观察的基本含义是"审视察看"。《说文》将"观"解释为"谛视也"，即仔细地看；将"察"解释为"复审也"，即反复审辨。可见观察不仅是看——通过感官获得信息，还强调看的过程中的辨析与思考，即通过观察不仅获取现象层面的信息，还要藉此理解其内在和本质。

约翰·霍特（John holt，1923—1985）是一位教育家，他的著作《孩子是如何学习的》是一个极好的例子，展现了如何对孩子的学习进行观察。[②]

[①] 转引自杨国枢等：《社会及行为科学研究法（上）》，重庆大学出版社 2006 年版，第 108 页。

[②] [美] 约翰·霍特：《孩子是如何学习的》，张雪兰译，北京联合出版公司 2016 年版。

约翰·霍特倡导顺应儿童天性的教育方法，他从"孩子的游戏和试验""孩子如何学说话""孩子如何学阅读""孩子如何学运动""孩子如何学绘画、数学及其他知识""孩子的幻想""大脑如何工作"等七个方面对儿童的学习进行观察，在此基础上探讨儿童教育和学习的规律。我们基于其中几个案例来分析观察法的价值及特点。

在"孩子的游戏和试验"中，霍特观察两岁半的汤米：

在过去的一两年里，我观察汤米的大量行为。他是个不知疲倦的、富有创造力的试验者。……有一天，当我看着他把吸尘器的插头插入插座时，我把吸管口拿了起来，上面没有装其他东西，我让他过来感觉吸管口，当他发现他的手被紧紧地吸住时，他觉得很奇怪。他很喜欢这样，做了一遍又一遍。这又增加了他试验的范围。现在，当他插好插头之后，都会去感觉吸管口。……有一天，他正开心地把吸尘器的插头拔下来插上去，用手检测吸管的吸力。突然，他若有所思地看着吸管和插头，有了一个主意。他把吸管口放到插座上，然后用另外一只手去感觉插头！当他没有感到吸力时好像有点惊讶。这个试验他重复了一两次，依然没有任何结果。然后，他又回到原来的游戏。这很容易让你觉得，他刚才做的试验显示了一种心智技能，我们一般不认为一个两岁半的小孩子能有这样的技能。

汤米确实是在做试验，发现了两个因素——插头插入插座和吸管口有吸力——之间有关联，而且他已经开始初步探索两个因素之间的因果关系：将惯常的位置进行调换，把吸管口放在插座上，用另一只手感觉插头。

约翰·霍特观察近6岁的斯科特如何在打字机上进行试验：

他把锁定键按了下去，然后很高兴地用美元符号来组成图案。后来，他不小心把锁定键释放了，这样他就得到了一排4，而不是美元符号。他不喜欢这个，并且说了出来。然后他开始试图把美元符号找回来，一边试，一边嘀嘀咕咕地说着"让我们试试这个"。他按了第一个无标记键，然后又按另一个，获得了很多意想不到的、不想要的结果，直到最后他终于敲到了锁定键，不见的美元符号又恢复了，他才满意。他的老师后来说，班上"聪明的"孩子和"不太聪明的"孩子之间的差别很明显,因为聪明的孩子能够非常有意识地运用科学方法,对试错法进行选择性运用。他们运用这个方法不仅仅是想找出他们想知道的事情,而且他们是有意识地在运用。但问题是,他们运用这个方法是因为他们聪明呢,还是这个方法的运用使他们变得聪明了呢?

斯科特运用了一种重要的方法——试错法——进行试验。他随机地进行按键操作,直到偶然按到锁定键,想要的结果出现了,这使其能够在某个特定操作和结果之间建立因果关系。这种典型的"试错""试误"行为,是一种极为重要的解决问题的方式,更重要的,"试误"也有效率高低的区别,是促进个体思维发展的载体,也体现了个体的思维能力。有趣的是,孩子在这方面发展的进度和程度是不一样的,从而成为区分孩子"聪明"和"不太聪明"的重要标志。可是,就像作者提出的疑问:是聪明(更多受遗传影响)的孩子更容易使用这种方法,还是不断使用这种方法使他们变得聪明?

下面这个观察是有关孩子的"执拗"和"不讲道理":

就像大多数孩子一样,汤米对他所敲打的字母的名称感兴趣,至少对其中的一部分感兴趣。很快,他就问我O在哪儿,我指给他看。我还告诉了他敲打的其他字母的名称,不过不是所有的,也不总是这么做。过了一会儿,他问我E在哪儿,A在哪儿。在听我提起前,他认识这些字母吗?我不知道。我把它们指给他看,只过了一小会儿,他就知道了所有三个字母在键盘上的位置。他会说:"O在哪儿?"我会说:"你觉得它在哪儿呢?"他会指出来。

这个游戏很有趣,但并不像我们成年人想得那样有趣,他很快发明了该游戏的一个变体。他会问我O(或者A或者E)在哪儿,我会指给他看,他会说:"那不是O(或者A或者E)。"他的语调里有一丝恼怒。然后,他会指着另外一个字母——他刚才已经能够指出O在哪儿了——说那个才是O。我会说:"不,那是U(或者其他任何他指的字母)。"他不会坚持,不过他这样做了很多次。

我很奇怪是什么让他这样做的。我想起了莉萨这么大时的行为,于是我猜想,可能这是他对我控制一切、知道所有知识、知道所有正确答案的处境的一种反抗方式,一种反应方式。他在维护自己,维护他制定规则的权力。

我觉得他不喜欢这样的想法：O 必须在我说的地方。尽管我很怀疑他的头脑中是否有这么自觉、清晰的想法，但是我想，他觉得如果我能给字母命名，为何他不能呢？为什么他没有我这么大的权力，可以说 O 在哪儿呢？

这个观察中有一个细节很重要，当研究者指出某个字母时，孩子不但否认，而且语调中有一丝恼怒，说明这种否认不只是认知上的，还有情绪情感上的。孩子的这种"执拗"和"不讲道理"似乎不可理喻，成年人往往想要纠正他们。作者猜想这是儿童的一种"反抗方式"，藉此维护自己制定规则的权力。

在"孩子如何学阅读"中，约翰·霍特观察两岁半的丹尼，强调不要过多对孩子进行指导和纠正，这与上述孩子的"执拗"和"不讲道理"有关联：

丹尼大概两岁半的时候，有一天，当我去拜访他的父母时，我带了一盒彩色棒。我打开盒子，给他看所有彩色的小棒子。他很着迷，就像原始人看到玻璃珠一样，这几百根亮闪闪的彩色木棒，在他看来就像是世界上最重大的财富一样。我们倒空盒子，把木棒都倒在地毯上，有那么一会儿，他只是坐在那儿，拿起一大把木棒，然后让它们从手指缝中滑落，沉浸在兴奋和喜悦中，看上去就像一个守财奴看着他的钱财一样。……我觉得我必须让他开始"学"点什么。于是，我以一种我认为压力很小的方式开始了，甚至都没有说"看"。我从一大堆彩色棒中拿起一些，然后用它们在地板上组成一个图案，想着他可能很快就会模仿我的做法。丹尼的父亲加入了进来，不久，我们搭了一个简单的、很矮的结构，我们认为丹尼能够成功模仿。搭完之后，我们看着他，他看了我们一会儿，面无表情。然后他一言未发地走过来，用手一扫，把我们搭的小建筑打倒了。我们很吃惊，问道："你为什么那么做？"他只是看着我们。我们愚蠢地又搭了另一个构造，他又一次毁了它，看上去坚决多过生气。我们又试了一次，结果还是一样。这时，我们终于聪明了一次，知道发生了我们不能理解的事情，于是我们就让这个小男孩用自己的方法玩彩色棒了。

这个观察使约翰·霍特想到"婴儿全能"理论——婴儿和小孩子相信他们能做任何事情。他反对这种说法，相反，他认为孩子很清楚自己知道、理解、能做的事情很少，而这常常让他们感到害怕和丢脸。由此作者想到了人们常说的"能力模范"，能把每件事都做好的父母对孩子来说可能是很大的压力，会凸显孩子的无知和笨拙，这会让孩子感到痛苦和沮丧，并因此而放弃尝试和努力。很多孩子向比他们大一点的孩子学习时能学得很好，因为后者更优秀、更有能力，但没有超出很多，也没有时时表现出要指点或纠正的态度，因而是更好的"能力模范"。

由此例可见，观察法是多么重要和有效的收集实证信息的方法！基于观察可以得到具体、鲜活、翔实的资料，为了解研究对象奠定了坚实的基础。基于这四个案例，我们来分析观察法的特点及其应用的策略。

1. 目的性

日常生活中的很多观察是被动的，而研究中的观察是主动的，有明确的目的。从上面的案例我们可以看到，研究者通过观察发现了很多重要、有趣的现象，这些现象在日常生活中频繁发生，但绝大多数人对此熟视无睹。约翰·霍特在儿童学习领域深耕多年，持续关注儿童的学习，他的研究有一个核心问题：儿童的学习如何与其自然的发展相适应？在《孩子是如何学习的》中，他通过对七个具体领域的研究回答了这一问题，每个领域又分化出更为具体的研究问题，正是这些问题"随时触发"研究者对儿童的学习进行有目的的主动观察。因此，运用观察法一定要明确研究问题，带着问题去观察，基于研究问题设定观察目标、观察内容，并选择合理、有效的观察方法。

2. 理论性

本书第二章强调了研究选题要有理论意义，第三章强调了文献综述要有理论基础，"来自理论又走向理论"必然也是观察的应有之意。下面我们来看一个研究者对语文课的观察，由于理论基础薄弱，使得观察内容无法被深刻解析，观察停留在现象层面：[①]

---

① 钟建春：《教育日记辑录》，南京师范大学出版社 2017 年版，第 13 页。

听了两节语文课，两位任课教师在课堂上用尽华丽煽情的语言，这一点我不赞同。一堂课下来，学生除了生硬牵强地造句和华而不实地作文之外什么也没有学到，连基本的字词都没有掌握。

课后教研组长组织评课，教师们几乎到了言必称"人文"的地步，在教师们大谈"爱"的语言中，这次活动达到了"高潮"。……大家发言后，教研组长点名让我说说。我首先声明：请大家理解，我不是扫兴，我发言的题目是"人文是要基础的"。语文的人文不是空谈人文，而是要从实际的字、词、语句和篇章结构上体现出来，要从司空见惯却被很多教师忽视的地方发掘出丰富的人文性，不仅要让学生对语文学习产生浓厚的兴趣，而且要让学生在理解和掌握语文知识的过程中自然而然、潜移默化地受到真正的人文教育。搞好语文教育的关键是抓住语文的规律。作为一门语言学科，语文有其自身的规律，要教好语文，就必须理解和掌握语文的内在规律。然而，当前的语文教育似乎并没有重视这一点。一些教师以为语文就是人文，没有工具性和规律性，甚至不需要学习和训练。……语文是一门人文学科，但这并不能否定其工具性。从根本上来说，任何一种人文学科，首先必然是工具性的，没有工具性，人文性就失去了赖以附着的根基。没有对语言的深入学习和恰当运用，就谈不上具有人文性的美的文学。语文，首先是"语"，然后才是"文"。只空谈人文却忽略根基的语文教育是苍白的。

对于一线的教育工作者来说，这样的观察和反思难能可贵，当然也是有价值的。但如果是实证研究中的观察，则显得缺乏理论基础，可谓"有理念无理论"。其中有非常多的概念，如"人文性""人文教育""工具性""赖以附着的根基"……由于缺乏理论框架的约束和支撑，这些概念游移不定、含混不清，显得破碎和漂浮。基于这样的观察及结论，我们只能"感觉"教学出问题了，但问题到底出在哪里，其具体表现有哪些，根本原因是什么，等等，仍然是模糊的。

约翰·霍特对儿童的观察中，我们会看到诸多理论性思考：

- 这很容易让你觉得，他刚才做的试验显示了一种心智技能，我们一般不认为一个两岁半的小孩子能有这样的技能。

- 他们运用这个方法是因为他们聪明呢，还是这个方法的运用使他们变得聪明了呢？

- 我觉得他不喜欢这样的想法：O 必须在我说的地方。尽管我很怀疑他的头脑中是否有这么自觉、清晰的想法，但是我想，他觉得如果我能给字母命名，为何他不能呢？

- 我们终于聪明了一次，知道发生了我们不能理解的事情，于是我们就让这个小男孩用自己的方法玩彩色棒了。

这些就是基于现象而超越现象的理论化思考。如上所述，约翰·霍特研究的核心问题是：儿童的学习如何与其自然的发展相适应？这明显是一个理论问题，它成为观察的基本驱动，既提供了动力，也提供了方向。正是基于这样的理论思考，我们得以通过观察超越个案和具体现象对事物形成理论认识，即"走向理论"。而能够"走向理论"的前提是"来自理论"，正如爱因斯坦所说："你能不能观察到眼前的现象取决于你运用什么样的理论，理论决定着你到底能观察到什么。"①

约翰·霍特能够在观察中聚焦有价值的现象——汤米"发现与试图转换因果关系""执拗和不讲道理"，斯科特"在试验中试错"，丹尼拒绝"能力模范"等——正是基于理论的驱动和指引。例如，"'能力模范'对儿童学习有影响"是既有理论，约翰·霍特以此为基础对丹尼进行观察，发现丹尼"拒绝能力模范"的现象，此现象即"来自理论又走向理论"，它表明某些条件下"能力模范"对儿童的学习存在消极作用。约翰·霍特认为这源于儿童对自己能力的怀疑与焦虑，当"能力模范"的水平大大高于儿童，尤其是当其主动对儿童进行指导和规范时，儿童会因此感觉"被压迫"，为保护自尊、掩饰自己的弱点而排斥乃至反抗"能力模范"。这样的观察要求观察者具备一定的理论素养，才能基于某种理论知识、理论视角对事物进行观察，在此基础上形成理论认识，进而或证实、或拓展、或完善、或质疑已有的理论。观察因此而成为学术活动，研究也因此而具有学术价值。

---

① 转引自陈向明：《质的研究方法与社会科学研究》，第 227 页。

3.现象描述是关键

观察法以直接、翔实的"观"和深入、审辨的"察"而获取具体而鲜活的资料,这是其最大的优势和价值。约翰·霍特对儿童学习行为的观察,发生于20世纪60年代,50年过去了,其研究仍然富有吸引力,就是因为他基于观察而留下的客观翔实的资料。人们可以基于不同的背景,从不同的视角持续对这些资料进行检视和分析,不断从中获得启发和灵感。以对丹尼"拒绝能力模范"的观察为例,我们可以看到非常多的颇为细致的现象描述:"他看了我们一会儿""面无表情""一言未发地走过来""用手一扫,把我们搭的小建筑打倒了""他只是看着我们""他又一次毁了它""看上去坚决多过生气"……这些被记录的事件、现象非常丰富和具体,包括儿童的表情、动作,再加上研究者的自我观察,以及现象发生的背景和条件,蕴含着现象之间的关联及其来龙去脉。正是基于这样丰富、细致的描述性资料,研究者才能对其中的规律、本质和教育意义进行解析。某种意义上,这些基于观察而得到的资料比研究者的分析更重要,就像小说、电影本身比书评和影评更有价值,更值得恒久流传,因为基于观察得到的高质量的实证信息,可以被后人从不同视角、运用多种方法、选取不同的重点进行探索和分析。

观察中可以有研究者的感悟和联想,但它不能代替或遮盖原始信息、第一手资料,不能用抽象的、情感性的语言代替对现象的描述。例如,上述《教育日记辑录》中所描述的,"用尽华丽煽情的语言""生硬牵强地造句和华而不实地作文""基本的字词都没有掌握""几乎到了言必称'人文'的地步""活动达到了'高潮'",这些不是具体、原始的资料,而是被高度情感化加工的内容,更多地以结论的形式出现,已经失去作为实证研究的素材被进一步加工的可能性。

基于上面的分析,结合约翰·霍特对儿童学习进行观察的案例,下面对观察法的三个要素——观察内容、观察者、观察方式与工具(分别对应谁来观察、观察什么、如何观察)进行分析。

二、观察内容

总的说来,对研究对象的观察内容主要包括以下四个方面:

- 表现了什么 / 有没有表现；

- 表现的程度；

- 表现的结果；

- 表现的背景 / 条件 / 相关因素。

观察内容有结构化和非结构化两种形式。结构化观察内容明确、具体，形成一个多维、多层的框架结构；非结构化观察内容往往体现为总体方向和若干指向。例如，约翰·霍顿的总体观察内容是儿童的自然学习行为，包括了七个指向——游戏、说话、阅读、运动、绘画、数学、幻想。每个指向具体观察什么并没有十分明确，而是在现场根据儿童的表现生成具体的观察内容。因此，非结构化观察内容既定性弱而机动性和生成性强。需要指出的是，非结构化观察并不是随意的、盲目的，而是在明确的研究目的和研究问题的牵引下，持续不断地、积极主动地聚焦和收集有价值的信息。因此，非结构化观察对观察者的经验和学养要求更高，其是否具有敏锐、灵活的观察力直接影响观察的质量。

下面我们看一个结构化观察内容的例子。有研究者建立了结构化的课堂教学观察框架，观察内容包括"学生学习""教师教学""课程性质""课堂文化"四个维度，每个维度下又设立更具体的观察内容：（1）学生学习：包括准备、倾听、互动、自主、交流。（2）教师教学：包括环节、呈示、对话、指导、机智。（3）课程性质：包括目标、内容、实施、评价、资源。（4）课堂文化：包括思考、民主、创新、关爱、特质。[①]下表呈现的是"学生学习"维度中准备、倾听、互动三个方面的具体观察点：

观察内容	具体观察点（观察指标）
准备	学生课前准备了什么？是怎么准备的？ 准备得怎么样？有多少学生做了准备？ 学优生、学困生的准备习惯怎么样？
倾听	有多少学生能倾听老师的讲课？能倾听多少时间？ 有多少学生能倾听同学的发言？ 倾听时，学生有哪些辅助行为（记笔记 / 查阅 / 回应）？有多少人？

---

① 王鉴主编：《课堂观察与分析技术》，甘肃教育出版社 2014 年版，第 111 页。该例选自沈毅等：《走向专业的听评课》，华东师范大学出版社 2008 年版。

观察内容	具体观察点（观察指标）
互动	有哪些互动行为？学生的互动能为目标达成提供帮助吗？ 参与提问／回答的人数、时间、对象、过程、质量如何？ 参与小组讨论的人数、时间、对象、过程、质量如何？ 参与课堂互动（个人／小组）的人数、时间、对象、过程、质量如何？ 学生的互动习惯怎么样？出现了怎样的情感行为？

由此例可见，在一定的理论基础上，观察内容被逐级具体化而形成清晰的结构，这与前面分析的抽象概念具体化、可测化很像。结构化观察内容明确、既定性强，可据此编制成观察内容核查表，不同的观察者使用统一的观察与记录工具，能提高信息收集的效率和一致性。

总的说来，结构和非结构观察各有所长，两种方式可互补使用，在研究的不同阶段或针对不同的观察内容灵活使用这两种观察。

与观察内容的两种形式对应，观察记录也有结构化和非结构化两种形式。结构化记录指根据预先设定的观察框架，有目的、有重点地记录相关信息。因为观察内容已经明确，当研究对象出现了预定的某种行为即予以记录。例如，基于人际交往视角观察孩子的游戏行为，预先已设定观察其六种行为表现："无所事事""旁观""单独游戏""平行游戏""联合游戏""合作游戏"，研究者对孩子进行观察，一旦出现这些行为时则予以记录。

非结构化记录描述性更强，更像是生活日记，除了记录研究对象的行为表现，还会记录、描述环境与背景信息。非结构化记录最大的价值在于"生成性"，即未曾预料和计划收集的信息被观察者捕捉到，它有可能对理解和解释研究对象的行为非常重要。与结构化记录相比，非结构化记录的"原始性"更强，更有素材的性质，如果其质量足够好，就会有非常强大的生命力，可以成为更多乃至一代代研究者的研究资料。

三、观察者

应用观察法的研究有一个特点：观察者（研究者）有可能参与，甚至深度参与到其观察的活动中，因此观察者有两种类型：非参与观察者和参与观察者。在参与式观察中，观察者具有双重身份，既是研究者又是参与者。观察者是活动中的一分子，是活动完成或推进活动的有机元素，还可以及时发起活动、创设情境，从而获得非参与观察不可能得到的信息。

实际研究中，在不同的研究阶段，基于不同的观察目标、内容、环境，以及观察者的身份及其与被观察者的关系，研究者可能在参与和不参与之间游移转换，表现出四种不同的参与形态：完全不参与的观察者、作为参与者的观察者、作为观察者的参与者、完全的参与者。[①] 对参与式观察来说，要避免因自己的参与改变甚至扭曲观察目标的真实状态。同时，研究者也要时时反思自己的情志状态，提醒自己与观察目标在意识上保持距离，不仅能"沉下去"，还要能"跳出来"，保持冷静客观的"全知视角"。此外，研究者需要考虑是否向被观察者公开自己的身份，这涉及研究伦理的问题。

非参与式观察指研究者不参与被观察的活动，作为旁观者对研究目标进行观察。非参与式观察有利于保持客观中立，但与参与式观察相比，观察者的"感同身受"相对较弱，也会失去只有参与其中才能获得的信息。

研究者自身有可能成为观察目标，即进行自我观察。例如，约翰·霍特指出："开始说话的孩子是在向这个世界迈出勇敢的一步，这一步甚至是冒险。"为了说明这一点，约翰·霍特呈现了一段自我观察：

有一次，我在国外已经待了一年，决定骑自行车从巴黎到罗马。出发前六个星期，我买了一些入门教材，开始学习意大利语。当我到达意大利的时候，我已经掌握了少量的单词和语法，但我始终没有对任何人说过一个意大利单词。我穿越边境的那天，向一个叫做凡提米利亚的小镇前进。我很饿，于是决定去买一些香蕉。我一遍又一遍地练习我要问的话："Due kilo di banane, per favore."看起来很简单，我看不出怎么可能会说错。但是，我有了一种害怕的感觉，觉得如果我走进一家食品杂货店，说出这些话，在场的所有人会哄堂大笑的。因此，离凡提米利亚越近，我就越紧张，一直紧张到我不得不说出这些话的时候。（我的害怕是毫无根据的，在意大利没有人曾

---

① 陈向明：《质的研究方法与社会科学研究》，第229页。

嘲笑过我，每个人都很亲切，乐于助人）那一刻终于来临了。那儿有一家商店，商店里有香蕉，没有任何借口可以再拖延了。我鼓起勇气，走进商店，把我的话说了出来。柜台后面的女士做了个明白的手势，然后从一串香蕉上切了一些下来，称了重量，然后递给我。我付钱，感谢她，然后离开。我的意大利语成功了！但这一点儿也没有减轻我下一次需要说意大利语时的紧张程度。我要先试说很多很多遍，然后才会确信当我向意大利人说出我那糟糕的意大利语时，至少能使他们了解我的一些想法。

基于这样的自我观察，观察者（研究者）和观察对象融为一体。自我观察不仅能获得有关外在行为表现的信息，还能观察到内在的思想与情感，这是其不可替代的价值。研究者还能将这种自我观察进行迁移，约翰·霍特指出：“学习说话的孩子也需要这样好奇的、富有同情心的听众，就像我在意大利遇到的那些人一样。……所有孩子的成长过程中，如果他觉得我们成年人对他要说的话不感兴趣，他一定会受到沉重的打击。”这即是他将自我观察的体验迁移到对儿童学习的理解上，他对自己的经历和体验进行观察，从而能够以“感同身受”的方式体会儿童在语言习得过程中面临的挑战。需要指出的是，自我观察要注意以事实和客观经验为基础，不能变成纯粹的情感日记。

四、观察方式与工具

用怎样的方式和工具进行观察，需要根据研究的目的、观察对象的特点以及观察的环境和条件确定。下面我们对观察方式与工具进行分析。

1. 直接观察与间接观察

直接观察指研究者对研究对象本身进行观察。直接观察有两种形式：现场和非现场的。例如，直接进入教室观察师生互动是现场的直接观察；通过授课录像对师生互动进行观察是非现场的直接观察。间接观察指对与研究对象相关的事物进行观察。例如，通过学生的着装、用品、交通工具等观察其父母的社会经济地位，通过教师的教学日记观察师生关系等，都是间接观察。直接观察，尤其是在现场的直接观察，能够获得第一手的资料，应当是首选的观察方式。在条件不允许或者观察内容相当抽象（如校园文化）的情况下，只能通过相关的事物、现象进行间接观察，包括与观察对象伴生的现象，或者是其状况的表征，只要这些观察内容选择得当，也能从中获得丰富的有关研究对象的信息。

2. 使用与不使用工具的观察

有的观察不使用工具，或者说以人的感官为工具；有的观察利用摄像机、录音机等工具收集信息；还有的观察同时利用人的感官和工具。

基于视觉、听觉等感官收集信息，可以在一定范围内灵活转换观察的视角、焦点、前景与背景。观察者的思维能力、记忆力、专注力、注意的灵活性、体能等方面会对观察的品质产生重要影响。运用摄像机、录音机等工具进行观察，不存在疲劳问题，可以多点设置，还能置于人的感官不可及的方位，所收集信息的细致和深入程度很多时候超过人的感官。此外，机器收集的信息可长期无损留存，供多人反复查阅与分析。与人的感官相比，机器不能脱离人为设置，且灵活性差，不能根据实际情况即时（及时）转换观察目标与观察内容。因此，将人的感官与机器相结合是值得鼓励的方式。例如，现在很多学校的教室中都有多角度或全景摄像机，可以对教师和学生教与学的活动进行全面摄录，研究者可到教学现场进行观察，将重点信息记录下来，在课后与摄录信息进行整合；同时，现场观察发现的重点和疑点，也可以事后通过摄录信息进行核实或深入分析。

3. 观察法与其他研究方法的整合

我们在本章开头提到，观察法具有基础和枢纽性质，广泛地渗透在其他研究方法中，可以与其他研究方法形成整合。例如，访谈时对访谈对象的言谈举止进行观察，运用实验法时密切观察变量的状态及其关系，运用内容分析法时对文字资料的分析某种意义上也是观察。当观察法与其他方法相结合，观察方式即在很大程度上受到与其结合的研究方法的制约，体现出相应的特点。例如，实验研究非常重视变量的操作、控制、测量，如果研究者的观察成为影响实验结果的因素，就要考虑采用特定的观察方式以消除或降低其影响。如儿童心理学领域著名的"延迟满足"实验[①]，研究者如果想要观察儿童如何为了更大的收益而延迟满足，最好的方式是以不让儿童察觉的方式对其进行观察，即隐蔽观察，如用摄像机进行摄录，或通过单向玻璃对儿童进行观察。

再如，访谈时的观察也非常重要，可以帮助研究者及时捕捉有价值的信息，调整或优化访谈内容与进程。访谈是面对面的，访谈者必然要给予被访者回应，包括表情、语言、肢体动作等，会对访谈者陈述的内容和访谈进程产生影响。这意味着研究者在一定程度上参与了访谈过程，这个过程中的观察可谓参与式观察。但这种参与应注意分寸，不能扰乱或错误引导被访谈者的陈述。同时，访谈中的观察也必然有与其相适应的形式，如一般来说基于固定的位置和视角，观察内容主要是被访谈者的言语、表情、动作等。

还有，研究者如果想要观察亲子互动，很多时候无法或不方便进入现场，只能以间接观察的方式进行观察，如请母亲连续一个星期写"互动日记"，或者分析亲子之间的对话、微信记录。这样的观察与内容分析紧密结合在一起，其观察方式必然受到内容分析法的制约，体现内容分析法的特点。

观察信息的记录与观察方式和观察工具密切相关。例如，利用摄录工具进行观察，录音、录像是基本的记录形式；基于个体的感官进行观察，研究者需要即时用纸、笔将关键信息记录下来，当天观察活动结束后，很可能需要撰写观察日志，补充未记录的内容，增补更多的细节，或整合摄录工具记录的信息，最终形成逻辑清晰、内容丰富又细致的观察记录。总的说来，观察方式和工具的选择、使用要"因地制宜"，即根据观察目标和内容、结合观察活动的条件与环境选择观察方式和工具。

[①] 这个实验事实上相当复杂，并不是简单的"现在可以吃掉一块棉花糖，如果现在不吃，15 分钟后可以吃两块"。具体实验设计和实验过程可参见 [美] 华莱士·狄克逊：《改变儿童心理学的 20 项研究（第 2 版）》，王思睿等译，中国轻工业出版社 2017 年版，第 250–268 页。

第六章 内容分析法

　　1961 年版的《韦氏英语字典》已收录了"内容分析"这个术语，把它定义为："对某种传播材料（一本书或一部电影）的明显及隐藏内容进行分析，基于这种分析，呈现及评价其主要象征符号及主题，以确定其意义及可能的作用。"事实上，当人类开始用歌舞、图像、雕刻尤其是文字记述事实和表情达意时，就会对这些"内容"进行解读与分析，因此，"内容分析"可谓源远流长。下面我们先来看一个应用内容分析法的例子，藉此理解作为一种研究方法的内容分析法的含义及其价值。

　　我的学生利用内容分析法对学生的作文进行分析。[1] 研究者是一位初中语文教师，他所在地区教研室从中考模拟考中选出 217 篇高分作文，其中以《告别》为题的作文有 74 篇，研究者对其"素材选择""立意""写作技巧"三个方面进行内容分析。下面是对"写作技巧"的分析结果（从修辞手法和描写方法两个方面进行分析）：

《告别》写作技巧分析

维度		例	频次（比例）
修辞手法	比喻	口中的软糯清香一如外婆的深情，蕴藏在块块桂花糕里细水长流的细腻。	41（47.1%）

---

[1] 赖毓康：《基于内容分析法的初中语文高分作文研究：以广东省深圳市宝安区中考模拟考高分作文为例》，北京师范大学 2019 年硕士学位论文。

维度		例	频次（比例）
修辞手法	拟人	老巷在我心中的形象逐渐变成了一位老爷爷，我常常沉浸在他的怀抱里安详睡去。	28（32.2%）
	排比	那一次，我与磨难相遇，它步步紧逼，但我鼓起勇气战胜磨难；那一次，我被逆境围堵，它把我团团围住，但我振作信心冲出逆境；那一次，我与恐惧相逢，它萦绕在我的脑海中，但我临危不惧，告别恐惧。	10（11.5%）
	夸张	渐渐地，外婆的身影越来越小，小得像一枚褶皱的核桃。	2（2.3%）
	反问	告别了竹林，告别了老屋，告别了抄手，告别了外婆，告别了童年，我留下了些什么呢？	2（2.3%）
	拟物	我现在不也像它一样，笨拙无力地在囚笼中挣扎着吗？	1（1.1%）
	借代	在丝瓜花映入眼帘的那一刹那，我看见那繁华之后的朴素与本质。	1（1.1%）
	设问	我是怎样的心情呢？是考试前准备发卷的时候？是打针前排队的焦灼？不，都不是！那是无奈，是悲痛，是愤怒。	1（1.1%）
	引用	细嚼慢咽，仿佛再现了李清照"帘卷西风，人比黄花瘦"的千古愁绪；品出了陶渊明"采菊东篱下，悠然见南山"的从容不惊，酿出了李白"举杯邀明月，对影成三人"的一壶苦酒。	1（1.1%）
描写方法	环境描写	地上的嫩草和天上初升的暖阳交相辉映，在这些生机勃勃的春景中，出现了你。	47（41.2%）
	动作描写	知道自己的歌声被人听到，她害羞地搓了搓衣角，低下头，脸上泛起微微红晕。	25（21.9%）
	语言描写	"奶奶，为什么星星都走掉了？"我托着腮问。奶奶笑着摸我的头："因为星星都回家了，睡觉去喽！"	21（18.4%）
	外貌描写	这是一只毛毛虫，肥胖的身躯艰难地蠕动着，身上的颜色艳丽俗气，并且长着很多尖锐可怕的刺。	7（6.1%）
	神态描写	阿婆笑眯眯地点了点头，笑意一直从嘴角延至眼角。一张脸像是泛起涟漪的湖面。	10（8.8%）
	心理描写	树叶的沙沙声使我打颤，我不断安慰自己：没事的，你一定能行！	4（3.5%）

这是典型的基于内容分析法的研究。基于这样的研究，我们得以对学

生作文的状况有了清楚的认识——修辞手法方面，比喻和拟人是学生最常使用的修辞手法，使用频率明显高于其他手法；描写方法方面，环境描写的使用频率明显较高。而且，我们能从中看到学生基于这样的修辞手法写出来的文字是怎样的，表达效果如何。同时，这样的分析结果值得我们思考：学生的写作技巧为什么表现出这样的特点？这与应试的训练是否有关？这与课程标准的要求是相符的吗？是否与该年龄段学生认识水平和认知特点有关？

内容分析法中的"内容"是什么，为何及如何对其进行分析？如前所述，实证研究要对研究对象进行描述和解释，可是很多研究对象的内核是抽象概念，如上述案例中初中生的"作文能力"，要对其进行描述、解释，就要分析学生的作文，这实际上是学生作文能力的"表现"。实证研究（能够）描述、解释的往往是这样的"表现"。例如：要描述、解释教师的学生观，可以分析教师和学生相处时的"表现"，或访谈录音中教师所"表现"的对学生的看法；要描述、解释学校文化，可以分析学校的宣传语、楼道装饰、校园美化、规章仪式、对师生的行为要求等。这些"外在表现"——文字、影像、音频、视频、图画、标语、雕塑——即是"内容"，对它们进行分析即是内容分析。从这个角度看，所有实证研究方法收集的信息都是待分析的"内容"，这意味着内容分析法和观察法一样，与其他研究方法紧密结合或渗透在其他研究方法中，具有基础和枢纽地位。

内容分析的资料有两种形式：反应式和非反应式。反应式指让研究对象完成某项任务，如问卷调查、测试、接受访谈和观察、实践性任务等，完成任务的过程和结果成为分析的"内容"。非反应式指研究对象在没有完成特定任务的情况下自然生成、留存的"内容"，如日记、影像、录音、作品、学校的历史资料等，这些资料往往不是因特定研究而生成和留存的。狭义而言，内容分析是对非反应式的"内容"进行分析，在这种情况下，内容分析成为一个独立的研究方法。广义而言，对反应式的资料进行分析也是内容分析，如对通过问卷法、实验法、访谈法收集的资料进行内容分析，这种情况下，内容分析与其他研究方法整合、渗透在其他研究方法中。

最常见的内容分析是对文本进行分析，如学生的作业、答卷，教师的教案、教学反思、教学参考书，教育行政部门发布的文件、方案、教材、教辅，等等。基于分析的侧重点不同，有文本论述分析（textual discourse analysis，也称为话语分析）、文本叙事分析（textual narrative analysis）和文本内容分析（textual content analysis）。① 除了文本，声音、照片、视频、符号、实物、场景等都可作为内容分析的资料，它们都记录了教师、学生、家长、教育行政者做了什么、经历了什么、感慨了什么……后面对内容分析法的介绍以文本分析为主，事实上也适用于其他形式的资料。

一、内容分析法发展史

我们先来看内容分析法的历史与发展，体会其"应运而生"的价值与生命力，理解其主要应用和关键要素。②

内容分析法的源头可追溯到 18 世纪瑞典有关《锡安歌集》（*Songs of Zion*）的论争。歌集虽经瑞典皇家审查官批准出版，但被认为挑战了瑞典教会的正统教派。论争双方对歌集内容进行概括、分类及定量统计，体现了内容分析法的基本特征。

19 世纪 30 年代，随着美国报业进入大众化时代，对报纸内容的定量分析开始兴起。1893 年，斯皮德（Speed）发表《现在报纸提供新闻吗？》（*Do Newspapers now give the News*？），定量分析了纽约地区主要报纸从 1881 到 1893 年其内容演变的趋势，结论是报纸内容舍弃了宗教、科学及文艺新闻，只报道闲话、体育及丑闻。1903 年，罗博（Loebl）的《文化与出版》（*Culture and Press*）提出依据报纸的社会功能分析"内容的内在结构"的方

---

① 瞿海源等主编：《社会及行为科学研究法（二）》，社会科学文献出版社 2013 年版，第 256 页。

② 关于内容分析法的历史，可参见王石番：《传播内容分析法：理论与实证》，（台湾）台北幼狮文化事业公司出版社 1991 年版，第 27–77 页；亦可参见 Klaus Krippendorff：《内容分析：方法学入门》，曹永强译，（台湾）五南图书出版股份有限公司 2014 年版，第 3–17 页。

法。1910年，马修斯（Mathews）发表《纽约一家日报的研究》（*A Study of A New York Daily*），分析一份纽约报纸以过分篇幅报道"堕落""不健康""琐碎"的新闻。1913年，苏联学者马尔科夫（Markov）基于象征符号链理论，出版了一本运用统计技术分析普希金小说的著作。

1910年，著名社会学家韦伯（Max Weber）在德国社会学会会议上提倡对报纸进行大规模内容分析，对媒体内容进行量化分析成为热点。1912年，坦尼（Tenney）在《报刊的科学分析》（*The Scientific Analysis of the Press*）中提出调查报纸的内容，建立每日"社会气象"（social weather），"使其准确度比得上美国气象局的统计"。1926年，社会学家威利（Willey）出版《乡村报纸》（*Country Newspaper*），分析了康涅狄格州地区周报的销售量、题材的改变，及其因与大型都市日报竞争而表现的特点。

1930年代初到1940年代末，内容分析法的学术地位开始变得清晰与稳固。1934年，社会学家伍德沃德（Woodward）在《定量报纸分析是意见研究的工具》（*Quantitative Newspaper Analysis as a Technique of Opinion Research*）一文中探讨内容分析方法学的问题。1932年，托伊伯（Taeuber）分析美国明尼苏达州36家周刊六十年来其内容的变化趋势。1934年，辛普森（Simpson）的博士学位论文《费城报纸中的黑人》（*The Negro in the Philadelphia Press*）用内容分析法探究费城报纸报道中的黑人形象。1935年，福斯特（Foster）定量分析美国战争新闻，反思美国参战的过程。1938年，沃尔沃思（Walworth）基于内容分析法讨论美国在历史教科书如何描述历次战争，并与敌国的描述进行比较。1936年，马丁（Martin）在《民族主义与儿童文学》（*Nationalism and Children's Literature*）一文中，用内容分析法剖析美、英、欧的教科书如何表现民族主义。1937年，麦克迪尔米德（McDiarmid）基于符号理论在《总统的就职演说：基于言语分析的研究》（*President Inaugural Address：A Study in Verbal Symbols*）中就国家认同、历史参照、事实、期望等分析三十位美国总统的就职演说，用以解释总统如何通过政治语言求取国民的支持。这一时期，研究者开始关注内容分析中可能存在的偏见，以客观、公正、平衡等指标对内容分析的过程和结果进行评价和反思。杰尼斯（Janis）等研究者在《内容分析验证的问题》（*The Problem of Validating Content Analysis*）一书中提出不平衡系数（coefficient of Imbalance）评价内容分析的效度。

内容分析法被大规模用于第二次世界大战。大战前，研究者试图通过对各种大众传播资料进行内容分析找出"统战者"，即那些企图通过各种手段影响他人的个人或群体。研究结果表明，统战者的伎俩包括：扣帽子、甜言蜜语、打亲民牌、隐恶扬善、人云亦云等。到了40年代，获取军事及政治情报成为对各种资料进行内容分析的重点。拉斯韦尔（Harold D.Lasswell）和他的同事与美国国会图书馆的战时传播研究实验部组成团队，斯派尔（Hans Speier）在美国联邦传播委员会的外国广播情报处也组织了一个团队。前者使用量化分析方法，集中分析外国的报章和电讯，同时对抽样、量化、内容分类的信度和效度进行研究；后者主要分析敌国的国内广播和周边资料，以了解其政治、经济状况，并且评估盟军的军事行动对敌国国民情绪的影响。"二战"为内容分析法提供了极为优越的实践平台。战争结束后，乔治（A.L.George）研读战争期间产生的大量报告，与已公开的纳粹档案进行比较，对战争期间内容分析的方法和结果进行反思评价，并据此写出《宣传分析》（*Propaganda Analysis*）一书。

1948年，贝尔森和拉兹菲尔德（Berelson & Lazarsfeld）合撰《传播的内容分析》（*The Analysis of Communication Content*），1952年贝尔森将其修订为《传播研究的内容分析》（*Content Analysis in Communication Research*），对内容分析法在传播交流中的应用进行系统总结。

通过对内容分析法发展史的梳理，我们能看到它是收集和分析实证信息非常重要、有效的手段，有着极为丰富的应用场景，其在历史上的诸多应用能给我们的研究选题带来直接的启发。从研究方法的视角，内容分析已从文学分析发展为系统、规范的收集和分析实证信息的方法。下面我们介绍三种常见的内容分析的方法与模式：点算式内容分析、诠释式内容分析、基于扎根理论的多级编码。

二、点算式内容分析

1949 年，拉斯韦尔在《为什么要量化分析》（*Why Be Quantitative*）中，强调了将内容分析进行量化的重要性，认为量化是形成科学认识的唯一途径。这种认识比较极端，我们在前面分析过，量化与质性研究从不同角度对事物进行描述与解释，二者都很有价值且关系密切。但不可否认的是，量化的内容分析是内容分析法能够与文学分析区别开来、成为独立的实证研究方法的重要因素。1948 年，贝尔森和拉兹菲尔德在《新罕布什尔间谍》中写道[①]：

一篇反联邦主义（Anti-Federalist）的论文，一下子暴露出那些反对《美国宪法》的人的阶级歧见：出身良好，9 次；贵族，18 次；新闻自由，重复 13 次；良心自由，1 次；黑奴制度，提及 1 次；陪审员审判，7 次；伟人，重复 6 次；威尔逊先生，40 次……

这样的量化分析清楚地显示材料中出现了哪些内容及其数量，我们将此称为点算式内容分析，即确认资料中某些特定内容的存在并统计该内容的数量——前者是"点"，后者是"算"。

在内容分析法中，"编码"是实现"点算"最重要的方式。"码"（code）即"代码"，以某个短语或符号表征某种含义、属性。例如，马尔（Mahl）于 1959 年在《通过内容分析探索情绪表达》（*Exploring emotional states by content analysis*）中提出 8 个编码（规则），藉此分析精神病患者的焦虑程度（见下表）：

---

① 转引自 Klaus Krippendorff：《内容分析：方法学入门》，第 5—6 页。

符号	含义	解释
Ah	语气词	在说话时清楚发出"啊"音。
SC	句子更正	表达过程中在形式和内容上作出更正，这样的更正让听者感觉破坏了文字之间的连贯。
Inc	句子未完成	句子明显未完成，没有修正而继续。
R	重复	通常是一两个多余的字不断重复。
St	口吃	不受控的发音的机械重复。
IS	干扰性的发音	无意义的发音，不是口吃、遗漏或无意识表达。
T-S	随意	包括陌生词、操弄字眼和以无心的话语代替想说的话。
O	遗漏	遗漏字词的一部分，大部分遗漏的都是字尾的音节。

在这个研究中，Ah、SC、Inc、R、St、IS、T-S、O等符号就是"码"，它们代表哪些信息和含义有清楚的界定。"码"可以是短语、文字缩写或符号，它表明了分类规则，我们将资料的内容与这些规则进行比照，将符合规则的内容归入某个代码所代表的分类中，这个过程即是"编码"。

点算式内容分析的基本做法是，建立有意义的类目，利用编码将资料内容进行概括分类，以此来分析信息的特征。一般说来，点算式内容分析需要将资料分解为"最小单位"并对其进行编码。所谓"最小单位"，即依照研究目的和编码规则，可被编码的最小的资料片段。以上述精神病患者话语分析为例，要逐字逐句对病患的话语进行检核，以保证资料中所有体现代码内涵的内容都被编入其表征的各个类别中，每一个可被编码的资料都是"最小单位"，可能是字、词、句、语气、停顿、遗漏、空白、含混不清的发音，等等。

再举一例，师生互动是课堂教学研究的重要内容，研究者弗兰德斯构建了以其名字命名的"弗兰德斯互动分析系统"（Flanders Interaction Analysis

System），其核心是对师生的言语行为进行编码。[①] 下面表格中的数字 1–10 表示 10 类言语行为的代码：

		具体描述
教师言语	间接作用	1. 接纳学生的感受：以一种毫无威胁的方式接纳并理解学生的感受。感受可能是积极的，也可能是消极的。包括对学生感受的预言和回忆。
		2. 表扬或鼓励：表扬或鼓励学生的行为。这包括既缓解紧张气氛又不伤害学生的玩笑、点头肯定，用"嗯嗯"或"继续说"表示赞同等。
		3. 接受或采纳学生的观点：阐明或阐发学生的观点或建议。当教师更多地表达自己的观点时，则归于第 5 类。
		4. 提问：问一个关于内容或程序的问题，目的是让学生来回答。
	直接作用	5. 讲解、发表个人看法：列举事实或提出对内容或程序的看法，表达自己的观点、设问等。
		6. 给予指示：希望学生遵从的指示、指令或命令。
		7. 批评或维护权威性：发表声明，旨在转变学生行为，使之从不可接受转为可接受的行为模式；大声批评学生，并说明教师这么做的原因。
学生言语		8. 学生被动回答：教师主动与学生交流或点名要学生回答问题，学生发言予以回应。
		9. 学生主动发言：学生在教师未点名的情况下发言，或教师判定学生想发言而点名其发言。
		10. 沉寂或混乱：停顿、短暂的沉默或表述不清楚，交流活动无法被观察者所理解。

一节课以 3 秒为单位进行切分，50 分钟的课会被切分为 1000 个"最小单位"。依照上述师生言语编码的内涵，研究者给每个"最小单位"赋予一个编码，将编码填入下面这个表格（一行可记录 1 分钟内的 20 个行为，50 分钟的课即有 50 行）：

---

① 参见王鉴：《课堂观察与分析技术》，第 214–222 页；亦可参见 Flanders N.A. Intent，action and feedback：A preparation for teaching. *Journal of Teacher Education*，1963，14（3）：251–260。

	学校＿＿＿＿	时间＿＿＿＿	班级＿＿＿＿	科目＿＿＿＿	记录人＿＿＿＿														
	1	2	3	4	5	6	7	8	9	10	11	12	13	14	15	16	17	18	19	20
1																				
2																				
3																				
…																				
48																				
49																				
50																				

　　原始表格记录被转化为 10×10 的矩阵：将前后两个动作编码相连构成一个"序对"，计算相同序对的个数，并填入矩阵表中的相应位置。例如，"10-6"的序对共有 22 个，"6-10"的序对共有 10 个，那么就在矩阵第 10 行、第 6 列的位置填入 22，在第 6 行、第 10 列的位置填入 10。将各行和各列的值分别相加可以计算出相应言语行为的时间。矩阵表如下所示：

	1	2	3	4	5	6	7	8	9	10
1										
2		区域 E								
3										
4								区域 I		
5										
6						区域 F				
7										
8		区域 G				区域 H		区域 J		
9										
10										
总计		区域 A				区域 B		区域 C		区域 D

A、B、C、D表示师生言语互动的数量及比例关系。矩阵对角线上各单元格的数据表示某种行为连续的时间超过 3 秒，表明教师或学生在持续地做某事（称为"稳态格"）。E 区域的 9 个单元格表示教师与学生之间良好的互动情境（称为"积极整合格"）。F 区域的四个单元格反映了教师直接指导、给予批评或自我辩解；对于"6-7"和"7-6"的两种变化，学生能够敏感地觉察到，但他们可能不愿意按照教师的要求去做。如果 6-6 或 7-7 出现过多，则表明教师连续支配和管理学生的行为，大量的"6-6"说明教师只是给予了学生冗长的指令。区域 J 和 H 表明教师开始说话而学生停止说话，区域 J 表明教师用间接方式终止了学生的说话，区域 H 表明教师以直接影响的方式终止了学生说话。区域 I 表明师生在一问一答，通常"4-8"和"4-9"会很多。

这个案例超越了简单的数量和比例计算，是非常有想象力、高度技术化和形式化的点算式编码。基于这样的编码，我们可以获得多样化的信息，包括师生各种言语互动的时长、占整节课的比例、不同的言语行为出现的时间等。

综上所述，点算式内容分析的关键是编码，即按照一定的规则将待分析的内容赋予有意义的代码。待分析的内容，即编码的对象可以是语言、文字、表情、语气、动作、图画、实物，等等。值得指出的是，对资料进行编码往往需要主观判断。例如，学生作文中的某一句用了哪些修辞手法需要主观判断；一堂课被分解为若干个 3 秒的片段，每个片段体现师生怎样的言语行为也需要主观判断。这就涉及编码一致性的问题，因为不同的人对同一个内容识别、判断的结果可能不一样，需要通过一些手段保证编码的信度和效度，包括澄清编码内涵并辅以示例，基于试编码对编码者进行培训，多人编码并对有分歧的编码进行裁决，等等。这实际上与教育测量中保证主观题评分一致性很相似，读者可参考相关资料。

三、诠释式内容分析

有研究者在一本有关美国总统的书中点算每位总统被提及的次数、章数、页数、段数及句子数。他请书的作者按每位总统的重要性及对美国的历史贡献排名；并请其他作者及公众对总统进行排名；还请作者评价自己在书中给予每位总统关注的程度。结果表明，点算的数据与所有调查结果的相关都很低。[①] 这提示我们，基于量化的点算不应是内容分析唯一的方式，点算式分析对某些资料或研究目的而言并非适切的方式。例如，两位女士都收到一束美丽的鲜花，第一位女士见到花便大叫："真美！真美！真美！" 另一位女士见到花之后有十秒钟没说话，接着轻声说道："真美。" 哪一位女士的反应更深刻地表达了其感动？靠点算式分析——如声音的高低、说"真美"的次数等——恐怕无法回答这个问题，因为很多有关情感、意志的内容无法以数量予以表征。对这样的内容，我们需要进行诠释式分析。如果说点算式分析更多体现量化特征，诠释式分析则更多体现质性特征。

下面我们来看一个诠释式内容分析的例子——网名"阿踢踢"的作者2020年10月3日在微信公众号"阿踢踢的二十世纪"发文：《帮爷爷整理日记，我发现了他对奶奶长达几十年的"吐槽"》[②]：

"做一个好丈夫可真难啊！" 这是2016年爷爷和奶奶争吵过后，爷爷写在日记中的感叹，那年爷爷78岁，奶奶74岁。

"太蛮横了！""太霸道了！""过不下去了！" 这是爷爷日记中经常出现的三句哀怨。

奶奶训斥爷爷，向来都是有理有据的。八十年代的某一天，爷爷从学校开完会回家，连续被奶奶骂了两场，第一场是因为小儿子沉迷电视，第二场是因为大儿子不肯吃晚饭，爷爷说整个院子的人都能听到奶奶骂他是"老刘家王八蛋"。

刚下楼，就遇上老王大骂"老刘家王八蛋"，并质问我为什么开完了会才下来？

（方框内文字是原文中作者对爷爷日记内容的直接引用）

① Klaus Krippendorff：《内容分析：方法学入门》，第63-64页。
② https://mp.weixin.qq.com/s/EAywLpU2UGTwHy6nw7Y9AA，有删节。

2006年暑假的某一天，奶奶外出有事，叮嘱爷爷送堂弟去上乒乓球课，而我自告奋勇，抢了爷爷的差事。奶奶回到家里，发现爷爷自己在家玩电脑下象棋，脸色非常难看，埋怨爷爷对孩子不上心。老两口到乒乓球教室一看，堂弟如常在上课，我却不见了，奶奶一看这种情况，气血上涌怒发冲冠，尽管堂弟一直在解释："姐姐逛街去了，我下课之前她就回来接我。"奶奶却完全听不进去，一边指责爷爷弄丢了孩子，一边勒令爷爷在附近大街小巷四处寻找。这件事情我竟然是在十四年后读爷爷日记时才知道的，他把委屈吞进肚子里，写进日记里。

> 孩子的事总是要迁怒于我，历来如此，没一次例外。德兰也睡不着，倒是我又讲了许多道理开导她，才罢。

"我该怎么办？""我可太为难了！""我还能怎么做？"这是爷爷日记中经常出现的三句疑惑。

其实爷爷疑惑的从来都是些芝麻绿豆的小事，但在当时的他看来，却都是些天大的事。比如说，爷爷会因为忘记了奶奶叮嘱他煮的是大米稀饭还是玉米粥而焦虑，爷爷心里想："明明早上吃了粥，为何她要我中午继续煮粥，莫非她想吃的是稀饭，却口误讲错了？我到底应该按照她说的做，还是应该按照我对她的了解做？"爷爷最终决定，按照奶奶的交代完成任务，却没能换来奶奶的丝毫谅解，奶奶说："早上吃粥，中午又吃粥，就算我说错了，你就不会动动脑子？"

爷爷也不只是一味忍耐，有时他也会在日记中对奶奶进行恶狠狠的吐槽。

2016年的夏天，爷爷和奶奶因为居住地点问题发生了一系列争执。具体说来，A房远离城市，自然风景好，居住环境宽敞，有院子可以用来种菜，但是人烟稀少；B房地处市中心，热闹繁荣，有爷爷奶奶的老朋友们住在附近。奶奶喜欢A房，爷爷喜欢B房，最后在奶奶的提议之下，两位老人回了B房，没两天，奶奶又开始抱怨爷爷。

爷爷忍无可忍，在日记中这样吐槽："德兰情绪很低，怨我闹着回××，影响了她的菜的生长。记得她睡觉时听到响声，心里害怕，她提出要回去，我说到9月回去，她非要马上回，这才回来了，怎么现在怨上我了？一切听她的反而错了，我还能怎么做？也是，替德兰想想，没有爱好，没有追求，不读书，不学习，唯有她亲手种的几棵菜，才是她的精神寄托，离开她所爱，圈在狭窄的闹市囚笼里，又闷又乏味，心情烦躁，唯有发泄，向谁发泄，唯有我。"

接下去，爷爷又详细写了一下，为什么他不喜欢住在A房，最后总结了一下："但是，我只能牺牲自己，服从她，别让她憋出毛病来。我实在离不开她，我太疼她了，就当作闭关修炼吧。"

> 回来很晚，德兰大发脾气，我表现出了较高的涵养。

爷爷对奶奶的所有决定也不是完全服从，爷爷几十年的日记中，某一日赫然出现一句："我再也忍不下去了，哑巴开口了！"

这件事情没有后续，但是爷爷在两天之后的日记里又换了一副口吻写道："还是要多多体谅老婆，老婆也不容易，我要少说话，多做事，没有办法改变她，那我就学着适应她。"我第一次听说，两个人在婚姻关系中相处了五十几年，依然在学着如何适应对方，依然在为了如何做一位好丈夫而苦恼。

> 刚出来，被德兰瞧见，大吵一顿，嫌我不干活，嫌我不在家接水。当别人面，真有点下不来台，可我克制住了，为了健康，我还要继续发扬这种"没脸没皮"的精神。

看到这里，或许会有人认为，我的奶奶是个霸道蛮横、无理取闹的人，爷爷则是个毫无主见、软弱无能的人。但实际上却不是这样的。我的奶奶，性格泼辣，时常口不择言，但她对周围人热情善良，对爷爷也是关心照顾，一生相伴。

爷爷时常会在日记中反思自己，也会把奶奶为他所做的各种小事如实记录，包括那些他的理解中为他做的小事，奶奶嘲笑爷爷没有文章发表在杂志，爷爷便发誓要"好好写给她看看"，声称奶奶只是在激励他，对他并没有恶意。

> 前日德兰赴×××学习，剩我一个在家，心理有些失衡，生活也打乱了节奏，身体也随之不适。

我印象中，爷爷只有一次对奶奶大声讲话，不是他日记中写的"哑巴开口"那一次，而是我四五岁时，奶奶带我出去玩，回家途中下了大暴雨，奶奶冒雨带我回家。爷爷对此非常不满，指责她淋湿了孩子和自己，明明可以找个地方暂时避避。

2018年4月19日清晨，奶奶突发心梗，与世长辞。爷爷在日记中写道："……德兰，你去了那边，大概不会再受失眠困扰了，只是如果你依然失眠，请回来看看失眠的我，陪我再讲讲话。"我想，我可以替爷爷补充一句，别说是讲讲话了，哪怕是再骂他一句"老刘家王八蛋"，爷爷也是甘之如饴的。

作者对爷爷的日记进行内容分析，包括摘取关键内容、对其内涵进行解释、表达自己的理解与判断。基于这样的分析，我们能看到爷爷和奶奶是怎样的人，他们是如何相处的，他们之间相爱的模式是怎样的；这样的分析能让我们获得日记所表达的"意义"——展现了一种"深沉、真挚、相互牵绊的爱"。爷爷和奶奶的个性不同、职业不同、人生追求不同、生活习惯不同……可他们却共同生活了一辈子！这样的内容分析让我们知悉了一种特殊、有趣、感人的"爱的模式"，进而思考一些更本质、更重要的问题。例如，差异如此多、如此大的两个人如何能以这样的方式生活一辈子？是先天的契合还是后天的调整与适应？如果是先天的契合，契合点是什么？如果是后天的调整与适应，双方又付出了怎样的努力？

这种内容分析与点算式分析不同，它被称为诠释式分析。"诠"，古书注疏体之一；"释"，说明、解说。"诠释"有一个意思是"加进书中的一段评论或解释性文字"。爷爷的日记是原文，"阿踢踢"的诠释就是评论或解释性文字。相较而言，点算式分析具有量化的特点，而诠释式分析更具质性的特点。前者强调澄清编码内涵，制定清晰的编码规则，追求编码的一致性；后者则强调对资料进行解释并挖掘其内在的意义。点算式分析的编码人员可以与其分析的资料不相关，通过培训保证其分析质量；而资料的诠释者的知识背景、经验、价值观、与资料的关系等会对诠释产生重要影响。

诠释式分析对教育研究非常重要，因为教育领域有太多的资料——如学生的日记和作业、教师的工作反思、学校的政策文件等——蕴含着人的情感与意志，需要且必须以诠释的方式对其进行分析。西方有诠释学这一专门的学术领域，相关联的还有符号学，它们为内容分析提供了非常有价值的视角与方法。①②下面我们基于诠释学和符号学探讨诠释式内容分析的要素与特点。

1. 诠释的核心：解读与建构

作为一种解读圣经的方法，诠释学诞生于 17 世纪的德国，之后它被应用于其他文本，特别是那些包含隐晦、陌生内容的文本，目标是发现隐藏于文本之中乃至作者本人也没有意识到的意义与意图。诠释学（hermeneutik）一词来源于赫尔默斯（Hermes），是希腊神话诸神中一位信使的名字，其任务是来往于奥林匹亚山上的诸神与世人之间，向人们传递诸神的消息和指示。因为诸神的语言与人的语言不同，因此他的传达不只是报导或重复，还需要翻译和解释。翻译是把诸神的语言转换成人们能听懂的语言，解释则是对诸神的晦涩不明的指令进行疏解。因此，翻译和解释是诠释的基本功能与价值，如伽达默尔所说："'诠释学'的工作总是这样，从一个世界到另一个世界的转换，从神的世界转换到人的世界，从一个陌生的语言世界转换到另一个自己的语言世界。"③世上极少数的人能看到"爷爷"的日记，"阿踢踢"发现了它，择选其中的部分内容，配上自己的理解和解释，同时提供更多的背景材料，从而让他人更好地理解文字承载的事实与意义，这即是解释、转换、传递的表现。

对进入视野的信息进行诠释并分享给他人，体现了人们获得和交流信息的本能，这也是内容分析的一个重要驱动。亚里士多德在其《工具论》一开始就写道："言语是心灵过程的符号和表征，而文字则是言语的符号和表征，

---

① [美] 米歇尔·刘易斯·伯克等主编：《社会科学研究方法百科全书（第 2 卷）》；沈崇麟等译，重庆大学出版社 2017 年版，第 554—556 页。
② 李砾：《阐释和跨文化阐释》，广东人民出版社 2006 年版，第 5 页。
③ [德] 伽达默尔：《诠释学Ⅱ：真理与方法》，洪汉鼎译，商务印书馆 2017 年版，第 115 页。

正如所有的人并不具有同一的文字一样，所有的人也并不具有相同的言语，但这些言语和文字所意指的心灵过程则对一切人都是一样的。"①这说明信息的交流在人们之间不仅是自然的、必要的，而且是可行的。

施莱尔马赫（Schleiermacher，1768–1843）提出诠释是循环的，即从孤立的片段中去掌握未知的整体，然后再基于整体视角理解每个片段。"阿踢踢"的日记分析，其目的是呈现、解读、挖掘一条潜在的情感脉络——爷爷奶奶的相处及相爱模式，这是"未知的整体"，而把握这个整体，需要从每篇相对独立的日记入手，这些日记是"片段"，每篇日记中的具体事件、言语、情境等则是更加细小的"片段"。基于整体的理念和目的收集、筛选、理解这些"片段"，同时基于"片段"构建、验证整体理念，形成对事物整体的描述，并在此基础上揭示其内涵与意义。

施莱尔马赫指出，诠释具有两个维度——语法维度和心理维度，前者朝向理解语言本身，后者则力图重演文本产生的过程，需要置身于作者的立场以理解其写作时的意图。"太蛮横了！""太霸道了！""过不下去了！"这是日记的原文，它的字面意思让我们感觉到爷爷因奶奶的粗暴经常产生哀怨之情。"阿踢踢"作为诠释者，呈现了更多的资料并对其进行分析，包括爷爷主动的克制与包容，奶奶骨子里的善良及对爷爷和整个家庭的关心、照顾，爷爷在奶奶外出学习时即身心不适，对奶奶非常思念，奶奶过世后爷爷对她深深的眷恋和不舍，等等，这些材料的选择和诠释都是基于心理维度的驱动。爷爷自陈："还是要多多体谅老婆，老婆也不容易，我要少说话，多做事，没有办法改变她，那我就学着适应她。""阿踢踢"对此的诠释是："我第一次听说，两个人在婚姻关系中相处了五十几年，依然在学着如何适应对方，依然在为了如何做一位好丈夫而苦恼。"这些基于心理维度的诠释，让我们理解爷爷的"哀怨"和感慨——"做一个好丈夫可真难啊！"——不是怨恨，而是因为在乎自己相濡以沫的爱人、在乎这个家，所以努力想要做得更好。

伽达默尔认为，资料的内涵和意义在不同时代、因不同人的理解而不断改变，其意义恰恰在被诠释的过程中不断被建构。这意味着诠释不只是发现，还

---

① ［古希腊］亚里士多德：《工具论》，余纪元等译，中国人民大学出版社 2003 年版，第 402 页。

是"发明"，诠释因此常常需要听到"弦外之音"。"阿踢踢"对爷爷日记的诠释，尤其是心理维度的诠释，体现了其对"弦外之音"的关注与理解。这提醒我们，教育研究只要涉及人，必然就会有情感、意志的介入，因此，教育研究中诸多内容的诠释不只是理解字词句的意思，更包含情感与意志的共鸣。

狄尔泰指出诠释有两个重要原则：其一，假定在表达者和理解者之间有着某种相似性，于是，理解与阐释成为个体生命对个体生命的理解，个体精神对个体精神的阐释。其二，诠释学中的理解犹如美学中的情感移入，实际上是将作者的精神表达移入阐释者自身来探索作者生命体验的过程。[1] 阐释者在文本创作者那里认出了自己——他喜欢什么，厌恶什么；向往什么，逃离什么；对什么感到激动，对什么表现冷漠。这是阐释者意想不到的结果，它揭示了阐释活动的深层意义是理智与情感的共鸣。由此可见，诠释不是诠释者对资料的单向加工，诠释者在诠释的过程中会发生变化和成长，这种变化和成长反过来又会对诠释产生影响。

值得注意的是，教育研究中的内容诠释不是文学赏析，需要关切诠释的信度和效度，这意味着"心理维度的诠释""听到弦外之音"不应是随意的，需要审视诠释的合理性与有效性。《内容分析：方法学入门》的译者在导言中说[2]：

> 我不赞成有人说内容分析"不过是一个人在阅报时所做的事，差别在规模大得多而已"……身为报章读者，我们绝对有权把自己的世界观加诸于文本，以及做文本令我们感到有意义的事……但身为内容分析研究者，我们需尽力解释我们所做之事即描述我们如何得出我们的判断，使其他人——特别是批评我们的人——可以重复我们的结果。

诠释的主观性不可避免，诠释者因此要时刻省察自己的分析是否存在偏见，所做出的判断和解读是否有依据、合逻辑。同时，回到诠释的本义——加进书中的一段评论或解释性文字——诠释是原始资料的附生物，因此，诠

---

① 李砺：《比较和比较的意义：叶维廉诗学研究》，中山大学出版社 2016 年版，第 221 页。
② Klaus Krippendorff：《内容分析：方法学入门》，导言第 9–10 页。

释式内容分析应保留和呈现原始资料，这是衡量内容分析合理性及有效性最直接的依据。总的说来，诠释式内容分析可以含有主观元素，但它应该被"客观化"，即下面要探讨的：澄清诠释中的主观的、背景性的因素，并评估这些因素对诠释过程和结果的影响。

2. 诠释者和历史文化对诠释的影响

由上述分析可见，诠释式内容分析具有非常典型的质性研究的特征——以意义的挖掘和建构为核心，诠释者本人成为研究工具。此外，任何的诠释包括诠释者都处于一定的历史文化背景中，诠释者设定了诠释的基本框架，相当程度上决定了诠释的方向与形态。

朱光潜曾写道[①]：

假设有一位商人、一位植物学家和一位诗人同时在看一朵樱花。商人总想着谋利，于是他就会计算这朵花在市场上能卖出的价钱，并且和园丁讲起生意来。植物学家会去数一数花瓣和花柱，把开花的原因归结为土质肥沃；给花分类，并且给它一个拉丁文的学名。但对诗人来说这朵小花就是整整一个世界。他全神贯注在这朵花上而忘记了一切。转瞬之间这朵小花变成一个有生命的活物，对着他微笑，引得他的同情。在美的享受达到极度狂喜的一刻，诗人把自己也化成了花，分享着花的生命和感情。

由此可见，对同一份资料，不同诠释者基于不同目的和背景，会从不同的角度对其进行诠释，诠释者的主观意志、经验、知识背景等会影响诠释的过程与结果。"阿踢踢"对爷爷日记的诠释，一定与另一个人的诠释不一样，即使是同一个诠释者，随着其年龄的增长、阅历的丰富、所处环境的不同，对同一份资料的诠释也会出现差异。

诠释的方向、形态、结果还受到社会背景和历史传统的影响。伽达默尔提出一个重要问题："'理解'如何可能？"他指出理解的关键在于掌握"历史传统"，以及从特定时间和地点来理解诠释对象所表征的世界，这就要求

---

① 朱光潜：《悲剧心理学》，安徽教育出版社1996年版，第30页。

我们在诠释时要"发现"资料置身其中的传统。根据伽达默尔的理念，我们在诠释时不能只看到资料"说"了什么，还要看到哪些东西被视为"理所当然"，即基于历史与传统默认的、对资料进行诠释的模式与规则。

"阿踢踢"诠释爷爷的日记，必须将爷爷的话语、行为置于当时的社会历史背景中，包括经济条件、社会思想、工作生活、人际关系等。这些因素构成对日记进行诠释的背景，也是评估诠释合理性、有效性的必要参考。再如，本书第一章呈现的"钟王之争"，如果我们要对其中的资料进行诠释，必须将所有资料置于当时课程改革的背景中，关注引发争鸣的具体事件，熟悉资料中的术语及被认为"理所当然"的内容。

斯宾诺莎曾在《神学政治论》中指出，必须了解以下内容才能理解圣经中晦涩不明的部分[1]：

> 每编作者的生平、行为与学历，他是何许人，他著作的原因，写在什么时代，为什么人写的，用的是什么语言。此外，还要考求每编所经历的遭遇。最初是否受到欢迎，落到什么人的手里，有多少种不同的原文，是谁的主意把它归到《圣经》里的。最后，现在公认为是神圣的各编是怎样合而为一的。

这段话表明，资料的诠释需要关联和溯源，需要关注资料的背景及其演变的历史。这与中国传统文论中的"知人论世"很相似。我们要了解当下的资料，必须了解其生发与发展的过程，包括它曾经被如何诠释、修改甚至误读。只有这样才能深刻理解我们面对的资料"为什么是这个样子"以及"它为什么曾经被如此诠释"。

四、扎根理论与多级编码

有研究者将 2015～2016 年中央电视台播出的《大国工匠》系列节目中对 39 位工匠的访谈转录为文本，采用基于扎根理论（grounded theory）的内容分析法，通过多级编码构建工匠精神的理论模型——"匠技""匠心""匠魂"

---

[1] 斯宾诺莎：《神学政治论》，温锡增译，商务印书馆 2017 年版，第 107 页。

是工匠精神最上位的三个维度，每个维度包括两个下位的核心素养：精湛技艺、知行统一，精益求精、独具匠心，责任担当、德艺双馨。[①] 这个研究很有趣，也很有价值，它通过对描述工匠言、行、事件、背景的文本进行内容分析，概括提炼出工匠精神的内涵与框架。基于扎根理论的分析视角及特定的多级编码方法在该研究中起到了关键作用。

扎根理论是由美国学者格拉泽（B.Glaser）和斯特劳斯（A.Strauss）在 1967 年出版的《扎根理论的发现：质性研究的策略》中首次提出的。该理论基于他们对 20 世纪 60 年代美国社会学研究中三种趋势的批评：（1）学者习惯于照搬已有的"宏大理论"，通过经验研究对其进行验证或局部修正，这样的研究价值很有限。（2）很多研究止步于对现象进行"印象式"描述，没有明确的理论生成，深刻性不足，难以与学术界其他理论对话。（3）一些研究虽然提出了理论，但没有介绍理论生成的方法和过程，其可靠程度难以判断。[②]

扎根理论提出后半个多世纪的发展过程中，两位创始人以及他们的同事和学生围绕该理论出版了不少专著[③]。下面我们来看基于扎根理论的内容分析的特点与操作过程。

1. 以理论生成为目的

基于扎根理论的研究目的是从经验资料中生成理论，而不只是描述和解释具体现象。科宾和斯特劳斯在《质性研究的基础：形成扎根理论的程序与方法》中辟专章对"理论抽样"进行阐述，在该章开篇引用另一研究者的话作导语："最高产的科学家并不满足于澄清当前的问题，虽然已经获得了某些

---

① 祁占勇，任雪园：《扎根理论视域下工匠核心素养的理论模型与实践逻辑》，《教育研究》2018 年第 3 期；亦见任雪园：《扎根理论视域下工匠核心素养的理论模型与实践逻辑》，陕西师范大学 2018 年硕士学位论文。

② 转引自陈向明为《质性研究的基础：形成扎根理论的程序与方法》所写的序。

③ Glaser：《*Theoretical Sensitivity*》（1978），《*Emergence vs Forcing：Basics of Grounded Theory Analysis*》（1992）；Glaser & Strauss：《*Awareness of Dying*》（1965）；Strauss：《*Qualitative Analysis for Social Scientists*》（1968）；Straus & Corbin：《*Basics of Qualitative Research：Grounded Theory Procedures and Techniques*》（1990）；Charmaz：《*Constructing grounded theory：a practical guide through qualitative analysis*》（2006）.

新知识，但他们是利用这些知识揭示更深层的，通常也是更重要的东西。"①
所谓更深层、更重要的东西，就是说明现象规律和本质的抽象概念和理论。

生成清晰、适切的理论是研究的落脚点，格拉泽强调研究者要有"理论敏感性"（theoretical sensitivity）。这种敏感性与研究者的知识、经验、训练有关，如果研究者缺乏理论敏感性，他所做的将会是事实描述或臆想出某些理论，而无法提出有见地的、概念化的理论阐释。格拉泽和斯特劳斯提出"理论抽样"（theoretical sampling）这一概念，即根据生成理论的需要选择研究对象，系统收集和分析资料，从资料中发现、发展和检验理论。理论抽样结束于新的资料不能再产生新的理论，这个状态被称为"饱和"（saturation）。②

扎根理论强调比较和"变异"在理论生成中的作用。例如，对某教师进行访谈，了解其对所谓差生（成绩差、经常违纪、品行有问题）的看法，从中可能发现很多"变异"信息——教师对差生的看法是多样的，有时甚至是矛盾的。"变异"往往意味着资料的丰富性和全面性，研究者在把握"变异"的基础上进行比较，对概念、范畴、理论的生成很重要。这就好像我们在一个牡丹园中见到很多种牡丹，在植、茎、叶、花等多方面呈现出丰富的变异，我们了解这些变异并对其进行比较，才能把握哪些是表象、哪些是本质，在此基础上形成理论化认识。

多样化的资料就像不同性质、形状的建筑材料，在构建一栋建筑时，不同的材料发挥的作用及其被放置的位置是不同的。换言之，正是基于多样化材料不同的性状，我们才构建出特定结构和功能的建筑。通过对资料变异、多样性的比较，我们得以了解每一项资料的性质、特点及资料之间的关系，明确其在理论建构中的地位和价值，判断这些资料对于理论建构是否已经足够（即"饱和"），从而为理论建构奠定基础，或为进一步收集资料提供依据。

---

① Juliet M.Corbin & Anselm L.Strauss：《质性研究的基础：形成扎根理论的程序与方法》，朱光明译，重庆大学出版社 2015 年版，第 153–168 页。
② 卢崴诩：《"理论抽样问题"与扎根理论方法解析》，《社会研究》2015 年第 12 期。

2. 自下而上的资料分析

基于扎根理论的研究直接从实际观察入手，对原始资料进行归纳和分析，自下而上地将资料不断"浓缩"，生成相关理论。格拉泽说[1]：

从事扎根理论研究必须具备的概念化技能是……能够往后退一步和数据保持距离，然后抽象性地概念化数据。要做到这一点，需要一些对理论和社会的敏感度，它就要求有能力保持分析距离，同时利用理论知识和敏锐的力量去消化数据，即让数据中的模式所表示的概念自然呈现。如果研究者承认自己概念化能力低下的话，那么他或她不应该尝试扎根理论，可以尝试用随处可得的既有概念进行实证描述。如果研究者对自己的概念化能力不诚实，并缺乏概念化能力，那就不会得到扎根理论，他的研究将乱作一团并以徒劳告终。

格拉泽非常强调"自然呈现"，即通过理论抽样、开放式编码（见下面编码程序中的介绍），以及对资料"变异"不断地比较，研究的焦点和方向会"自然呈现"。研究者要充分尊重数据，"让数据说话"。一个好的研究者知道自己不是先知，不会高高在上、自以为是地以为自己比研究中的当事人更了解什么更重要、更关键，他有信心和耐心等待关键和本质的内容"自然呈现"。

从现象到概念到类属，再到理论，自下而上的资料分析绝不否定研究者的能动性，研究者要持续、深入地思考：基于抽象生成的概念、类属、理论有充分的支持吗？概念之间的关系清晰、合理吗？这其中必然有困惑、不确定、模棱两可，而这也正是对资料进行更深入分析的动力，并为收集新的资料提供了方向。同时，强调自下而上，不套用已有理论是一种开放的态度（基于扎根理论的数据编码第一步就是"开放编码"），这并不是说研究者的脑袋是空白的，恰恰相反，研究者越有经验，其既有知识和理论越丰富，越有可能聚焦有价值的信息，并对其进行更高质量的分析。因此，自下而上的资料分析方式不是忽视、拒绝已有知识和理论，而是警惕其可能带来的成见，保留"让数据说话"的空间，即格拉泽所说的"与数据保持距离"。

---

[1] Glaser, B.：《扎根理论研究概论：自然呈现与生硬促成》，费小冬译，（美国）社会出版社 2009 年版，第 16 页。前述格拉泽对斯特劳斯的批评见本书第 7-9 页。

3. 明确的资料分析规范

量化研究有所谓的"洋八股"[①]，即清晰、稳定、通用性强的研究方法与策略，大多数质性研究方法则不具备这样的特点。为了消除质性研究随意、模糊和主观化对研究质量的消极影响，扎根理论提出了明确的数据分析方法与流程。1967年，格拉泽和斯特劳斯在《扎根理论的发现：质性研究的策略》中提出对资料进行编码的两个步骤：实质编码（substantive coding）和理论编码（theoretical coding），其中实质编码又包括开放编码（open coding）和选择编码（selective coding）两个子步骤，如下表所示：

		经典扎根理论的编码步骤
实质编码	开放编码	对文字材料进行逐字逐句的检视，用关键词把每一个事件标记出来。根据概念划分，将关键词聚拢分类，尽可能多地建立概念类属（conceptual category）。经过持续的搜集整理、比较分析，概念类属会变得厚重，不同类属之间的关系逐渐变得清晰，此后一个核心类属（core category）就会出现。
	选择编码	研究者聚焦于核心类属以及与其有关联的类属，基于理论抽样不断搜集证据以丰富核心类属，当核心类属变得足够充实，与其他类属之间的关系变得足够清晰时，研究就达到了饱和状态。这时可以开始进一步的抽象，将不同类属进行整合和压缩，以得到一些实质概念。
理论编码		最后一级的抽象，确定多个实质概念之间的关系，这种关系表明了研究所考察的社会行为过程背后的潜在模式，它即是研究要发现的理论。在这个过程中，要参考既有文献，同时整合基于实证研究所获得的信息。

1988年，斯特劳斯和他的学生科宾对1967年的版本做了诸多修订，提出了程序化水平更高、编码过程更严格的资料编码方法，包括开放编码、主轴编码、选择编码，如下表所示：

[①]　彭玉生：《"洋八股"与社会科学规范》。

	程序化扎根理论的编码步骤
开放编码	与经典扎根理论的开放编码过程类似，要求从文字材料中抽象出一些类属，进而寻找类属的属性，并将其维度化。比如在研究慢性病人的生活时发现"疼痛"这一重要概念，继而找到"头痛""胃痛""神经痛"等不同类别，再从不同维度考察它们的频率、强度、持续时间等。
主轴编码	主轴编码（axial coding）是关联主类属（overarching category）和次类属（sub-category）的过程，即发现某些次类属之间的关联，将其归于某个主类属。它有一个典范模型（paradigm model），根据因果条件、环境、干扰条件、行动/互动、后果等五个方面将次类属归于某个主类属。
选择编码	在多个主类属中确定一个核心类属并围绕其组织理论。研究者可以按以下五个步骤（不一定按顺序）开展选择编码：（1）用几句话对所研究的现象进行总体描述，提供一条故事线；此描述需要使用分析性的术语，体现出生成核心类属的线索。（2）继续使用典范模型，找到核心类属的辅助类属（subsidiary category），确定它们之间的关系，以此建立如下形式的理论：A（条件）→B（现象）→C（环境）→D（行动/互动）→E（后果）。（3）确定核心类属的属性和维度，在维度层次上对辅助类属进行分类与定位。（4）结合经验证据，考察通过上述过程得到的理论是否可靠。（5）通过理论抽样填补遗漏的细节，确保足够的类属密度。

在这个版本中，编码分为开放编码、主轴编码和选择编码三个步骤，并增加了"维度化""典范模型""条件矩阵"等工具，成为一套可以与量化研究匹敌的严谨的方法和程序，目前得到了最为广泛的认可和应用。[1] 本章开头提炼"工匠精神"的研究即使用了这样的编码程序和方法。

再举一例，北京大学的陈向明在其跨文化人际交往研究中，基于三级编码对访谈获得的资料进行逐级分析、抽象，在此基础上解释在美国的中国留学生的跨文化人际交往活动及其意义。[2] 首先，在"开放编码"中，找到了很多受访者使用的"本土概念"，如"兴趣、愿望、有来有往、有准备、经常、深入、关心别人、照顾别人、留面子、丢面子、含蓄、体谅、容忍、公事公办、情感交流、热情、温暖、铁哥们、亲密、回报、游离在外、圈子、不安定、不安全、不知所措、大孩子、低人一等，民族自尊、不舒服"等。然后是"主轴编码"，在上述概念之间找到了一些联系，将其归于七个主类

---

① 吴肃然等：《扎根理论的历史与逻辑》，《社会学研究》2020 年第 2 期。

② 陈向明：《旅居者和"外国人"：中国留美学生跨文化人际交往研究》，湖南教育出版社 1998 年版。

属——"交往""人情""情感交流""交友""局外人""自尊""变化"。在每一个主类属下面又分别有相关的次类属，比如在"人情"下面有"关心和照顾别人""体谅和容忍""留面子和含蓄"等；在"局外人"下面有"游离在外""圈子""不知所措""不安定""不安全""孤独""想家""自由和自在"等。最后，基于所有的类属和类属关系，通过"选择编码"将核心类属定为"文化对自我和人我关系的建构"。在这个概念框架下对原始资料进行进一步的分析后建立了两个扎根理论：（1）文化对个体的自我和人我概念以及人际交往行为具有定向作用；（2）跨文化人际交往对个体的自我文化身份具有重新建构的功能。

扎根理论提出了大量的概念，即使扎根理论的肇始者和核心人物对其理解也存在不一致乃至争议。1991年，格拉泽给斯特劳斯的信中说："1988你出版了'Basics of Qualitative Research'一书，那本书极端歪曲我们的扎根理论之理念，甚至极具破坏性。"[①]事实上，基于扎根理论的数据编码方法和程序也在不断变化。例如，1990年斯特劳斯和科宾出版了《质性研究的基础：形成扎根理论的程序与方法》（*Basics of Qualitative Research：Grounded Theory Procedures and Techniques*），后来分别于1998、2008、2014年出版了第二版、第三版和第四版。也许是由于学界对扎根理论提出了过于技术化、程序化的批评，也许是后来受到建构主义和后现代思潮的影响，科宾在第三版中除了在章节开篇保留了三级编码的概念定义，正文中不再涉及具体编码的程序和技术，取而代之的是一系列灵活多样的备忘录。

扎根理论提出了一套可操作性强的资料编码程序与工具，这是其关键特征与核心价值。值得注意的是，格拉泽曾指出，基于扎根理论的程序最致命的是"生成的是一个生硬促成的、事先臆想的概念化描述"，"事先臆想出事实或理论编码，把研究结果——事先臆想的概念化描述——放入一个生搬硬套的框架"。因此，我们在应用扎根理论及其程序和方法时，要反思是否有繁琐、教条、僵化之嫌，同时警惕它在追求研究的客观性和程序化的同时，也有可能失去研究的弹性与开放性。

---

① Glaser，B.：《扎根理论研究概论：自然呈现与生硬促成》，第7、9页。

第七章　访谈法

2020 年 5 月底，美国警察暴力执法，致使一名黑人男性死亡，这引发了全美的抗议浪潮。网络名人"郭杰瑞"（美国纽约人，常在中国多个网络平台发布中文视频）6 月 4 日在纽约接头采访抗议人士，他主要问了以下几个问题[①]：

- 今天为什么来这里？
- 在美国有种族歧视吗？
- 种族歧视有改变吗？
- 我们该如何改变当前的状况，特朗普总统需要做些什么？

一位接受访谈的黑人演员说：

我快 63 岁了，我知道歧视是什么感觉。我是个演员，几个月前我参演一个电视剧，场景是在大百货商场里。在拍摄期间，我意识到我的手放在口袋里了，我的身体不由自主地恐慌起来，因为作为一个黑人，你不可以在百货商场里紧扣大衣，双手插袋，因为他们会觉得你偷东西了。我感到恐慌，甚至不在真的百货商场里，这只是一个电视剧的场景，但是这个恐惧已经在我们身体里了。

这段话充分体现了访谈的价值与优势——如此内在而深刻的信息，用其他方法很难收集到。

研究中的访谈是人类最古老、最有效的言语交流的延伸。有研究者指

---

① https://www.ixigua.com/i6833594482294784524/

出："研究性访谈是基于日常生活会话的专业会话形式之一；它是一种观点互动，在访谈员与受访者间的互动中建构知识。一次访谈就是一次观点的互动，是两个人就一个共同感兴趣的主题进行的观点互换。"该研究者同时指出，访谈不是简单的你一言我一语，它具有以下要素和特点[①]：

- 生命世界（life world）：触及受访者的人生与生活。
- 意义（meaning）：理解、解释受访者生命世界中关键主题的意义。
- 描述性的（descriptive）：希望获取访谈对象对其生命世界的具体描述而不是抽象概念。
- 聚焦（focused）：访谈是开放的，同时聚焦于特定的主题，不是随意和漫无目的的。
- 开放性（open）：访谈者以开放的态度对待受访者的陈述，不以预制的框架和价值观钳制其表达。
- 模糊性（ambiguity）：受访者的陈述有时是感性的，或是可意会而不可言传的，反映了实际生命世界的复杂性和矛盾性。
- 敏感性（sensitivity）：不同访谈者由于对访谈话题的敏感性和相关知识的了解程度不同，会产生相当不同的访谈成果。
- 人际互动（interpersonal situation）：访谈成果相当程度上受到访谈者和被访谈者之间的关系及其互动的影响。
- 积极体验（positive experience）：好的访谈对访谈者和受访者来说是真诚的生命体验的交流，他们都会获得对生命世界新的、丰富的认知与感受。

在上述特征和要素中，"生命世界"最重要，访谈是"生命的互动与对话"，其中应充满理解与共情，访谈者必须带着对未知的生命场景的好奇、尊重、向往乃至激情。

知名教育工作者李镇西在其微信公众号发布了与一位教师的访谈记录：《我很热爱班主任工作，可我几乎无法坚持下去了》。访谈对象马老师是一

---

① ［丹麦］斯丹纳·苟费尔等：《质性研究访谈》，范丽恒译，世界图书北京出版公司2012年版，第2，30页。

位中年女教师，几年前李镇西曾应邀去马老师的学校讲课。当时校长这样介绍马老师："这是一位很受学生欢迎的班主任，她非常有爱心！"据校长说，马老师在学校从来都是兢兢业业的，与世无争。她善良，脾气好，加上从不在乎名利，所以在学校无论与领导还是同事，关系都处得很好。李镇西去马老师所在的城市讲课时再次见到她，她向李镇西倾诉了她的苦恼[①]：

李：你工作快 20 年了吧？

马：是的，李老师。时间过得真快！感觉刚从大学毕业呢，可再过十多年我都该退休了。唉！

李：叹息什么呢？你应该对自己的工作感到满意呀！学生爱戴，领导认可，家长满意，同事敬佩，难道你自己还不满意自己吗？

马：两年前的一天，我忽然想到，我都工作快 20 年了，我获得了什么呢？从物质待遇来说，作为一名教师，无论我如何努力，我也不会致富；从荣誉来说，虽然不多，但我也不愿意再争取更多的荣誉了——如果能被动得到实事求是的荣誉，我倒很愿意，如果要我自己去搜罗证据、去争取荣誉，我感到羞愧。既然我很难再获得让人艳羡的名利，我为什么还要被这名利左右呢？

李：我知道你是从不在乎名利的，所以你的荣誉称号不多，但据我所知，你的每一届学生及其家长对你评价都很高，这可是一个老师最高的荣誉啊！

马：但李老师，说实话，我却越来越感到对不住学生们了！

李：啊？你说你"对不住学生们"？为什么？

马：因为我越来越无法做到"一切为了学生"，心里有愧。本来，我绝对同意"为了一切学生，为了学生的一切，一切为了学生"这三句话的，但我作为一个普通教师，普通的班主任，现实告诉我，三个"为了"其实很难做到，不过是口号而已。

李：三个"为了"当然是口号，但这个口号应该成为我们努力的方向。

---

① https://mp.weixin.qq.com/s/-BrjsDzDI0P-TzXa3hes5g，节选。

在我看来，你应该是那种服从学校安排的老师，然后就尽心尽力地投入到工作中，是学校领导很放心也很信任的那一类老师。

马：这个我承认。的确，我其实自己内心认可、坚持的做法并不多，绝大部分的工作只是听从安排并努力做好。但我现在越来越感到，如果我坚持遵守学校的规定，就会伤害我的学生。

李：为什么呢？

马：学校的教育教学活动，更多的是从学校整体的发展考虑，这样的考虑往往是短期的，比如学校迎接各种评比、争取各种荣誉、提升升学考试的重点率，等等。虽然这样的活动也会考虑学生整体的利益，但一般来说不会顾及到学生的个体利益。也就是说，学校的教育教学活动，往往是"只见林不见木"。

李：同意。有时候我们一些校长心里想的往往是"学校发展""教育创新""课程改革""教学模式""彰显特色""争创品牌"……却忘记了具体的人。

马：但是作为一位普通教师，尤其是班主任，往往面对的是一个个鲜活的面孔、一个个具体的人和一件件具体的事情。如果一位普通老师想做到"为了学生的一切"，有时候必然会和学校的要求不一致。

李：能不能说点具体的例子？

马：太多了。比如我很重视班级阅读，因为我相信，真正的教育就是自我教育，而阅读就是一个人最廉价且最容易的学习和自我教育方式。朱永新老师也说过，一个人的阅读史就是一个人的精神发育史，阅读越多、质量越高，一个人的精神发育也就越健康。所以，每届带班，我都要有序推进班级集体阅读活动，阅读的书目主要是新教育阅读研究所推荐的读物，阅读的时间主要是每天中午午餐后的自习时间。

李：这样做是很好的！

马：但是，刚刚从六年级升到初一的学生，有的就是不喜欢阅读经典，或者说他读不懂经典，他们就喜欢读一些漫画、玄幻小说之类的。我知道每个学生的阅读基础、阅读趣味不一样，不能一刀切地要求必须阅读经典名著。在阅读的最初阶段，我允许同学们自由阅读，阅读任何自己喜欢的书籍。但我通过"阅读分享"引导同学们尽可能地多阅读经典名著。所以，在初一第一学期的开始，我告诉学生，我们可以在课间阅读漫画或者自己喜欢的小说、杂志。

李：很好！你这样引导学生的阅读应该受到领导的好评。因为现在似乎所有学校都在打造"书香校园"。

马：但是，有一次我班一位学生找我诉苦说，他们在下课后阅读漫画的时候，被德育处巡视的老师没收了。第一次遇到这种情况让我有些哭笑不得。我一边安慰学生，一边思考如何给德育处的老师解释并要回学生的图书。虽然沟通也容易，学生的书籍也要回来了，但过了一周，我们班另一个学生在课间看杂志时被德育处另外一名老师没收了，当学生解释说班主任允许他们课间看杂志的时候，还被狠狠地批评了。

李：恕我直言，这位德育主任有些武断。

马：是呀，学生委屈，我也委屈。

李：这让你也很为难。

马：我只能又去找没收书的老师解释并要回图书。虽然这样很麻烦，但我还是告诉学生说，课间放心阅读你们喜欢的读物，如果被没收，及时告诉我，我帮你们要回来！

李：你确实是为了学生，但和德育主任的理念发生了冲突。

……

马：李老师，我特别信任你，所以与你聊了这么多，虽然知道你也无奈，说了也无用，但向你倾吐，我心里好受多了。

李：我的确也很无奈，但我可以做一些呼吁。今天的聊天，我准备整理一下，发在"镇西茶馆"[①]上，你同意吗？

马：当然同意，因为我相信，有我这些苦闷的班主任肯定不只我一个人。只是，请你在公开发表时，不要说出我的真名。

李：那是当然，我会给你取一个化名。

---

① 李镇西的微信公众号。

这些内容只是马、李二人实际谈话的三分之一，但我们已充分感受到这个访谈的内容多么丰富和深入。这样的访谈体现了上述所说访谈的所有关键要素与特征，尤其是对"生命世界"的理解与探索。

访谈不是机械的一问一答，而是具有明显的"流动性"与"建构性"。访谈者和被访谈者的交流会有一个方向和范围，但每个具体的问题及受访者表达的内容，都随着访谈的进程而生成和建构。以下呈现的是访谈者对杨扬（大宁国际学校校长，上海市特级教师）有关课程标准修订的访谈[①]：

采访者：能不能先请您谈谈我们上海市中小学英语课堂教学的现状？

杨扬：从全国整体来说，我觉得上海的中小学英语课堂还是领先的，虽然近几年江浙、广东等地有慢慢赶上的趋势。我们领先，首先因为上海是一个国际化城市，我们接触英语、用英语交流的机会比较多。此外，我们有一大批英语专家，包括束定芳教授，包括市、区教研员，这支队伍是非常严谨的。在他们的引领下，我们在教学理念上也是走在前面的。可能许多外省市还在追求某一个"模式"，上海现在更多的不是看模式，无论是市教研、区教研都不是针对某个固定的教学模式。比如 task-based teaching（任务型教学），十几年前非常流行，现在说这个反而老套了。任务型教学到底是什么，并没有清楚的界定。国情不一样，学情不一样，人数不一样，针对的对象不一样，很多东西不一定拿到国内就能用的。所以，我们更多的是探索一些先进教学理念的本土化实施，如何进行学生水平参差不齐的大班教学。

采访者：能谈谈咱们具体是怎么做的吗？

杨扬：我们近几年一直在做一件事：合理确定单元教学内容，确定教学的重点难点。我们不追求某种宽泛的模式，而是很细致地落实单元目标和课程目标之间的关系以及教学的重点难点，我们做得很扎实。上海的英语教学就是一步步这样做的。我们有一批很出色的英语老师，各个区县都有优秀老师，这也是一个优势。还有一大优势就是教材。上海目前主要使用两套教材，一是牛津上海版，二是新世纪，做到了一纲多本。一纲多本

---

① 束定芳等：《基础英语教学现状、目标与途径：上海英语特级教师访谈录》，上海外语教育出版社 2018 年版，第 177 页。

给外面的感觉可能是："上海怎么有两套教材？怎么教？"而我们根本不会有老师说"两套教材我不会教"。我们有教学基本要求，有考纲，有共用的词汇和语法点。至今还有很多地区中考是跟教材联系的，脱离课本就没法教、没法考了，很多题目直接来自课本，这对学生语言能力的发展是很不利的。所以说上海的一大优势就是，我们一至十二年级的这个教材体系是成熟的。

受访者凭借其良好的专业素养与表达能力，提供了非常丰富而富有条理的信息。但这个所谓的访谈没有体现访谈的特质与价值，我们看到的是一问一答、再问再答，没有追问、没有回应、没有共情、没有探索。访谈者除了简单的提问，又起到了什么作用呢？

下面我们对访谈内容、访谈者、访谈准备进行分析，澄清教育研究中应用访谈法的关键之处。

一、访谈内容

如上面的案例所呈现的，访谈是访谈者与访谈对象的互动，这使得访谈内容具有明显的"生成性"与"流动性"，即相当多的访谈问题和内容是在访谈过程中基于访谈者和被访谈者的互动而不断"生成"的。例如，在"大学教师如何理解'好老师'"的研究中，研究者提出三个研究问题：（1）在大学教师看来，"好老师"具有哪些特征？（2）这些特征为什么对他们而言是重要的？（3）他们对"好老师"的理解对于自己作为大学教师产生了什么影响？[1] 进而，研究者将这些研究问题"转换"为具体的访谈问题：

- 您能具体谈谈给您留下深刻印象的老师吗？
- 他（她）们对您作为一名老师产生了什么影响？
- 您希望成为一名怎样的老师？或您是怎样看待"好老师"的？
- 为此，您做过哪些努力？或作为老师您有哪些改变？

---

[1] 李方安等：《大学教师对"好老师"之理解的实践推理：一项扎根理论研究的过程及其反思》，《教育学报》2016年第2期。

请注意，这些问题是"预设"的，实际访谈时有些被访者可能对这些问题"不敏感"，或者访谈过程中访谈者发现了有价值的生成性问题。该研究者最终在实际访谈中提出的问题如下表所示：

从教高校	性别	职称	教龄
某地方本科学院	女	副教授	10年
研究者现场使用的访谈问题	（1）您对大学老师印象最深刻的是什么？ （2）（您认为）对于好的大学老师而言"知识是第一位的"？ （3）除了"知识和人品"以外，还有什么其他令您印象深刻的好老师的品质？ （4）"教学突出"的老师是什么样的？您怎样判断一个老师"教学突出"呢？ （5）您自己平时怎么讲课？ （6）那我觉得您就应该是一个"好老师"了吧？ （7）（您）为什么（觉得自己）不是（好老师）？		

从研究问题到预设的访谈问题，再到实际访谈的问题，这是一个建构、生成的过程，而且针对不同的访谈对象，还有可能对问题的内容和形式进行调整，如上面表格中的访谈问题就是针对某个特定的访谈对象提出的。

在前述李镇西对一线教师的访谈中，这种建构性和生成性非常明显。最初二人碰面的目的是闲聊，但马老师的一个慨叹引起了李镇西老师的关注、关心、好奇，在此基础上伴随着谈话的进程，"生成"了更多的问题和话题，最终获得了非常丰富、深刻的访谈信息。

需要指出的是，生成、建构不是漫无目的和盲目的，前述李、马二人的访谈生成了多角度、多层次的信息，但都围绕着一个中心点——教育理想与现实规制之间的矛盾。这需要访谈者对某个领域有精深的理解，能从访谈中准确甄别有价值的信息；还要求访谈者有很好的现场把控能力，能够控制访谈的走向，使访谈生成越来越丰富的信息，同时"不跑题"。以李、马二人的访谈为例，我们来看访谈的话题和内容是如何一步步生成与建构的，访谈者又是如何对访谈进行把控的（因篇幅所限，表格中的部分内容不在前述李、马二人访谈节选中）：

访谈把控	例
提问	– 能不能说点具体的例子？ – 叹息什么呢？……难道你自己还不满意自己吗？
追问	– 你这样处理很好呀！难道还有什么问题吗？ – 这孩子后来怎样呢？ – 啊？你说你"对不住学生们"？为什么？
评价/共情	– 这样做是很好的！ – 这让你也很为难。 – 这就有点过分了吧！ – 我很感动，为了在学生和学校之间找到"平衡点"，你真是煞费苦心了。
概括	– 你是为了学生的健康成长，学校是为了"管理方便"和"别出事"。 – 你是一个心肠柔软的老师，一直坚守着你的善良。但有些老师虽然本来也善良，可被学校的某些规定逼得心肠也越来越坚硬了，对学生越来越狠了。
补充	– 而且从这句话可看出，孩子是非常懂事的，至少对妈妈很孝敬。
总结/深化	– 当然，最根本的解决办法，还得靠制度的改革。我们的教育管理、教育评价，应该真正体现"一切为了孩子""一切为了领导""一切为了管理方便"。唯有这样，不但孩子们不会受到伤害，而且许多像你这样的热爱教育、热爱孩子的老师也不会受到伤害。
自陈/共鸣	– 我以前也遇到过类似的学生，我的想法和你也是一样的，就是尽管我无法保证这样的孩子考上重点高中，甚至可能连高中都考不上，但我一定要尽量让他在我班上有尊严地存在，受到尊重，并留下温馨的记忆。这是我们每一个教育者良知所在。
澄清	– 三个"为了"当然是口号，但这个口号应该成为我们努力的方向。在我看来，你应该是那种服从学校安排的老师，然后就尽心尽力地投入到工作中，是学校领导很放心也很信任的那一类老师。

　　访谈者通过提问、追问、评价等方式引导访谈的方向与进程，使得访谈能够不断生成有价值的内容。我们在访谈时可有意识地运用这些策略，与受访者形成深入的互动，获取更丰富、更有价值的信息。同时我们可以看到，高水平的访谈者不但应当是访谈领域的行家，而且访谈时要足够专注和敏感，能够从受访者的陈述内容、语音语调、表情动作、情绪情感中发现值得追问、澄清、扩展的信息，这也恰恰体现了访谈法特有的价值。

二、访谈者

访谈是在一定的背景、情境、氛围下，访谈者与被访谈者共同构建的包含共情、理解、探索的互动与交流。我们在第四章分析质性研究的特点时指出，研究者本身成为研究工具是质性研究的一个重要特点。因此，运用访谈法时，访谈者自身成为研究的工具，访谈者的知识、能力、人格特质会对访谈过程和访谈结果产生重要影响。

我们来看一个例子[①]：有一项研究要对享有盛誉的语言学家李方桂进行访谈。制订访谈计划时，有人提出应该选择一位在语言学领域具有渊博学识的人做访谈者，于是他们选择了李方桂的学生也是李家友人，陈宁萍。研究者还意识到，面对一位声名显赫的长者，为尊者讳的中国传统可能限制陈宁萍的提问，于是又找到另一位研究语言学的美国学生和她一起访谈。结果表明，访谈者的提问确实内行，有时也相当尖锐，访谈取得了很好的效果。

总的说来，访谈者自身有四方面的因素会对访谈产生影响：（1）访谈者对访谈内容的兴趣与投入；（2）访谈者在访谈领域的知识储备及其总体知识水平；（3）访谈者的人格特质，尤其是人际互动能力；（4）访谈者的访谈技巧和策略。例如，郭杰瑞浸淫于美国生活和文化中，对其中的种族歧视有深刻的体验和认识；同时，长时间的视频拍摄和采访经验，使其对采访对象和采访话题的把握更加精准。李镇西是一个全国知名的教育工作者，具有教师和教育管理者双重身份，对教师的甘苦和教育体制的优势与弊端有切肤之感，因而能对马老师的谈话形成深切共鸣，并以此为驱动使得访谈话题不断丰富和深入。再举一例，前中央电视台主持人柴静讲述了 2008 年汶川地震后她被分派到绵阳做直播记者的一段经历：[②]

我拿着在医院帐篷找到的几样东西——一个满是土和裂缝的头盔，一只又湿又沉的靴子和一块手表，讲了三个故事：男人骑了两千里路的摩托车回来看妻子；士兵为了救人，耽误疗伤，肠子流了出来；还有一个女人在废墟

---

① 定宜庄等主编：《口述史读本》，北京大学出版社 2011 年版，第 176 页。
② 柴静：《看见》，广西师范大学出版社 2013 年版，第 11-12，186 页。

守了七天，终于等到丈夫获救。我拿着这些物品一直讲了七分钟。史努比也在灾区直播点。我说的时候他就站在直播车边上看着。看完没说话，走了。我知道，他不喜欢。

我说怎么了，他说得非常委婉，生怕伤着我："你太流畅了。"

"你是说我太刻意了？"

"你准备得太精心。"

"嗯，我倒也不是打好底稿，非要这样说的。"

"不是这个意思，我当时看到你的编导蹲在地上给你举着话筒，心里就咯噔一下。他还给你递着这些东西，我就觉得不舒服，这么大的事儿发生了，不该有这些形式和设计。其实那些东西放在地上，也没有关系，或者，你停一下，说，我去拿一下，更真实。"

柴静自陈，对其有知遇之恩的陈虻曾对她说："你问一个问题的时候，你期待答案吗？如果不期待，你就别问了。"真诚、期待，这是访谈者最应具备的态度与人格特质。访谈是两个个体在某个时空生命的交汇，访谈者得到的不只是一些信息，而是进入受访者的生命世界，他应对了解这个世界充满尊重和期待。从受访者的角度看，他为什么要向另一个人——甚至还可能是陌生人——描述自己的经历，坦露自己的心迹？最重要的理由就是他觉得对方值得自己倾诉。

郭杰瑞在街头采访那位黑人演员，这是二人第一次相遇，也很有可能是他们唯一的相遇，郭杰瑞在采访时的表情、动作、语气、对受访者的回应，都会表现出他对受访者、对美国黑人遭受的种族歧视的态度，而这样的态度无疑会影响这位黑人表达的愿望和实际表达的内容。

如果研究者将访谈当作完成任务，就不会在访谈过程中表现出真诚与期待，受访者一旦察觉到这一点，认为对方并不是值得了解和感受自己生命经历的人，他会有意无意地关闭自己的"心门"。"酒逢知己千杯少，话不投机半句多"，知己，这是访谈者与受访者最理想的关系，丰富而深入的访谈成果就是二人话语"投机"的表现。

三、访谈准备

访谈者对受访者及访谈话题所涉及的领域必须有深入的了解，这意味着访谈者要就受访者和访谈内容做足够多、足够好的准备。

田本相在"文革"后阅读《曹禺选集》，"得到一次多年未曾有过的激动""像是发现了新大陆似的"，从此开始了他对曹禺及其作品的研究。1978年，田本相发表了论文《论〈雷雨〉〈日出〉的艺术风格》，此后收集了大量有关曹禺生平、文学创作、作品批评等的资料，和他人合作编辑了一百多万字的《曹禺研究资料》。他于1981、1988、2001年分别出版了《曹禺剧作论》《曹禺传》《曹禺访谈录》。可以想见，基于如此丰厚的准备，田本相在对曹禺进行访谈时会充满怎样的期待，这又为他在访谈中提出好问题及做出精准回应奠定了多么坚实的基础。曹禺对田本相说[1]：

> 田本相同志，你的《曹禺剧作论》真是下了功夫的，这点我非常感谢你。你想到的，往往是我没想到的，我没想到的你却想到了，这是批评家的长处，也是他的好处。我曾经和你说过《孟子》上的一段故事，我之所以反复同你讲，齐宣王所引用的《诗经》中那两句诗："他人有心，予忖度之。"是借用它来表达他自己的心情，意思是说，我心里想的而又说不出来的，你这么一解释我就明白了。这个故事，也可以这么说，作家"有心"，批评家能够"忖度"它。我同齐宣王一样，也是借用它来表达我的心情，表达对你的感谢！

曹禺说："批评家是应该最了解和最懂得作家的，也可以说是'知心'的吧！"面对这样的"知心人"，受访者自然会谈得更深、更细、更全、更真！田本相写道："今天，曹禺先生谈话，从我主观上感觉是对我更深入地谈他的家事，特别对他家发生的事，一件一件地跟我说来，似乎是有准备这样谈的。"还有一次，田本相对曹禺说："昨天，您讲的时间太长了，今天是不是我们只谈两个小时？"曹禺说："不！……你来了，我的记忆的闸门就打开了。"由此可见，正是由于受访者感到访谈者是自己的"知心人"，访谈

---

[1] 田本相等：《苦闷的灵魂：曹禺访谈录》，江苏教育出版社2011年版，第36页。

已经不是要完成的任务，而是访谈者和被访者合作的一个有关人生经历与生命体验的作品。

访谈者需要为访谈做专门的准备，这对访谈质量有重要影响。例如，本书第一章介绍了第八次课程改革中有关知识和知识习得的"钟王之争"，访谈者就课程改革话题对某人进行访谈，如果受访者提到"钟王之争"，访谈者对此有准备——访谈前专门了解此内容或已储备此方面的信息与知识——必然有助于深化访谈内容，或者由访谈者在恰当的时机以"钟王之争"为切入点，主动提出与此相关的问题，从而将访谈引向深入。

最后，需要关注访谈内容的主观性乃至不实的问题。在澳大利亚，澳新军团参加1915年的加里波利战役被认为对澳大利亚国家意识的形成有重要作用，自20世纪20年代以来被官方予以正面宣传。汤姆森的口述史研究揭示了那些在战斗中经历过创伤和无能为力感的人如何压制其个体记忆，以与有关他们在前线忠诚、勇敢和友爱的公认描述相匹配，直至今天大多数澳大利亚人仍然接受这种描述。[①] 这是典型的个体记忆屈从于社会记忆、个体记忆受社会主流价值观影响的案例。因此，约翰·托什得出结论："我们已经看到社会记忆是如何被政治要求所塑造，由此它们经常会与历史学家所确证的对事件的认识产生分歧。"[②]此外，口述者的人格、信仰、品德、认知能力都会影响历史记忆呈现时的真实性。[③]口述者所叙述的历史记忆，对亲历事情的真实性高于亲见，亲见又高于亲闻；谈政事的真实性低于谈家事，家事低于情事，情事低于心事，至于琐事需要做综合判断。[④]

在口述史研究中，访谈者要对口述者叙述的真实性保持警惕，受访者提供的内容可能有非常强的主观色彩，这在访谈中是普遍存在的现象。这种主观性源自以下因素：（1）受访者不确切或错误的记忆；（2）受访者提供的内容本身就是其主观看法和评价；（3）受访者对敏感或高利害话题有意隐瞒或

① 定宜庄等主编：《口述史读本》，第15页。
② [英]约翰·托什：《史学导论》，吴英译，北京大学出版社2007年版，第270页。
③ 转引自董立河：《史学理论卷》，华夏出版社2017年版，第481页。
④ 王海晨：《影响口述史真实性的几个因素：以张学良口述历史为例》，《史学理论研究》2010年第2期。

给出不真实的陈述；（4）"社会称许效应"①的影响，受访者表达所谓"政治正确"的内容。

访谈内容的不实、隐瞒、扭曲既有可能是受访者有意为之，也有可能是无意所为。一方面，访谈者要在访谈前做充分的准备，尽量识别访谈内容中的不实信息，或者通过其他途径收集实证信息以形成互证；另一方面——更重要的——受访者表达了怎样主观或不实的信息？他是如何表达的？原因是什么？这些是值得研究的问题，这些信息也是有价值的，基于此我们可以更深刻地理解受访者表达的内容及其意图。

需要注意的是，针对主观或不实信息，访谈者可以委婉地追问、澄清，但访谈不是讯问，不能让受访者感觉被纠正、被评价、被批评。创设、维护一个安全、自在的氛围，让受访者能够畅所欲言是非常重要的。

访谈不一定适合所有的研究对象，特别是那些接受正规教育较少的人。有这样一个例子②：

> 美国人类学家 C.Briggs 在新墨西哥州通过访谈了解一位年长的木匠师傅的劳动技术时，对方总是无话可说。实在逼得急了，这位木匠师傅便会突然冒出一句："谁知道呢？"后来，通过与当地人交谈，他意识到，这位木匠师傅不说话是因为：（1）他不习惯用语言来描述自己的工作技艺；（2）当地的风俗习惯不允许一位年幼的人反复向一位年长的人提问题，学习应该通过观看和示范，而不是询问和说明。后来，他采取了与对方一起干木匠活的方式，结果从中发现了很多实践性知识。

研究者放弃了访谈法，而采取以参与式观察为主的方法对木匠进行研究。基于访谈获得信息主要依赖受访者的言语输出，信息的丰富性和质量（准确、清晰、形象、细致、深刻）直接受制于受访者的经验、记忆力、理解力、思考力、语言表达能力。因此，访谈时一定要根据受访者的状况，尤其是其思维和言语表达能力，设置恰当的访谈内容与访谈形式，必要时可同时使用其他研究方法，与访谈获得的信息进行整合以更好地实现研究目的。

---

① 指人们为了免受责罚、批评，或为了维护自尊、给他人留下好印象，掩饰自己的真实态度或行为，以社会、他人认可的方式做出的虚假反应。

② 陈向明：《质的研究方法与社会科学研究》，第167页。

第八章　问卷法

问卷法是一种非常有价值且常用的研究方法，通过问卷我们可以了解个体多个方面的观念与状况：

- 人口学特征：性别、职称、工作年限、家庭背景等；
- 行为模式：饮食习惯、作息时间、体育运动、人际交往、学习方法等；
- 情绪情感：高兴、喜欢、失望、惊讶、悲伤等；
- 心理状况：自我效能感、抑郁、焦虑、职业倦怠等。

利用问卷可以在短时间内收集大量数据，这是问卷法独特的优势，尤其当前普遍使用网络进行问卷调查，数据录入和初步整理也一并完成，效率非常高。研究者可以选用已被证明有较高质量的问卷，或基于一定的规范和标准自编问卷，进而利用 EXCEL、SPSS、LISREL、AMOS 等软件对数据进行处理和分析。同时，研究者和答卷者往往不会碰面，问卷的发放、回收、数据分析有标准流程与规范。这些特点使得问卷法比较容易上手，主观因素介入较少，在遵循各种规范的基础上，能够较好地保证研究质量。因为这些特点或者说优点，问卷法被普遍应用于教育研究中。

需要指出的是，通过各种统计方法和工具，我们可以对问卷数据进行极为复杂和多样的统计分析，但这也带来一个副作用：统计分析被滥用或误用的情况比较突出。基于问卷法的研究报告中充斥着数据、表格、模型、显著性检验，研究看起来"硕果累累"，散发着"高级""权威""不容置疑"的气息。正如本书第一章所分析的，教育研究实证化不是数据化，教育研究追求科学性，但它有自己的属性和特点，不能照搬乃至"强行征用"自然科学的研究范式和研究方法。数据分析"没有大脑和情感",只会根据数据的大小、分布、相关等对其特征进行描述,不知道也不关心数据背后的意义。比如,我们把问卷中的某道题换成另一个与测查目的完全无关的题目,只要该题得分与原题一样,所有的统计结论和问卷的质量参数都不会改变。因此,基于问卷法使用的现状,在正式介绍该方法前我们需要提醒读者,在问卷设计以及数据分析和解释时,一定要关注其教育意义,要充分认识问卷法的适用条件,研究应由问题和意义而不是算法和工具来驱动。

一、问卷要素

编制或使用问卷,有以下三个基本问题需要澄清。

1. 数据类型

不同的事物有不同的属性,对其进行表征的数据也有定类、定序、定距、定比四种类型。不同类型的数据对应不同的计量方式,在问卷测查中发挥不同的作用。

● 定类数据:表示事物在某种属性上的分类,仅仅是一种标志,不能做四则运算。如,对性别编码:男、女分别为1、2;对职业编码:无业、农民、个体、私企员工、事业单位职工、公务员分别为1、2、3、4、5、6。

● 定序数据:表示事物在某个有序序列中的位置,可用于区分高低、大小、优劣,不能做四则运算。例如,与不同受教育程度对应的定序数据:文盲半文盲 =1,小学 =2,初中 =3,高中 =4,大学 =5,硕士研究生 =6,博士研究生 =7。

● 定距数据:基于定距测量得到的结果,有单位,没有绝对零点,可以做加减运算不能做乘除运算。例如,温度、智商、考试成绩等。基于定距数据不仅能比较事物的优劣,还能计算事物之间差异的大小。定距数据可以转换为定序数据,如将百分制分数转换为优、良、中、差所对应的1、2、3、4,通常定序数据不能转换为定距数据。

● 定比数据,也称为"等比数据""比率数据""比例数据",是运用等比测量得到的结果。由于等比测量工具有标准单位和绝对零点，测量结果可运用加、减、乘、除等四则运算。长度、质量、教育投资等都是等比数据。

上述四种数据类型，其测度级别依次提高，等级高的数据可以兼有等级低的数据的功能，反之则不成立。

2. 题目形式

问卷的题目有两种形式：封闭式与开放式。

封闭式问题设置固定答案供答卷者选择，答案的形式包括数量（区间）、频率、情绪情感反应（如满意/不满意）、是/否判断等。

开放式问题允许答卷者根据自己的想法自由回答，例如："你对教学公开课有什么看法？""你认为当前语文教学中亟须解决的问题是什么？""你认为一个新任英语教师应具备怎样的素质？"通过开放式问题有可能获得丰富的、高质量的信息，但对答题者有很高的要求，需要其对相关领域有丰富的知识，还要有深入的思考和洞察力、良好的文字表达能力。开放式问题相当于一道论述题，不仅对答题者来说难度相当大，对答案进行编码或评分也相当复杂和困难。因此，建议在确认具备以下四个条件的基础上使用开放式问题：（1）有充分的必要性使用开放题；（2）答题者有相应的经验及思维和语言组织能力；（3）答题者有足够的耐心；（4）高质量的答案编码或评分。基于我以往的研究经验，如果不具备这些条件而在问卷中设置开放式问题，能获得的有效信息非常少，且造成问卷调查的效率大大降低。

如果确实要问开放式问题，可以选择合适的研究对象对其进行访谈，这样效果会好得多。后面有关调查式问卷的案例中有一道开放题："如果学校能满足你的一个愿望，你希望学校做什么？"这样的题目难度较小，希望获得的信息非常具体，对思维、经验、语言组织能力的要求比较低，答题者（中小学生）能够用简明的语言表达自己的想法。因此，在问卷中使用开放式题目，不能一厢情愿地设置自认为重要的问题而不考虑答题者的经验、思维水平与表达能力。

3. 题目编写

问卷法中使用的问卷有两种：一是已被证明有较高质量的问卷，二是自编问卷。本章主要对自编问卷的方法和策略进行分析。此分析也有助于我们理解问卷的结构、性质和功能。

问卷题目编写是决定整个问卷质量最关键的因素，好的问卷题目具有以下几个特征[①]：（1）有效。每个题目都应指向明确的目的，反映一定的意图，能够有效地测查出想要测查的内容。（2）清晰无歧义。所有回答者应当以一致的方式理解题目，这种理解也应与问卷编制者的意图准确匹配。（3）配置充分、合理。问卷由相当数量的题目构成，这些题目之间存在关联，相互配合以实现问卷测查目标。尤其是量表式问卷，往往包含若干维度，问卷题目分属于不同的维度，有明确的结构特征。

例如，"在过去一周里你有几天晚上写作业超过 23 点？"对于这个问题，我们要澄清以下内容：

- 这个问题的目的是什么，是要了解作业数量、睡眠时间、学业负荷吗？
- 为什么选择 23 点这个时间？有已有研究的支持吗？此作息时间适用于所有年龄段的学生吗？
- 问题关注的是客观负担（作业时长），是否还要了解学生的主观负担？
- 在一个学期的不同阶段，作业量可能不同，调查最近一周的作业时间是否有特定目的？
- 作业是指老师布置的任务，还是包括其他学习任务？（如果只是前者，显然不能表征真正的学习负荷）

只有澄清这些内容，我们才能明确这道题的意图，才能判断其是否有效地"击中"测查目标。再如，在教育研究的问卷调查中，父母的社会经济地位（socioeconomic status，SES）是一个极为重要的背景信息，一般认为由职

---

① 参见［美］福勒：《调查问卷的设计与评估》，蒋逸民等译，重庆大学出版社 2010 年版，第 2—3 页。

业、教育水平和收入构成。获得有关 SES 的信息，我们需要澄清以下问题：

- 职业该怎么划分？（职业种类极为多样且很多职业不易分类）
- 收入如何计算？（收入可能是不稳定的，还可能存在隐性收入）
- 教育水平是否只考虑学历？（当前存在很多类型的成人教育，同一学历的"含金量"可能不同）

如果要编写有关 SES 的题目，一定要观照和辨析其理论基础和相关概念，并对这些具体问题进行细致的考量。由上述两例可见，问卷要以一定的理论框架为基础，有明确的测查目标，其中的每一道题都应符合问卷的理论框架，都应为实现测查目的服务。

问卷题目的质量不仅取决于题目编写者怎么编，还取决于答题者怎么答，题目编写者要站在答题者的立场，从以下几个方面考虑题目的内容与形式：

● 答题者的思维能力和认知水平。注意题目表述的概括与抽象程度，使答题者能够完全、充分、不偏不倚地理解题目含义。如用于低年级学生的问卷题目要避免过于抽象的表达，可以用图画表现某种情境，用图形如笑脸、哭脸作为答案的选项等。

● 答题者的经验。题目设定的情境对答题者来说应当是熟悉的、有针对性的。如测查师生关系，中学生和大学生师生互动的情境与内容是不同的，为此所编制的题目自然也应有所区别。

● 答题的难度。和考试一样，有些问卷题目也有难度，如要求答题者回忆、理解、计算、想象、模拟等。题目编制者要充分认识到这些困难的存在，在保证题目有效性的前提下降低答题的难度，或者优化题目内容与形式以给予答题者有效的支持，如对抽象概念进行解释，提供标志性时间和地点帮助被试进行回忆，只让被试陈述事实、研究者对其答案进行整合与计算，等等。

● 答题时的压力。如上一章所分析的，受访者会因为面对敏感、隐私的内容，或因为社会规范与社会期许而隐瞒或扭曲自己的想法，这种情况在被试回答问卷问题时同样存在。有研究者曾经问美国的白人"是否有亲密的黑人朋友"时，回答"有"的占 42.1%，可是，若请被试写下亲密的黑人朋友的名字时，只有 6% 的白人能写出来。[①] 这反映白人答题者很有可能面临"政治正确"的压力——他们"必须"承认自己有黑人朋友。对此，一方面要强调问卷答案会完全保密，或采用不记名问卷；另一方面可对题目进行调整以减轻答题者的压力和防御心理。例如，想要调查图书馆的利用率，如果问被试："你有市（区）图书馆的借书证吗？"或"你最近 6 个月从市（区）图书馆借书吗？"有些被试会感觉这是对他们社会形象的挑战——没有借书证、不从图书馆借书看意味着自己是一个不读书的人。我们可将题目改为："许多人从图书馆借书，其他人则自己买书或从网络上获取阅读资料，你有市（区）图书馆的借书证吗？"这样做能够降低题目可能对被试自尊心造成的威胁，从而获得真实有效的答案。

二、调查式问卷

依据形态与功能，可将问卷分为调查式问卷与量表式问卷，它们的施测目的、题目形式、结果分析都有所不同。调查式问卷中的单个题目为提供信息的基本单位，不强调题目之间的关系，对答案的统计以每道题为单位，多用于了解相对独立的"颗粒状"信息。题目的形式和答案可以是多样化的，包括数量、频率、评价、开放式回答等。

我曾对某区四、八年级学生实施问卷调查：包括是否喜欢上学和学习、对各学科的态度、学习负荷、对教师的看法、自信与自尊、同伴关系等。问卷中的部分题目如下所示：

你喜欢上学吗？

    A. 不喜欢   B. 有时喜欢，有时不喜欢   C. 喜欢

你觉得学习累吗？

---

① ［美］理查德·谢弗：《社会学与生活（第 9 版）》，刘鹤群等译，世界图书出版公司 2006 年版，第 44 页。

A. 累得要受不了了　　B. 累，但还可以承受　　　C. 不累

你平时参加体育活动吗?

A. 从不　　　　　　　B. 偶尔　　　　　　　　C. 经常

老师喜欢你吗?

A. 所有老师都喜欢我　　　B. 多数老师喜欢我

C. 少数老师喜欢我　　　　D. 没有老师喜欢我

你喜欢哪些课?

A. 英语　　　B. 语文　　　C. 品德　　　D. 综合实践

E. 数学　　　F. 信息　　　G. 体育　　　H. 音乐

I. 美术　　　J. 科学　　　K. 物理　　　L. 历史

M. 地理　　　N. 生物

你早上起床时间 _____ 晚上睡觉时间 _____ 中午睡觉时间 _____ （没有写"无"）

如果学校能满足你的一个愿望，你希望学校做什么?

这些题目各自相对独立，对每道题的答案进行数量或比例的统计，可以了解学生的生活状态、学校环境、师生关系等。需要指出的是，由于当前对数字、变量、参数、模型、假设检验等统计分析的崇拜和痴迷（这些需要应用量表式问卷才能完成），调查式问卷被认为没有技术含量——无法对问卷数据进行更复杂的运算——而不被重视，基于调查式问卷测查写出的论文几乎不可能发表在高水平学术杂志上。不得不说这是一种偏见，很多时候问卷也被称为"调查问卷"，有些研究方法的著作中还有专门的"调查法"，其核心工具就是调查式问卷。事实上，只要问卷题目质量足够高，调查式问卷中的每道题都可以收集到有价值的信息，都能为了解研究对象提供有价值的参考。

以上述问卷中"学生喜欢哪些课"这一问题为例，下表是小学四年级的调查结果：

	体育	信息	语文	数学	英语	音乐	美术	科学	品德	综合实践
A 区	83%	82%	85%	80%	73%	71%	68%	58%	48%	26%
B 区	79%	82%	76%	77%	65%	65%	66%	59%	51%	45%
C 区	84%	68%	68%	57%	69%	52%	59%	63%	44%	42%
D 区	87%	90%	87%	83%	82%	77%	73%	61%	61%	49%
E 区	84%	74%	78%	75%	66%	65%	75%	57%	57%	24%
平均	85%	84%	83%	80%	75%	72%	71%	59%	55%	38%

由调查结果可见，小学生喜欢体育、信息、语文、数学课的比例超过80%，而喜欢科学、品德和综合实践的比例均不足60%，喜欢综合实践课的比例最低，只有38%。

下表是中学八年级的情况（只列出学生喜欢的比例高于70%和低于60%的学科）：

	体育	语文	物理	数学		信息	生物	综合实践	地理	科学
A 区	87%	79%	79%	77%		61%	56%	46%	49%	46%
B 区	83%	66%	59%	64%		59%	48%	44%	32%	34%
C 区	66%	64%	64%	61%		56%	50%	46%	33%	40%
D 区	84%	72%	69%	68%		59%	53%	44%	47%	40%
E 区	73%	72%	75%	71%		58%	47%	43%	40%	40%
平均	82%	73%	71%	70%		59%	52%	45%	44%	41%

在中学，学生喜欢体育、语文、物理、数学课的比例超过70%，而喜欢信息、生物、综合实践、地理和科学的不足60%，喜欢科学课的只有41%。学生喜欢音乐、历史、英语、品德、美术的比例分别为68%、65%、65%、63%、61%（表格中未出现这几个学科）。

仅仅一个问题，就获得了非常丰富和深刻的信息，从一个方面体现了课程质量的现状，其中有很多值得思考的现象：

- 为什么有些学科被学生喜欢的比例那么低？哪些因素——如教师、教学、资源、政策——造成这样的现象？
- 小学和初中相比，有些学科被学生喜欢的比例有明显差异，原因是什么？
- 语文、数学作为所谓的"主科"，相对而言负担重、压力大，但学生喜欢的比例在小学、初中均较高，原因是什么？很多所谓的"副科"比较轻松，也没有考试压力，学生喜欢的比例很低，原因又是什么？
- 有的区多学科表现出相对优势，有的区则表现相对劣势，原因是什么？
- 学生喜欢的学科其成绩或教学质量怎么样，二者存在怎样的关系？

总之，调查式问卷呈现较原始、较少加工的信息，简单、鲜明、直接地反映研究对象的状况，从中得到的诸多信息可以为进一步的研究提供基础和方向，这种方法值得被给予更多的重视。

三、量表式问卷

量表式问卷，简单理解就是"像量表那样的问卷"。教育研究中的量表是对某些抽象概念的一个复合量尺，社会科学中许多研究对象——如智商、数学素养、师生关系、创新精神——往往涉及包含多变量（multi-variable）的理论架构（construct），为了对其进行测量，研究者必须发展出一组有效的指标，这一组指标的组合即构成量表。[①]

量表的形式有很多，最常用的是利克特式量表（Likert scale），瑟斯顿式量表（Thurstone scale），古特曼式量表（Guttman scale），斯塔普式量表（Stapel scale）等。读者可参考专门的资料以了解不同类型量表的形式、特

---

① ［美］米歇尔·L·伯克等：《社会科学研究方法百科全书（第3卷）》，沈崇麟等译，重庆大学出版社2017年版，第1213页。

点、适用情境、编制过程等。①下面我们分析如何编制最普遍使用的利克特式量表。

1932 年，利克特（Rensis Likert）发明了评分加总量表的基本型，所以评分加总量表也被称为利克特式量表。评分加总量表被广泛应用于测量人们的态度、观点、个性、心理状态以及人们对其生活和环境的描述。该量表最常见和典型的形式是：量表由一组陈述组成，每一陈述有"非常同意""同意""不一定""不同意""非常不同意"五种回答，分别记分 5、4、3、2、1，将各题得分累加即可得到被试在某个维度或整个量表上的得分。利克特式量表的编制包括明确概念架构、编写题目、因素分析，以及信、效度分析等四个步骤。

1. 明确概念架构

很多教育测量的对象是一个复杂而抽象的概念，如数学素养、亲子关系、教师的育人理念等。要想设计一个量表对其进行有效测量，必须对这个概念进行定义和描述，即澄清测量对象的概念架构。

抽象概念往往由多个子维度组成，各子维度的内涵及维度间的关系有明确的理论基础。编制量表时，每个子维度对应一个子量表，每个子量表下面有若干题目。子维度内各题得分往往要进行累加，维度内题目之间以及维度之间一般来说有中等程度的相关。

编制量表首先要明确其概念架构，这是编制题目的基础，每道题都应当反映量表中各级概念的内涵。下面我们来看一个例子。我在"学生对教师评价行为知觉的研究"中，编制了《教师评价行为量表》②，在对核心概念进行综述、辨析的基础上，教师评价行为被分解为"操作要素"和"基础要素"两个维度，每个维度下各有三项子维度，如下表所示：

① [美]罗伯特·F·德威利斯：《量表编制：理论与应用（第3版）》，杜珏译，重庆大学出版社 2016 年版；亦可参见 [美] 保罗·E·斯佩克特《评分加总量表构建导论》，李兰译，格致出版社 2017 年版；蒋剑辉：《民意测验与社会测量：现代社会研究科学方法》，中国物价出版社 2002 年版。
② 赵希斌：《中小学生对教师评价行为的知觉及与其心理发展关系的研究》，北京师范大学 2003 年博士学位论文。

维度	子维度	含义
教师评价行为	操作要素 — 明确目标	提醒学生清晰把握学习目标，明确努力方向。如"老师经常提醒我们学习的目标和重点是什么"。
	操作要素 — 收集信息	及时关注学生学习状况，收集有关学习的相关信息。如"老师经常了解我的学习中有什么问题和困难"。
	操作要素 — 反馈改进	教师给予学生明确的改进建议。如"老师发现我学习有什么问题会及时指出来"。
	基础要素 — 期望激励	教师给予学生期望、支持和激励。如"如果我没有考好，老师会热情鼓励我"。
	基础要素 — 沟通理解	教师理解学生，师生间有积极、有效的交流。如"老师经常倾听我的想法"。
	基础要素 — 关注过程	教师关注学生学习状态和学习过程，及时发现影响学生学习的因素。如"老师很关心我平时学习中的学习兴趣和学习态度"。

在这个概念架构中，"明确目标""收集信息""反馈改进""期望激励""沟通理解""关注过程"可称为"观测变量"，即可以基于对现象、行为的观察和测量进行表征的变量。"操作要素"和"基础要素"可称为"潜变量"，它们无法直接观察和测量，只能通过理论基础和"观测变量"的状况（测量数值）间接推论。"操作要素"中的三个方面直接指向具体的评价行为，而"基础要素"的指向更为宽泛。教师评价的对象不是机器，发现有问题只要进行调整修正就可以了；学生对教师评价行为的知觉也不只是目标、任务和结论，其中的情感因素和师生互动不容忽视，这是"基础要素"的价值及其存在的必要性。概言之，"基础要素"是"操作要素"顺利实施的保障和基础，而"操作要素"是"基础要素"的重要载体；前者让学生感受到教师对他们的期望、激励、关怀和理解，焕发学习的动力，后者让学生获得及时的反馈和建议，明确发展和改进的方向。

由此例可见，抽象概念结构化的同时，测量对象被具体化、行为化，从而为题目编写创造了条件。在本书第四章及后面的信、效度分析，我们都提到评价问卷有效性的一种效度——"构想效度"，其关键就是建立有关测查目标核心概念的理论架构，在此基础上评价问卷测查内容在多大程度上符合该理论架构。概念结构化建立在已有理论的基础上，这是文献综述阶段要完成的一项重要工作；同时，对于一个新编制的量表，基于测量数据证明这个量表有好的构想效度，则从实证的角度验证了概念架构的合理性。

2. 编写题目

在测量概念结构化、具体化的基础上，可依据各维度的内涵编写题目。对利克特式量表来说，每个题目由两部分构成：题干和选项。题干有两种形式，比较常见的是对事实、行为、情绪情感、观点、评价等的陈述，如"学校图书馆的资料非常丰富""这一个月以来我经常感觉焦虑"；还有一种是题干与选项共同构成完整的陈述，如题干是"学校图书馆的资料"，选项是"非常丰富，比较丰富，不够丰富，相当贫乏"。

问卷题目编写可从以下五个方面入手：

一是内涵与外延。

编制题目最根本的依据是问卷各维度核心概念的内涵，而题目往往是可观测的外显行为的描述，它事实上是问卷核心概念的外延。因此，在明确问卷各维度核心概念内涵的基础上，将其外延作为题目的基本素材，这是编制题目的基本方法。例如，我在编制上述《教师评价行为量表》时，在"明确目标"维度编写了如下题目（题干）：

- 老师经常提醒我们学习的目标和重点是什么。
- 每节课老师会提出学习的目标和重点。
- 老师把一个大的学习目标清楚地分成几个方面。
- 老师告诉我们所布置的作业是为了巩固哪些学习内容。
- 老师布置作业时有明确的要求。
- 老师用优秀的作业给我们做示范。

这些题目即是"明确目标"这一维度核心概念的外延。要注意的是，一个事物的外延可能非常多，不能"眉毛胡子一把抓"，要根据各维度核心概念的内涵进行分类。"明确目标"维度的题目即围绕着总体教学、每节课的教学、目标分解、作业布置及反馈等方面进行编制。再如，学生的"学习状态"可以从"学习态度""学习方法""学习适应性"三个方面着手编写题目。

二是程度强与弱。

事物在某方面的表现有显与晦、强与弱的不同。例如，职业倦怠一般包括"消极情感""去人格化""低成就感"三个方面。如果编写"消极情感"维度内的题目，"工作时情绪低落"与"工作时感到心灰意冷"相比，后者的消极程度更明显。编写题目时可考虑匹配强弱程度不同的题目，这类似于试卷中匹配难度不同的试题，有助于提高测查的准确性和有效性。

三是概括与具体。

对事物的描述和评价有不同的概括性，如"我对迄今为止的研究生生活很满意"，这是一个相当概括的描述；"我对研究生课程的授课质量相当满意"，则是一个比较具体的描述。题目编制者要根据问卷测查的目的、测查内容本身的概括程度、答题者的理解力等因素确定题目是概括还是具体，这实际上也是处理好题目内容点与面、宏观与微观的关系。

四是表与里。

事物有现象和本质即表与里两个层面，问卷题目可朝向现象，也可朝向现象的本质。如"被动完成导师交给的任务"是现象层面的，而"我失去了学习的动力和目标"是本质层面的。

五是因与果。

编写题目时可考虑朝向事物的"因"，或朝向事物的"果"。如编制测查学生学习适应性的题目，可以朝向影响学习适应性的"因"——"论文发表任务给我的压力很大"；也可以朝向学习适应性的"果"——"我能积极主动地投入论文发表工作中"。

在实际的问卷题目编制工作中，要依据问卷的目的、内容、题量等统筹考虑使用哪种题目编写的形式，也有可能混合使用上述方式。

编写问卷题目时，参考已有被证明有较高信、效度的问卷很有必要。例如，有研究者在编制《大学生学习适应性问卷》时，先梳理了已有的学习适应性问卷，如下表所示 ①：

已有量表	学习适应性结构（维度）
陈英豪等：《学习适应量表》（台北心理出版有限公司 1991 年版）	学习方法、学习习惯、学习态度、学习环境、心身适应
周步成等：《学习适应性测验（AAT）》（1991 年版）	学习热情、有计划地学习、听课方法、读书和笔记的方法、记忆和思考的方法、应试的方法、学习环境、性格、身心健康
冯廷勇等：《当代大学生学习适应的初步研究》（《心理学探新》2002 年第 1 期）；冯廷勇等：《大学生学习适应量表的编制》，（《心理学报》2006 年第 5 期）	学习动机、学习能力、环境因素、教学模式、社交活动
王滔：《大学生心理素质结构及其发展特点的研究》（西南师范大学 2002 年硕士学位论文）	学习的动力性、计划性和方法性
L. Simon，R. Roland：Test of reaction and adaptation in college（TRAC）：A new measure of learning propensity for college students.（Journal of Education Psychology，1995）.	学习信念（belief）、学习情感（emotion）、学习行为（behavior）三个维度，包括害怕失败、考试焦虑、考试准备、注意质量、同伴帮助、求助教师、学习优先、有效的学习方法、学习容易度等九个因素

对已有测查工具的梳理事实上也是文献综述中的一项工作，能为问卷编制提供参考，我们不仅可以从中借鉴具体的问卷题目，而且已有研究的理论框架和研究结论也是非常重要的参考。

编写问卷题目还需要集思广益，征求各方意见，尤其是利害相关者和专业人士。例如，编制《大学生学习适应性》问卷，有必要征求大学教师、教育行政与学生工作人员、学生本人及该领域专家的看法，请他们从各自视角写出与学习适应性相关的行为表现。例如，研究者首先使用开放式问卷征求大学生对学习适应性的看法，包括：（1）您怎样看待大学的学习（关于学习内容、学习方法、学习环境等）？（2）您认为自己是否适应大学的学习生活？哪些方面适应较好？哪些方面适应较差？（3）您认为读大学以来，自己

---

① 张大均：《当代中国青少年心理问题及教育对策》，四川教育出版社 2010 年版，第 366–367 页。

在学习方面有哪些变化？（4）哪些因素的不适应会对您的学习产生影响？

要保证问卷的信度和效度，整个问卷及其中每个维度的题目数量都有一定的要求。总的说来，核心概念越复杂，包含的层次和面向越多，需要的题目数量也越多。从测量的角度来看，被试回答每道题，都有可能出现随机误差，而增加被试人数和增加题目数量，都是抵消随机误差的手段，有助于提高问卷测查的信度。

上面我们分析的是如何编制问卷题目的题干，下面分析如何设置题目的选项。问卷题目的选项有三种常见的形式：同意式、评价式和频率（次）式，如下表所示：

同意式选项	我喜欢学校 非常同意　同意　不确定　不同意　非常不同意
评价式选项	学校的图书馆 非常好　好　一般　不好　非常不好
频率（次）式选项	数学老师能注意到我学习中的困难 　总是　经常　有时　偶尔　从不 因为赶作业而熬夜 　没有　一周1次　一周2-3次　一周3次以上

同意式和评价式选项有两种计分方式：单向计分和双向计分。单向计分从 0 到较大的数值，双向计分有正值、负值和 0。例如，对于"非常同意""同意""不确定""不同意""非常不同意"五个选项，单向计分则为 1、2、3、4、5，双向计分则为 –2、–1、0、1、2。双向计分有一个好处，不仅能表现程度的差异，还能表现性质的不同。

有些题干是正向表述，如"我喜欢上学"，有些是反向表述，如"我不喜欢体育课"。在同一份问卷中，这两种表述的答案往往是一样的，如都是"非常同意""同意""不确定""不同意""非常不同意"。对题目得分进行累加时，正向题的计分是 5、4、3、2、1，反向题则需要进行反向计分，即选择上述 5 个答案将分别被计为 1、2、3、4、5。

"我喜欢学校"的反向表述是"我不喜欢学校"，答题者对此如果选择"非常不同意"，只是说明其完全不认为自己"不喜欢学校"，但这不表示他一定喜欢学校。因此，正向题的正向回答与反向题的反向回答很有可能并不等价。编制题目时选用正向还是反向题，关键还是要依据测查内容的内涵和性质，如研究职业倦怠，这本身就是一个消极状态，可能负面的描述占大多数，而如果想要了解对工作的投入，正面描述的题目就要多一些。

在问卷中设置反向题还有一个作用：鉴别无效问卷。在以正向题为主的问卷中设置几道反向题，如果答题者随便选择答案，既在"我喜欢学校"下面选"非常同意"，又在"我不喜欢学校"或"我不想去学校"下面选择"非常同意"，这二者显然是矛盾的，如果发现若干道正、反向题的答案都出现矛盾，则可考虑将该答卷视作无效问卷。

问卷要有一个答卷指南，其内容包括：对答卷者致谢；说明问卷施测目的；简单介绍问卷内容；说明匿名还是具名（如果不做个案追踪，建议匿名）；强调答案将被严格保密；强调答案没有对错之分，根据自己的真实情况和真实想法作答；如有必要，对答案的选择做出简单说明，如"同意""评价""频数（率）"等答案其内涵是怎样的，几个不同的答案有怎样的区别。

3.探索性和验证性因素分析

经过上述步骤，一个完整的问卷已经编制好了。为了检验问卷质量并对其进行完善，还要对问卷进行试测，并基于测试结果进行因素分析，为评价和优化问卷的信、效度提供依据。[①]

如果研究者在问卷试测前，并未对问卷的结构有明确的预期，可基于探索性因素分析（exploratory factor analysis，EFA）的提示确定问卷结构。探索性因素分析的重要作用在于：从诸多因素中提取几个更上位的因素，为确定问卷维度及其包含哪些题目提供参考。例如，某校对 30 名学生实施 12 个心理分量表的测验，包括短时记忆、长时记忆、常识、阅读、计算、空间想象、逻辑、拼图、译码、注意、装配、动作协调。对测验分数进行探索性因素分析，结果提示 12 个分量表分别属于四个主要因素：第一个因素与短时

---

① 量表式问卷编制及其质量控制的具体操作可参见房蕊：《青少年自主健身行为概念模型建构与量表研制》，山东人民出版社 2013 年版。

记忆、长时记忆和译码密切相关，根据经验，该因素是记忆方面的能力；第二个因素主要与常识、阅读和注意密切相关，可能是学习方面的能力；第三个因素与拼图、装配和动作协调有关，可看作操作方面的能力；第四个因素主要与计算、空间想象和逻辑有关，体现的是数理思维能力。[①] 如前所述，这四个因素被称为潜变量，无法直接测量，可用初步设计的问卷进行测试，然后基于探索性因素分析尝试发现量表的（潜在）结构、维度。

如果研究者在问卷施测前即提出问卷结构的假设，就可以运用验证性因素分析（confirmatory factor analysis，CFA）对假设进行验证。该假设包括两方面：一是问卷包含哪些变量（维度），包括观测变量（显变量）和潜变量；二是这些变量间的关系是怎样的。下图即是一个最简单的结构模型：

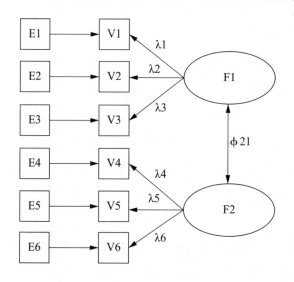

该模型中 V1、V2、V3 和 V4、V5、V6 是观测变量（显变量），它们的测量结果合成了 F1 与 F2 两个潜变量，E1～E6 是 6 个观测变量的测量误差，$\lambda 1 ～ \lambda 6$ 和 $\Phi21$ 是路径系数。与此假设结构模型对应的是结构方程模型（structure equation modeling，SEM），基于 LISREL、SIMPLIS、Amos、Mplus、R 等专门的软件，我们可以对结构（方程）模型进行验证以判断其合理性，并且对模型中的有关参数进行估计，这为我们明确问卷的变量及变

① 邵志芳:《心理统计学（第 3 版）》，中国轻工业出版社 2017 年版，第 382–386 页。

量关系提供了基于统计分析的参考。[1]

需要指出的是，无论是探索性因素分析还是验证性因素分析，都只是基于数据特征形成的推断，提示某些变量的存在或变量间的关系是"可接受的"，即"从数据特征来看"某种有关变量或变量关系的假设是"不坏的"。某种意义上这是形成某种结论或假设得到验证的必要而非充分条件。因素分析可以为问卷可能存在的变量及变量关系提供参考，但就像我们前面提到的，只要数据相同，即使换上完全不相干的题目，统计分析也会给出相同的结论。因此，最终是否接受因素分析所提供的证据和"建议"，还要审视问卷中的题目，以及所提出的假设是否有理论支撑，还有以往的研究是否支持该假设。

4. 信、效度分析

判断研究质量有两个关键指标：信度和效度。对于问卷测查来说，信度是问卷测查的稳定性和一致性，效度则是问卷测查的真实性和有效性，即问卷在多大程度上真正测出研究对象的某种属性。用一台秤称体重，每次结果都明显不一致，那么这台秤的测量信度较差；另外一台秤，每次给出的结果一致性很高，但都比实际体重多2公斤（用另一台被证明更精确的秤验证），那么这台秤的测量信度是高的，但其效度不好，没能有效测出事物真实的属性。这就像一个作文评分者，其评分总是明显低于其他评分者的给分，其评分稳定、可预期，信度是高的，但其评分的效度不高。问卷的信度不高，效度一定不高；问卷的信度高，效度不一定高。

一个问卷往往有相当数量的题目，都用于测查同一个内容，只不过被分为几个相关的维度。答题者回答整份问卷，相当于做了若干道相关的题目，因此这些题目的得分之间应有比较明确的正相关[2]。基于此，我们可以通过计算问卷题目的相关系数来判断其信度，常用的主要有三种方式：再测信度、

---

① 参见邱皓政等：《结构方程模型的原理与应用（第2版）》，中国轻工业出版社2019年版。
② 相关指每个测量点上两列数据的一致性程度。相关系数的取值在1（完全正相关）和−1（完全负相关）之间变化，0表示没有相关。

折半信度、内部一致性。

● 再测信度。问卷测查后过一段时间请同一组被试再测一次，计算其两次得分的相关系数，相关系数越高，问卷的信度也越高。需要注意的是，个体在态度、情感、评价、认知等方面的反应往往随时间会发生变化。例如，通过问卷测查人们对高考招生政策的感受与评价，首次测查后某地施行了有争议的新政策，再次施测时被试的态度可能发生很大变化，从而造成两次测查分数的相关明显降低。

● 折半信度。将问卷题目按奇数题和偶数题分成"两套"试卷，计算它们得分的相关系数，再利用斯皮尔曼—布朗公式计算被校正的折半信度。折半信度可以看作是再测信度的变式，相当于在同一时间实施了"两套"问卷测查。折半信度检验基于一个假设：问卷中的所有题目用于测量同一个内容，它们"应当"具有明显的相关，分半后的"两套"题目也应具有明显的相关。需要指出的是，收集事实信息的题目（如年龄、性别、收入等）无法两两计算相关，计算折半信度时应排除这些题目。

● 内部一致性。这是指问卷中某个维度内题目的一致性，各题目得分相关系数高，则该维度的内部一致性也高。克隆巴赫 α 系数是被普遍使用的检验内部一致性的指标，其计算公式为 $\alpha = \frac{K}{K-1}\left(1 - \frac{\sum S_i^2}{S_x^2}\right)$，式中 K 为测验的题目数，S_i^2 为某一题目的方差，S_x^2 为测验总分的方差。一般说来，内部一致性系数大于 0.7 表明量表的可靠性较高；在探索性研究中，内部一致性系数可以小于 0.7，但应大于 0.6。SPSS 统计软件中有专门的功能，不仅能计算问卷某个维度的克隆巴赫 α 系数，还能够分析每道题目对内部一致性的"贡献"（可能是正向也可能是负向），从而为题目的筛选提供证据。例如，在一个研究中，某个维度有 4 道题，施测后利用 SPSS 对此维度的克隆巴赫 α 系数进行计算，在统计时选择 Scale if item deleted（将项目从量表中移除），结果如下表所示 [1]：

① [美] 迪米特洛夫：《心理与教育中高级研究方法与数据分析：从研究设计到 SPSS》，王爱民等译，中国轻工业出版社 2015 年版，第 23–24 页。

Reliability Statistics

Cronbach`s Alpha	N of Item
.775	4

Item–Total Statistics

	Corrected Item–Total Correlation	Cronbach's Alpha if Item Deleted
Q1：准备时间不足	.715	.650
Q2：设备不足	.820	.567
Q3：课时不足	.689	.681
Q4：课程设计相关知识不足	.225	.849

Item- Total Statistics（题目—总体统计）表格中有两列数据：Corrected Item- Total Correlation（校正的题目—总体相关），显示问卷中某题目的得分和总分之间的相关；Cronbach's Alpha if Item Deleted（题目删除后的克隆巴赫 α 系数）显示删除某题后克隆巴赫 α 系数的值。在这个案例中，题目 Q4 与总分相关为 0.225，明显低于其他题目与总分的相关，该题删除后克隆巴赫 α 系数由 0.775 升高至 0.849。这提示该题目的存在损害了其所在维度的内部一致性，应删除或修改此题目。

综上所述，再测信度、折半信度、内部一致性是衡量问卷信度的重要指标，我们在编制、应用问卷时应对此给予高度重视。我曾作答过一个问卷，由于题目非常繁琐，其中很多抽象概念让人费解，很多题目无从下手，只能从几个答案中随便选一个，这样的问卷再测信度、折半信度、内部一致性一定都很低。因此，信度检验可为我们判断问卷题目质量提供有价值的参考，当其提示问卷、维度、题目的信度不高时，我们要回过头来审查所编制的题目是否有问题。

例如，我曾指导一线教研员编制《教师职业倦怠问卷》，其中"疏离感"维度里有一道题："下班后接到单位领导或同事的电话非常反感。"试测后计算该维度的克隆巴赫 α 系数，发现该题得分与维度内其他题目得分相关系数极低，而且去掉该题目后，"疏离感"维度的克隆巴赫 α 系数有较明显提高。我和老师们仔细分析这道题，发现下班后不想接单位领导与同事电话是"人之常情"，工作和生活之间有适当的区隔，这是大部分教师正常的诉求和愿望，与职业倦怠的状况关系不大。因此，可考虑将此题删除或改编。

量表式问卷的一个重要功能是"量"，对于大部分量表式问卷来说，如果被试在某个方面的状况存在差异，问卷中的题目应当能够将此差异"量"出来，这意味着问卷题目要有区分度。例如，测查师生关系的问卷，施测后应当可以把师生关系好或差的被试区分开来，即师生关系好与差的被试的问卷得分应当有较明显的差异。上述案例中，"下班后不想接电话"这道题区分度肯定不高，因为被试在该题目的得分与问卷的总得分相关很小，这意味着它不能把职业倦怠高或低的被试区分开来。

计算题目区分度主要有两种方法：一是计算每道题得分与问卷总分的相关，相关系数越大，题目的区分度越高；二是根据被试在整个问卷上的得分由高到低排序，前 27% 和后 27% 的被试分别为高分组和低分组，然后计算这两组被试在每道题目上得分率的差值，差值越大，区分度越高。

如前所述，衡量问卷质量的关键指标有两个，一个是信度，另一个是效度，前者是后者必要而不充分的条件。某种意义上，效度这个指标更为关键，如果问卷的效度不高，无论它的信度有多高都是没有意义的。本书第四章分析了衡量、评价研究有效性的三种效度：内容效度、构想效度和效标关联效度，这三种效度同样适用于对问卷有效性的评价。上述验证性因素分析，也可看作是一种基于数据分析的对问卷构想效度的验证和评价。

四、问卷数据分析

对基于问卷测查获得的信息进行深入分析非常重要，高质量的分析能让我们更全面、更深入地认识测查对象的状况。总的说来，对于问卷所收集的信息有两种处理方式：质性分析和量化分析，前者用于对基于开放性问题获得的信息进行分析，后者则用于对基于计分式题目得到的量化数据进行分析。质性分析方法参见本书第六章的"内容分析"。下面介绍三类常用的问卷数据量化分析：单变量描述统计、相关与回归分析、均值估计与差异检验。

1. 单变量描述统计

"变量"这个概念源自数学和计算机科学，实验研究中也必须用到这个概念，其基本含义是在数量上会变化的事物。在问卷测查中，被试在一个题目、一个维度、整个问卷上都会有得分，且不同的被试会有不同的得分，题目、维度、问卷都可以看作是变量。以前述"学生对教师评价行为知觉的研究"为例，学生在一个题目——"老师把一个大的学习目标清楚地分成几个方面"——上的得分，在该题目所属"明确目标"维度上的得分，在由"明确目标""收集信息""反馈改进"等合成的"操作要素"上以及整个问卷的得分，都可以作为单变量进行描述统计。

常用的单变量描述统计主要有以下几种：

- 集中量。描述数据的总体状况、典型水平、集中趋势，包括算术平均数、加权平均数、中位数、众数等。

- 差异量。描述数据的离散程度，是个体间差异和群体间差异的重要指标，包括全距、平均差、方差、标准差、差异系数等。

- 地位量。描述特定数据在全体数据中所处的地位（位置），包括百分位数和百分等级。

- 偏态量和峰态量。前者描述数据分布偏离正态的程度，后者描述数据分布高低宽窄的程度。

上述统计分析基于数据特征，从不同角度反映了被试在某个方面的基本状况。例如，A、B 两班数学成绩平均分都是 75，但二者分数离散程度存在明显差异，标准差分别为 5 分和 10 分，显然 A 班学生在数学学科上的表现比 B 班更均衡，后者可能呈现更明显的两极分化。

再如，某校学生在师生关系问卷上的得分呈"双峰分布"，即有几个班的平均分很高且得分接近，同时也有几个班平均分很低且得分接近。该校平均分很可能与其所在区的总体平均分差异不大，如果只用平均分对该校师生关系的状况进行描述，就会忽视"双峰分布"提示的一所学校存在两种截然不同的师生关系的生态。而这无疑是一个重要的信息，提示我们探察造成这种现象的原因。如果某校大量班级师生关系不佳，同时也有少数班级师生关系特别好，该校师生关系上的得分呈明显偏态，这种现象很像当前被人们调侃的"收入被平均"——少数富豪与大量普通人的收入累加后计算均值，这显然不能反映人们普遍的收入状况（这种情况用中位数更恰当）。因此，某校师生关系测查得分呈明显偏态是一个值得关注的统计信息，应探究为什么该校大量班级出现师生关系不佳的状况，同时也可以对少数师生关系很好的班级进行个案研究，分析这种现象的原因。

总的说来，对某个变量进行描述统计时，我们建议同时使用多种统计方法以准确、全面地反映研究对象的状况与特点。下面介绍的箱形图（box-plot，又称为盒式图或箱线图，可以在 SPSS 软件中方便地做出来），是一个综合性的、能提供丰富信息的单变量描述统计，它能显示出一组数据的最大值、最小值、中位数及上下四分位数（如下图所示）：

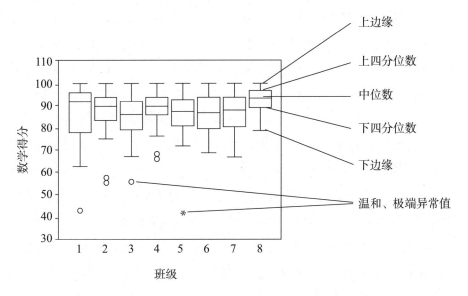

图中的参数包括：下四分位数（Q1）；上四分位数（Q3）；IQR——四分位距（Q3-Q1）；Q3+1.5IQR 和 Q1-1.5IQR 之外的值是温和异常值，用"o"标示；Q3+3IQR 和 Q1-3IQR 之外的值是极端异常值，用"*"标示；上下边缘分别为除去异常值后的最大和最小值。

在单变量描述统计中，有多种数据统计及呈现方式值得关注，包括正态分布、标准差、标准分、Z 分数、"六西格玛""标准九"等。它们是理解数据特征、对数据表征的研究对象的状况进行解读的重要依据，对于判断研究对象在群体中的位置及研究对象之间差异的大小尤为重要。建议读者参考专门的统计学资料以理解这些概念的内涵及应用。

2. 相关与回归分析

在现实教育教学中，任何一个现象往往都是多种因素交互作用的结果，很多时候我们需要关注多个变量的关系及其相互作用。变量间的关系有两种：（1）因果关系，即 A 现象是 B 现象的原因，B 现象是 A 现象的结果，如地球自转形成日夜交替。（2）相关关系，A 现象的出现可预测 B 现象的出现，或 A、B 两种现象变化的方向与大小方面存在某种程度的一致性，同时二者又不是因果关系，如破晓时天要变亮和公鸡打鸣即是相关关系。

严格说来，只有利用实验法，基于严密的变量操作、控制、测量所收集的信息才能揭示因果关系。用问卷探查研究对象在某个时间点的状态或看法，所得到的信息只能用于计算变量间的相关关系。[①] 变量间存在相关关系是其有因果关系的必要条件，相关关系提示因果关系"可能"存在，确认相关关系为进一步探索因果关系奠定了基础，这是对问卷中的变量进行相关分析的价值所在。此外，很多时候我们必须同时关注两个变量，如学生的学习成绩和学业负担，相当于将它们同时置于一个坐标系中，二者自然显示出相关关系。有时两个变量虽然没有因果关系，但通过其中一个变量的状况可以预测另一个变量，这种情况下关注二者的相关也是有价值的。

两个变量之间的相关关系有三种：正相关、负相关、零相关。一般而言，我们通过计算两列数据的相关系数表示其相关程度的大小。根据数据特征的不同，应选用不同的计算相关系数的方法。常用的相关统计有三种：（1）两组线性、连续、正态分布数据之间的积差相关；（2）定序数据之间的斯皮尔曼等级相关；（3）定类、定序数据与连续数据的相关，包括二列相关、点二列相关、多列相关等。

---

① 实验法也可能用问卷收集变量信息，这里所说的问卷法指单纯使用问卷对研究对象进行测查。

除了相关系数，还可以用"散点图"表示两列数据的相关，这种方式不仅非常直观，而且还能提供很多有意义的信息。例如，我在某区开展学生学业质量监测项目，基于考试得到学生的学科成绩，基于问卷测查了解学生的学习状态，包括学生是否喜欢学校、师生关系、学习效能感等。下面是该区四、八年级学生学科成绩与学习状态关系的散点图：

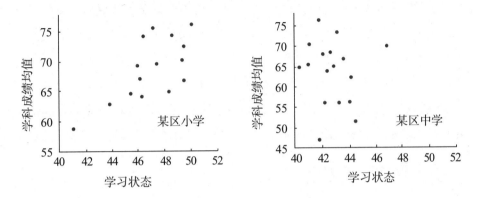

横、纵坐标分别是学习状态和学习成绩两个变量，其中的每个点代表该区参加测查的学校。这两张散点图提供了大量信息，可以激发多方面的反思。例如，在小学阶段，学习状态和学习成绩呈较明显的正相关，而到了初中，散点大致构成一个竖直的矩形，显示二者的相关变得非常弱，说明小学阶段学生的学习状态与其获得好成绩可能存在相互促进的关系，而在中学这种关系不存在了，出现这种现象的原因是什么？此外，在绝大部分初中学校，学生的学习状态得分都集中在低端，和小学相比出现明显劣化，其原因又是什么？

散点图还有一个价值，可以让我们发现特殊案例。出现在图左上、右上、左下、右下位置的学校分别是"状态不好成绩好""状态成绩双优""状态成绩双差""状态好成绩差"的典型，它们可作为进一步研究分析的个案。如有一所初中学校较为明显地脱离了"大部队"，出现在图像的右上位置，相对而言这个学校的学生成绩和状态都不错，它是如何做到的？是否可供其他学校借鉴？同时，小学和初中都有出现在左下角的个案，这应引起高度关注，因为学生的学习状态和学习成绩都是最差的，应分析这种现象的原因并提出改进的策略。

在确认两个变量存在相关关系的基础上，即使二者没有因果关系，我们也可以基于一个变量对另一个变量进行预测。例如，某购物平台显示 X、Y 两种商品的销量高度相关。X 商品可长期存放，而 Y 商品的产销周期非常短，为了避免其积压或供应不足，我们可以建立回归方程，通过 X 商品的销量"预测" Y 商品的销量。回归方程中最简单也最常用的是一元线性回归方程，其作法是：在一个直角坐标系中，假设横、纵坐标分别是 X、Y 商品的销量，描点制成散点图，可以画一条线——各点与这条直线纵向距离的平方和最小——穿过这些点，这条线就是回归线，与其对应的方程即是一元回归方程，表达式为 Y=A+BX。基于这个方程，有一个 X 的实际观测值，就可得到一个 Y 的估计值。这个线性回归是一个模型和假设，需要通过统计检验判断该模型、假设是否合理，即回归方程是否可靠，以及因变量与自变量是否存在线性关系。建议读者参考专门的资料学习对回归方程进行检验的方法。

3. 均值估计与差异检验

在实际的问卷测查中有两种情况：一是存在测量误差，即测量值和真实值之间存在差异；二是未对总体进行测查，只有抽样数据。这两种情况产生了两种需求：（1）需要根据样本数据估计总体状况；（2）已知两个群体的平均分，想知道二者的差异是由测量或抽样误差造成的还是"确实"存在差异。解决这两个问题需要平均分总体估计与假设检验。

我们先来看第一个需求的典型情境：有一个 1000 人的总体，从中随机抽取 100 人进行问卷测查，希望基于样本测查结果估计总体平均数。我们可利用"区间估计"的统计方法，在某个置信水平上估计出总体平均数的最小值与最大值，二者的差距构成了所谓的"置信区间"。如接受学习兴趣问卷测查的样本平均得分是 3.45，基于区间估计，总体平均分在 95% 的置信水平下置信区间为 2.96～3.88，即总体平均分在 2.96～3.88 之间的概率是 95%。根据总体得分是否呈正态分布，以及总体标准差是否已知，有不同的区间估计方法。

第二个需求有三种典型情境：（1）判断样本和相似总体平均分是否存在差异。例如，从将要入学的学生中随机抽取 25 人进行心理健康测查，平均分为 110.5，去年入学学生总体平均分是 108.2，二者是否有显著差异？

（2）在"学习适应性"问卷测查中，男生和女生得分平均分分别为3.32和3.61，二者得分是否有显著差异？（3）35名被试接受为期3天的射击训练，训练前后的两组成绩是否有显著差异？这三种情况分别属于"样本—总体""两组独立数据""两组非独立数据"的均值差异检验。常用的检验方法有Z检验和T检验，应根据数据特征选择不同的均值检验方法，包括总体方差是否已知、方差是否齐性、总体是否服从正态分布、是大样本还是小样本、是放回还是不放回的抽样、是双侧检验还是单侧检验（如果是单侧检验，则要考虑是左侧检验还是右侧检验）。

在这里要说明差异检验中"显著差异"的含义。很多研究者在对两组数据的平均分进行对比时，强烈期待P值小于0.001、0.01、0.05，这个值越小就越兴奋，因为它标志着两组或多组数据的平均值存在"极为显著""非常显著""显著"的差异——似乎有了显著差异研究就有了意义，差异越显著，研究就越有意义。P值小于0.001、0.01、0.05是指两组数据均值"不同"，此判断错误的概率小于千分之一、百分之一、百分之五。当然，在其他条件不变的情况下，两组数据均值差别越大，P值小于0.001、0.01、0.05的可能性也越大；同时，P值也取决于样本量和数据离散程度——样本越大、数据方差越小，P值越容易小于0.001、0.01、0.05。例如，两个班级的平均分即使只差0.1，只要样本量足够大，两组数据的方差足够小，差异检验的结果就一定会显示P值足够小，从而得出二者有显著差异的结论。

"显著差异"由significant different翻译而来，significant除了"显著的"之意，它还指某种现象"有意义""有意味""值得关注"，而different翻译为"不同"更恰当。"显著""极为显著"的差异给人感觉两组数据"差异很大""特别大"，事实上它只是指两组数据"不同"而已。p值小于0.001，也只是说明两组数据均值的"不同"源自误差的可能性极小，或者这两组数据来自同一个总体的可能性极小。至于这种"不同"在数量上有多明显，有多大意义，假设检验并不能代替人的判断。

在多个样本满足独立、正态分布、方差齐性的条件下，可用方差分析（F检验）代替T检验。方差分析的基本原理是将各样本原始数值的总差异分解成组间差异和组内差异两部分，二者比值越大，各组平均数的差异就越明显。例如，有 3 个年级的学生参与学习适应性问卷测查，可用方差分析对其均值进行差异检验，如果发现不同年级学生得分有"显著差异"，还要对各年级进行两两比较，检验是否存在显著差异，这被称为"事后比较"，又称为"逐级比较"或"多重比较"。这样的方差分析是单因素方差分析——只有年级一个因素。在很多教育研究中，我们会通过问卷同时收集多个因素的数据，并想要澄清各因素对某个变量有怎样的影响。例如，将 3 个年级所有学生按照其家庭的社会经济地位（SES）分为"好"和"差"两类，这样就会形成 6（2×3）类学生。年级和 SES 各自与学习适应性的关系（可能对学生学习适应性产生的影响）称为"主效应"。同时，这两个变量还有可能存在交互作用——SES 会影响年级与学习适应性的关系，年级也会影响 SES 与学习适应性的关系，这种交互作用如下图所示：

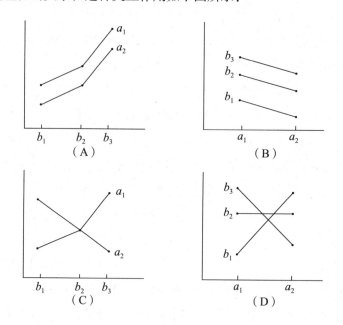

A、B 两图显示 a 变量与 b 变量不存在交互作用，C、D 两图显示 a 变量与 b 变量存在交互作用。C 图与 A 图相比，由于 b 变量的存在，影响了 a 变量在不同水平上与目标变量的关系；同样的，D 图与 B 图相比，由于 a 变量的存在，影响了 b 变量在不同水平上与目标变量的关系。在这种情况下，可以用多因素方差分析明确每个变量是否存在主效应，以及变量间是否存在交互作用。

第九章　实验法

教育是典型的社会实践活动，为了追求更优质、更高效的教育，需要不断发现问题、解决问题、总结反思，这本身就是一场巨大而复杂的实验。因此，很多研究者对实验研究怀有很高的热情和积极的期待。同时，实验法似乎又自带科学性光环，散发客观严谨的气息，因而更让人跃跃欲试。我们应认识到，实验法应用于教育研究相当复杂和困难，对研究者的要求很高，需要了解、把握诸多方法和策略。

一、实验的功能与形态

我们先来看一个著名的有关儿童"延迟满足"的实验。[①] 米歇尔（Mischel）和他的研究生分别在 1970、1972、1989 年发表了 3 篇有关"延迟满足"实验的论文。当前在网络上广为流传且大众深以为然的"儿童棉花糖实验"的视频即源于该实验。这个实验让人们形成一个非常明确的观念：不同的儿童有不同的"延迟满足"能力，该能力越强的儿童，其未来的发展也越好。可是仔细看米歇尔等人 1972 年所做的实验就会发现，实验目的与大众的理解不同，更重要的是，实验的复杂程度远远超过"儿童棉花糖实验"。下面是该实验的主要内容及实施过程：

---

① ［美］华莱士・狄克逊：《改变儿童心理学的 20 项研究（第 2 版）》，250–268 页。

被试：

斯坦福大学宾格幼儿园的 16 名男孩和 16 名女孩，这些儿童的年龄范围在 3 岁 6 个月到 5 岁 8 个月之间。实验共有 4 种条件，每种条件下有 8 名被试（4 名男孩和 4 名女孩）

程序：

①每名儿童会在主试的陪同下进入实验室。实验室中有一张桌子，几把椅子，一个玩具箱，几块 1.25 厘米见方的咸脆饼和一个蛋糕烤盘。

②主试向每个孩子展示小玩具箱，并告诉他们，实验结束后他们可以一起玩玩具。

③主试向儿童说明要等待的时间，如何结束等待，如何呼叫主试。主试会解释，他有时会离开这个房间一会儿，如果孩子想让他回来，只要吃一口咸脆饼，主试就会回来。接着，主试演示了如何结束等待，如何呼叫主试。介绍完之后，主试会离开房间，通过墙上的一个小孔观察房间里的孩子。只要看到孩子把咸脆饼干放进嘴里，他就会立刻返回实验室。这样的"离开－呼叫"重复三次以上，直到桌上只剩下一块咸脆饼。

④主试端一个蛋糕烤盘进来，向儿童展示两个奖品：7 块小甜饼和 5 块 5 厘米见方的咸脆饼，询问儿童更喜欢哪种。主试对儿童进行详细的说明：他将离开这个房间，如果儿童能一直等到他回来，那么儿童可以吃掉所有点心。但如果她想要主试早点回来，只需要吃掉 1.25 厘米大的咸脆饼呼叫主试（就像刚才训练的那样），主试进来之后会允许她吃掉她不太喜欢的那种点心，但不允许她吃更喜欢的点心了。

⑤在确保儿童已经理解所有的指导语之后，由一名实验助理通知主试这个孩子会被分派到实验中的哪一种情境。主试离开房间后 4 组被试将分别处于以下 4 种情境：

主试离开的时候，将两种奖品都留在孩子的面前。

主试离开的时候，将两种奖品都带走。

主试离开的时候，将孩子更喜欢的那种奖品留在孩子面前。

主试离开的时候，将孩子不太喜欢的那种奖品留在孩子面前。

结果：

米歇尔等假设，当留在儿童面前的是她更想要的那个奖品时，儿童会延迟更久，因为如果儿童的注意力在奖励上可以增强他们的决心，让他们坚持到需要的等待时间。但结果恰恰相反，那些面前没有奖品的儿童在呼叫主试前所等待的时间（平均约 11.5 分钟），是面前仅有一种奖品的孩子（平均约 5 分钟）的两倍，同时比面前有两种奖品的儿童所等待的时间（平均约 1 分钟）长了 10 多分钟。

米歇尔等人如何解释这些与假设相反的实验结果？他们更进一步观察了这些儿童在等待期间做了什么。令人惊讶的是，那些成功的儿童（等到主试回来而没有主动呼叫）"绞尽脑汁地想出了很多自我转移的方法，将时间花费在等待之外的其他事情上"。米歇尔等强调："学会不去想你所等待的东西会比总是想着它更能增强延迟满足的能力。"那么，自我转移促进延迟满足的机制是什么？米歇尔等将其总结为"让人感到挫败的奖励不可得理论"（frustrative nonreward theory），即一个极度渴望却不可得的奖励会引发儿童的挫败感，进而使其对延迟获得产生厌恶感，这种厌恶感越强，儿童就越有可能采取措施终止延迟满足。相反，任何让儿童不再去想奖励的东西可以减少挫败感，相应增强其延迟满足的意愿。对此，米歇尔等总结如下："这些实验结果初步表明，掌握延迟满足的关键或许在于学会抑制产生挫败感的观念，并通过外在的或内在的方式将注意力转移到更有吸引力且能够减少挫败感的刺激物上。"

可能会有人认为，一个实验何必搞得这么复杂？让几个孩子坐在屋子里，给他们放上一块糖，然后告诉他们如果能等到主试回来都不吃这块糖，就可以得到更多的糖；如果在主试回来前把这块糖吃了，就没有更多的糖了，然后观察孩子的反应，计算其延迟满足的时间即可——网络上流行的"儿童棉花糖实验"视频显示的就是这样的实验方式。可是，如果这么做实验的话，会有很多问题"说不清道不明"：

- 孩子不吃那块糖会不会只是不喜欢？

- 孩子会不会因为对环境不熟悉而影响了其行为表现？

- 孩子会不会因为未充分理解实验过程而迟疑或误操作？

- 孩子是否会因与主试的情感关系（如讨厌或喜欢）而影响其表现？

这些因素都会造成实验结果的不确定或误差，如果这些问题不解决，实验会因为不严谨而无法对事物的状况进行正确的描述或解释。这是为什么米歇尔等人将实验设计得很复杂的原因：

- 实验室中有玩具箱，是为了吸引儿童的注意力，让他们感到放松和舒适，消除其对新异环境的抵触。

- "离开—呼叫训练"时儿童多次品尝咸脆饼，并让儿童从小甜饼和咸脆饼中选择自己喜欢的，确保儿童的选择出自他们的"喜欢"。换言之，确保儿童的延迟满足不是因为不喜欢奖励物。

- 实验设置了四种情境，儿童喜欢或不喜欢某种奖励物是情境设置的依据，也成为实验的一个关键变量。

- 多次进行"离开—呼叫训练"，直至确认每个儿童都熟练掌握，避免"不熟练"成为一个干扰变量。

- 说明和训练全部完成后，分组前才告诉主试儿童会被分到哪一组，避免儿童与主试因某种情感关系影响实验结果（如儿童很喜欢某个主试而更快地呼叫其回来，或者加强延迟满足以取悦主试）。

再有，上述"简化的儿童棉花糖实验"其研究目的是什么？描述或计算不同的儿童延迟满足的时间？可是即使不做实验，我们也知道儿童延迟满足的时间有差异。如果是为了得到某个年龄儿童延迟满足时间的具体数据，仅选择几个儿童可能远远不够，况且面对不同的事物，儿童的延迟满足必然有很大差异。这样看来，米歇尔等人的实验目的非常明确——探求影响个体延迟满足的因素是什么。凭借精密的实验设计和变量控制，通过四种条件下儿童表现的对比，结合对儿童行为的观察，研究者较好地回答了研究问题。

有研究者指出："不能用任何实验来回答的研究问题都是基本上不能确认的问题（fundamentally unidentified question，FUQ）。"[①]基于实验法的研究能真正澄清事物之间是否存在因果关系，因此而具有独特的、不可替代的价值。同时，基于上面的案例分析，我们也会鲜明地感受到，实验法的实施相当困难和复杂，应用于教育研究将面临很多挑战。

二、实验中的变量

理解和应用实验法，首先要理解"变量"这个概念。教育研究中，变量可以理解为数量上会变化的事物，如教育教学成果中的学习成绩、教学过程中的教学方法、教育资源中的硬件条件、教育氛围中的应试文化等。以变量这一名称指称研究对象，是为了强调其关键特征——在数量或性质上可以"变化"，这是运用实验法进行研究的基础。实验中的关键要素是自变量和因变量，它们分别是可能的因和果，实验研究的目的是证实这种因果关系是否存在，以及如果存在的话，这种因果关系的强弱。例如，教学方法和考试成绩存在因果关系，实验研究中新、旧两种教学方法是自变量，教学成绩是因变量，希望通过实验研究了解新教学方法是否会引起考试成绩的变化，以及这种变化的程度有多大。需要注意的是，这是对实验简化的、模式化的表达，真实的教育实验中的变量及其关系非常复杂，会有很多变量与自变量、因变量"纠缠"在一起，对自变量与因变量的关系产生影响。下面，我们介绍实验中的中介变量、调节变量、控制变量与协变量。[②]

1. 中介变量

中介变量（mediator variable）是自变量对因变量发生影响的中介，是自

---

① 转引自 [美] 加里·格尔茨等：《两种传承：社会科学中的定性与定量研究》，刘军译，格致出版社 2016 年版，第 48 页。
② 卢谢峰等：《中介变量、调节变量与协变量：概念、统计检验及其比较》，《心理科学》2007 年第 4 期。

变量对因变量产生影响的实质性的因素，通俗地讲，自变量通过中介变量对因变量产生作用。在心理学实验中，中介变量是存在于刺激与反应之间不能直接观察到的内在变量。新行为主义者托尔曼1932年为弥补华生"刺激—反应"公式的不足，提出要注意个体内部因素在行为中的作用。1952年，托尔曼提出三种中介变量：（1）需要系统，指有机体的生理需要或内驱力；（2）信念—价值系统，指个体的追求与向往；（3）行为空间，指个体行为发生的情境。[1] 教育研究中，动机、需要、智力、习惯、学习、态度、观念等是常见的中介变量。[2] 有的实验只能证明A、B是因果关系，但A、B之间存在"黑箱"，即A如何导致B——因果关系的机制——却并不清楚，通过实验确认中介变量的存在及其作用的大小，是澄清因果关系的机制的重要手段。

2. 调节变量

调节变量（moderator variable）指对因果关系的发生、强弱有影响的变量。例如，在一个教育实验中，教师的某种教学行为是自变量，学生的学习行为是因变量，因为"亲其师信其道"，师生关系就是影响教学行为、学习行为这一对因果变量的调节变量。再如，不同年级的学生可能对教师教学行为变化的反应不一样，这样的话，学生的年级就是调节变量。

3. 控制变量与协变量

实验中有若干变量会对研究结果产生影响，而这些变量的作用并不是研究所关心的，需要被平衡或消除，这样的变量即为控制变量（control variable），也称无关变量。对这些变量进行控制的方法有：（1）排除法：把变量从实验中排除出去，如利用隔音室或暗室排除外界噪音和光线的影响。常见的双盲实验即为应用排除法的典型，实验的操作者和被试都不知道实

---

① 马欣川主编：《现代心理学理论流派》，华东师范大学出版社2003年版，第102页。
② 林崇德等：《心理学大词典》，上海教育出版社2003年版。

验的目的和内容，从而避免了主、被试的主观因素对实验结果产生影响。（2）恒定法：使变量在实验过程中保持恒定不变。如用同一实验室、由同一实验者、在相同时间段对实验组和控制组实施实验处理。（3）匹配法：设置初始条件相似的实验组和控制组，两组在实验操作之外的变量上相似乃至相同。如实施教改实验，应当使实验组和控制组学生的初始成绩及学习能力相同，这样才能准确判断实验的效果。很多心理学实验用同卵双生子作为被试，其原理也是应用匹配法平衡控制变量。（4）随机化：把被试随机地分派到各处理组中。当被试数量足够多，且任一被试都有同等机会被分派到任一处理组，需要控制的变量因此而有很大的概率被平衡。

协变量（covariate variable）指与因变量有线性相关，并在探讨自变量与因变量关系时可通过统计技术加以控制的变量。有些控制变量可以通过实验操作加以控制，如照明、室温、噪声等；而有些变量难以在实验前进行控制，如研究不同教学方法对儿童阅读能力的影响，研究者已通过匹配法对年龄、性别等变量进行平衡，如果再考虑智商和已有阅读能力等变量，被试分组要考虑的因素就会太多、太复杂，很难实现对各组所有变量进行平衡。在此情况下，只能在实验后借助统计技术（如协方差分析）来加以控制，因此，这样的变量控制也被称为统计控制法。

三、教育实验的困难及对策

上面的分析提示我们，通过实验进行教育研究，其变量操作、控制、测量难度相当大。以一个常见的教育实验为例：在实验班和对照班分别施行新的和既有的整本书阅读教学方法，实验结束后测量两个班的整本书阅读成绩，判断二者是否存在显著差异。这个实验看起来简明、清晰，而实际的实验过程中，变量操作、控制、测量非常复杂，我们需要考虑以下诸多因素：

- 学生整本书阅读能力的关键表现是什么，是否已有高质量的测量工具？

- 两个班实验前整本书阅读水平是否一致，或能否通过统计方法对二者的差异进行有效控制？
- 实验班和对照班除了教学因素，其他影响教与学的变量是否明确并被很好地控制？
- 如果一个教师同时教实验班和对照班，能否确保两个班的教学不会相互"污染"？
- 如果两个教师分别教实验班和对照班，两位教师教学方法之外的因素是否会对实验结果产生影响？
- 学生得知自己在实验班或对照班，是否会产生特定的情绪情感而影响其学习状态，从而使得阅读成绩的部分变异并非来自教学方法的改变？
- 实验后对学生整本书阅读水平的测量是否对某种教学方法更有利？

这些问题都是真实的教育实验中必须解决而又难以解决的问题，其中任何一个问题没有解决好，都会对实验的信度和效度造成损害。

物理实验可以做到非常清晰、没有争议。例如，要了解大气压强和水的沸点的关系，可以制备纯水并置于密闭装置中，通过抽出空气不断改变大气压强，同时加热水并准确控制温度，在不同压强下测量水的沸点值。大气压强是自变量，水的沸点是因变量，通过实验可以观察到非常明确的因果关系并进行精确量化。相较而言，教育实验要复杂、困难得多，主要有两方面的原因：

1. 变量定义和测量困难

教育研究实证化，很多时候必须对抽象概念进行具体化、可测化，即界定与概念内涵对应的外在表现或现象，这是一项相当困难的任务。同时，实验需确认因果关系，观察具体变量的变化，往往要对其进行测量，这同样是一项极富挑战性的任务，需要保证测量的工具、过程、数据分析等多个环节的质量。教育测量是一个专门的学科，研究者需要系统地学习，才能完成这项复杂的任务。举例来说，前述有关整本书阅读教学方法的实验，学生整本书阅读能力是因变量，实验的难点就在于如何界定学生整本书阅读能力，通过哪些可测的客观指标能够准确反映这种抽象的能力。如果这些问题不解决，就无法对实验效果（因变量的变化）进行准确的判断。

2. 变量多而难控

本书第四章"保证研究质量"部分分析了"影响研究内在效度的因素"，包括成熟、前测效应、统计回归、选择与成熟的交互作用、实验处理的扩散、补偿性均等、补偿性竞争、自暴自弃等，显示教育实验中对变量进行操作和控制是一项困难的、极富挑战性的任务。教育研究的对象往往是人，研究又发生于教育环境中，这带来了变量操作、控制的双重复杂性。人不仅有生物属性，还有心理、精神属性，甚至有些研究还涉及人心灵层面的内容，可以想见其中所含变量的层次与维度之复杂。同时，教育实验发生在真实的教育场景中，不可能完全屏蔽各种变量对实验的影响。这两个因素交叠起来，使得很多教育实验中的变量操作和控制相当困难，很多因素甚至不可控，如个体的情绪情感、生活经历、生活环境、某方面的能力和素质、实验时的突发状况等。此外，我们有时无法意识到有哪些变量对实验产生了影响，因为很多变量处于"黑箱"中，这样就更谈不上对变量进行测量和控制了。

教育实验的复杂和困难提醒我们：教育研究选择实验法需慎重，如果不能确保缜密的实验设计和良好的变量控制，不要贸然选择做实验研究。如果要实施教育实验，一定要确认三个关键问题：（1）能否对抽象概念进行清晰的、高质量的操作化和测量化定义；（2）能否对各种变量进行有效的操作和控制；（3）能否对因果变量及其他变量进行有效测量。如果这些问题解决不好，教育实验的随机误差或系统性误差会很大，实验结果是不可信的。

综上所述，教育实验借鉴了自然科学实验的模式与方法，我们应重视实验的基本规范。同时，教育实验有自己的特殊性，它可以也应当有自己的方法与模式。就像本章开头所说，实际的教育本身就有实验的属性，实施教育行为、改变教育条件、改善教育环境、丰富教育资源，这些都是实验的自变量，而我们期望学生的知识、能力、行为、人格等方面不断发展完善，这些即是实验的因变量，只不过没有进行严格和规范的变量操作、控制、测量。古今中外有大量的教育实验取得了重要的、有价值的实验研究成果，如下面呈现的南京师范学院附属小学斯霞的"分散识字法"实验[1]：

与"集中识字"不同，该识字法以"字不离词、词不离句、句不离文"为主要特征，强调把生字词放在特定的语言环境中来感知、理解和掌握。从1958年起，斯霞开始进行"随课文分散识字"实验。具体做法：（1）让学生学会利用拼音学习生字新词，教了拼音后再教独体字，同时教授偏旁部首、笔画名称和笔顺规则等知识，使学生具备基本的识字能力，为"随课文识字"创造条件。（2）让学生随课文识字。学生边阅读边识字，注重"字不离词，词不离句"的原则，基于阅读把识字、理解词句、朗读、说话训练有机地结合起来，在理解词句的基础上有感情地朗读，在朗读中又多次与生字见面，加深对字词的理解，基于音、形、义的结合开展识字教学。随课文分散识字，并不是说学习每一个字都必须随课文出现，斯霞归纳了几种不同的字词出现方式：按照课文内容顺次出现生字词；课文中占主要地位的生字词先出现；结合讲读提出生字词；在理解课文内容以后再提出生字词。（3）教会学生查字典。二年级上学期教学生按音序查字法查字典，下学期教学生按部首查字法查字典。

斯霞"随课文分散识字"实验取得了成功。南京师范学院教育系的研究人员于1960年12月8日对实验班学生进行了识字调查，儿童最多能识3197个字，最少能识2219个字，平均识字2750个，比同年级学生多识425个字。同时，学生读写能力也比较强，有好几个孩子看了120多本课外

---

[1] 张荣伟编著：《新中国教育实验改革》，天津教育出版社2010年版，第20-21页。有删节。

书，一般的也看了 40—50 本。多数儿童写话能写到 400—500 字，最长的有 1438 个字，并且文章有思想性，语句通顺，层次分明，错别字很少，并能正确运用所学过的七种标点符号。实验班学生三年级识字达到 3300 多个，能写 800 字左右的文章，语文成绩达到了一般六年制小学五年级的水平。

这样的实验，自变量（识字法）和因变量（识字量与读写能力）的核心概念清楚，有明确的行为化的表现，为变量的准确测量奠定了基础。同时，相当数量的学生参与了实验，有效地抵消了各种无关变量可能对实验结果产生的影响。因此，这样的实验是比较成功的，实验结果是可信的。即便如此，我们仍然要关注可能对实验产生影响的若干因素：实验学校的学生生源是否更好？其教师的水平是否更高？由于参与实验，学校是否提供了更好的资源？实验学校的学生是否更加努力？实验班的教师接受识字教学培训是否同时也提高了其他方面的教学能力，等等。识字法实验中，识字量作为因变量，客观性很强，容易测量；同时，实验中的识字教学法有很强的可操作性，经过一定的培训，在不同学校由不同教师操作可形成较高的规范性和一致性。这些因素都有助于该实验具有较高的信度和效度。如果实验的变量是阅读能力、数学核心素养等高度复合、抽象、内化的内容，实验的难度将会大大增加。

总的说来，自变量和因变量越简明、外显的成分越多、相关变量越少且可控，实验的信度和效度就会越好。本章前、后分别呈现了典型的心理学实验和教育实验，前者更接近实验室实验，而真正的教育实验生态性更强，变量控制相对而言复杂得多。[①] 将教育实验置于实验室情境，有助于提高研究结论的可靠性，但可能会弱化其生态效度，因为实验室与真实的教育情境差异太大，其研究结论应用于教学实践的有效性会打折扣。因此，对教育实

---

① 心理学实验可参见 [美] 华莱士·狄克逊：《改变儿童心理学的 20 项研究（第 2 版）》；[美] Roger R.Hock：《改变心理学的 40 项研究：探索心理学研究的历史》；教育实验可参见张荣伟编著：《新中国教育实验改革》；杨汉麟主编：《外国教育实验史》（具体版次信息见本书附录的参考文献）。

验来说，追求精准的变量控制与保证实验的生态效度有时是一对矛盾。此外，有着较高信度、效度的教育实验往往规模较大，参加实验的人数较多，这样能够有效平衡、消除诸多控制变量对实验结果的影响。对个体研究者来说，实施大规模的教育实验往往比较困难，实施教育实验时这一点需要考虑。

第十章　三种研究模式

个案研究、行动研究、临床法，与前面的观察法、内容分析法、访谈法、问卷法、实验法不同，它们不是一种具体的收集实证信息的方法，而是强调了某种特点的研究模式，如个案研究强调研究对象是个别的、特定的，行动研究强调行动与研究的整合，临床法强调即时的行动和对研究对象切近的观察。这些研究模式可能以上述某种收集信息的方法为核心，也有可能同时调用上述多种收集信息的方法。之所以对这些研究模式进行分析，是因为它们常出现在教育研究中；更重要的，这些研究模式非常适合教师作为个体研究者来开展与自己的教育教学工作相融合的实证研究。

一、个案研究

基于个案认识世界是一种自然而又必然的方式，教育研究必须面对个案，面对个案对教育研究来说不是可选项而是必选项。基于同质性与同构性，也即后面分析的"部分相似"与"本质相似"，我们可以通过个案对个案外更大范围的事物形成认识。我们来看一个例子，一个母亲在网上发布的求助——"在985重点大学读书的女儿对我说要退学复读"[①]：

2020年高考，女儿超常发挥，比平时多考了30分。我们全家高兴得放鞭放炮，在五星级大酒店摆了几桌，请亲朋好友庆祝了一番。

我对报考志愿一窍不通，于是专门找了机构，花钱请老师指导孩子报

---

① https://www.toutiao.com/w/i1689386271145999/

考。报考老师给孩子做了职业测评，耐心询问女儿将来想从事的工作。女儿说，什么专业挣钱学什么专业。报考老师说，现在就业最好的专业就是计算机类，女孩也可以报考，但是要求数学成绩好。女儿一听很高兴，说自己最拿手的就是数学。后来我们挑选的专业，全是和计算机有关的。

女儿被 985 学校录取，还是热门专业，真的是十全十美。

没想到，开学不久，女儿情绪就不对劲。期中考试，她微积分和线性代数全都不及格。孩子说自己几乎天天学到后半夜，可还是学不会。老师教的编程课，也弄不懂，怎么也编不出来。当时，我有点着急。一直安慰孩子，说继续加油努力，期末成绩就赶上来了。

孩子寒假回来，说期末线代和微积分挂科了。奖学金评不上了，保研也无望。她看不到任何希望，前途渺茫，非要退学重读。

看到孩子遇到这么大难题，我有心无力，帮不上忙，全家人都很痛苦，我们该怎么办呢？

这即是个案——在某个个体身上发生的个别事件。我们都能意识到，这样的个案多么值得研究！学生苦读多年，走上的却是一条不适合、不喜欢的道路，这意味基础教育并没有为其人生发展打好基础！"什么专业挣钱学什么专业"，挣钱成为选择专业最重要乃至唯一的考虑，而指导老师及家长都没有对此提出异议，预判这样选专业可能产生的消极后果。更重要的，遭遇此困境的学生可能有很多，他们应得到帮助与支持，那么，他们是否得到了有效的帮助与支持？由此可以产生很多值得研究的选题（问题），例如：

- 影响学生专业选择的因素有哪些？
- 当前学生专业选择的具体过程与现状是怎样的？
- 学生专业选择能获得怎样的资源与支持？
- 当前高中普遍为学生提供了职业生涯指导，其内容和形式是怎样的？有效性如何？存在的问题和困难是什么？
- 专业选择偏差的背后是个体差异在教育中被忽视，我国基础教育在尊重个体差异、鼓励多元发展方面做得怎样？有哪些问题和困难？

上述这些问题都可以从个案入手进行研究，基于个案研究特有的深入、精细、生态化等优势，可得到非常有价值的研究成果，进而超越个案形成对事物具有普遍意义的规律性认识。

吴康宁指出，人文社会科学中的个案研究大部分不是"就个案而研究个案"的类型。任何一位想在学术上有更多贡献的个案研究者，都不会只对个案本身感兴趣，而是还想且更想透过个案解释更多。[①]世界上没有两个完全相同的个案，那么，个案研究有所谓的"代表性"吗？个案研究的结论能推广吗？我们可以这样考虑：普通人基于对个案的认识，能解决其工作、生活中的问题吗？医生面对众多的个案，能从中总结出普遍治疗方案吗？皮亚杰基于临床法的个案研究，总结出令人信服的儿童认知发展模式了吗？优秀教师几十年来面对众多特殊学生，总结出的经验对他人有借鉴意义吗？我们会对他人的人生经历产生共鸣并获得启发吗？这些问题的答案都是肯定的！由此说明高质量的个案研究，其结论可以超越个别研究对象而具有普适性，而普适性的存在说明研究结论触及到了事物的本质与规律。

个案研究能产生普适性结论的原因在于：个案之间存在"部分相同"与"本质相同"。"部分相同"是指研究中的个案与个案外的其他人会在某些方面相同或相似，如内在的智力水平、学习方法、行为模式、个性特征等，外在的社会氛围、家庭社会经济地位、教育政策等。"本质相同"是指有时个案之间虽然在某些方面看起来存在较大差异，但二者在本质上有相同之处，如语文教学中的举例与物理教学中的举例，二者看起来内容差异很大，但本质上——如案例的性质、案例对教学的促进作用及其机制——有相同之处。因为这种"相同"的存在，研究结论可以超越个案而迁移、推广到更大的范围。

关于个案研究的代表性，有两种经典解释："缩影说"和"类型说"。

缩影说认为个案是总体的微缩版，它在体量上小于总体，但它具备与总体相同的要素和特质。自然科学研究中，一块从1千克的钢材上取样的1克钢材，后者可以说是前者的缩影。相似的，我们会听到"××村的发展就是整个中国农村发展的缩影"的说法。但在有关人和社会现象的研究中，这样

---

① 吴康宁：《个案究竟是什么：兼谈个案研究不能承受之重》，《教育研究》2020年第11期。

一种"微缩"关系有时难免有以偏概全之嫌，甚至可能是不存在的，如我们能说 5 个人的班是 50 人的班的缩影吗？或者说 50 个人的班是若干个 50 人的班的缩影？

费孝通的《江村经济》是质性研究的典范，江村即是一个典型的研究个案。英国人类学家利奇（Leach）指出："在中国这样广大的国家，个别社区的微型研究能否概括中国国情？"利奇的这一质疑实际上是对"社会缩影说"的批评。费孝通的回应是："以江村来说，它果然不能代表中国所有农村，但是确有许多中国的农村由于所处条件的相同，在社会结构和所具文化方式上和江村基本是相同的，所以江村固然不是中国全部农村的'典型'，但不失为许多中国农村所共同的'类型'或'模式'。"费孝通强调，"我在这里和 Edmund（指利奇）辩论的焦点并不是江村能不能代表中国所有农村，而是江村能不能在某些方面代表一些中国的农村。那就是说形成江村的条件是否还形成了其他一些农村，这些农村能不能构成一个类型"。[①]

费孝通对利奇的回应，已经承认"缩影说"的不及之处——江村这个个案"果然不能代表中国所有农村"。在社会科学领域，确实很难找到能全息地表征总体的局部。费孝通指出，"确有许多中国的农村由于所处条件的相同，在社会结构和所具文化方式上和江村基本是相同的"，这即是我们前面分析的"部分相同"与"本质相同"。费孝通由此引出"类型""模式"等概念，即由于"相同"要素的存在，个案具有了某种类型属性，与其他个案同属某种类型，因此个案研究的结论可借助这种"相同"迁移到更大的范围中。

基于上述分析，我们认为个案研究是否有代表性，取决于研究对象（个案）与期望研究结论推至的对象"部分相同"或"本质相同"的程度，相同的程度越大，则个案的代表性越强，研究结论被推广的可能性也越大。

量化研究采取了三种策略面对研究对象的差异：（1）通过大样本抵消、中和这些差异；（2）严格控制各种变量；（3）采用统计分析消除某些变量的影响。基于质性研究模式的个案研究，面对和处理研究对象差异的思路与量

---

① 吴康宁：《个案究竟是什么：兼谈个案研究不能承受之重》。

化研究不同。① 个案研究不会试图消除个体差异，个案自身及其所处环境的"差异""与众不同"也是研究的内容，并且会在研究中被重点关注，因为这些"差异"很可能是"他之所以成为他"的关键，也是对其表现、相关现象进行描述和解释的出发点和依据。

"个案研究"的英语是 single-case study，我认为 one-case study 更合适，因为 one 不仅指"一个"，还有"整个"的含义。个案研究倾向于将"整个""完整"的个案作为研究对象，这意味着对个案的研究涉及其方方面面：横向与纵向、核心与周边、既定与生成、目标与环境等。基于个案研究我们能够对事物进行准确、深入的描述，或者对因果关系做出正确的判断，一个重要的原因就是将个案"整个"纳入研究视野，从而可以对其进行全面、深入、统合的审视，这事实上体现了质性研究的特征及优势。

个案研究的关键是选择选择恰当的个案作为研究对象。一项研究如果以学生为研究对象，目之所及的每个学生似乎都可以成为研究对象（个案）。但是，作为研究对象的个案不是随意、随机选取的，基于特定的研究目的，不同个案对于解决研究问题的价值是不同的。总的说来，选择个案有以下三种考虑：

1. 类型化个案

中央电视台曾播出六集纪录片，每集有一个"贪官"作为个案对其进行剖析，每个个案代表了一种"贪"的类型。教育研究也可以根据研究目的选择类型化个案，即在某些方面比较鲜明地表现出某种特点的个案。例如，某个研究要描述"学校中层女性领导"的工作与生活，不能随便选一个学校中层女性领导，我们应明确该研究选题特定的目的和意图，包括"与相似条件的男性相比""努力与奋斗""富有成就""有特定优势""面对特定及更大的困难"等关键词，每一个关键词都是一种类型，表现了研究对象的某种特质，对不同类型研究对象的描述构成一个完整的"学校中层女性领导"的画面。如果一个个案不能完全表现这些特质，可以选择若干个案，每个个案较

---

① 参见本书第四章对质性研究、量化研究及二者关系的分析。

为鲜明地表现出某方面的特质，共同组成能实现研究目的的研究对象。

2. 极端个案

极端个案可以是在某个领域表现杰出的个体，如教学效果特别好的老师，综合实践活动开展得非常好的学校，某个方面或综合素质表现优异的学生等；也可能是在某个方面表现非常消极乃至糟糕的，如师生关系特别差的教师与学生，因应试竞争压力而陷入抑郁状态的学生，浮夸之风盛行使教师不堪重负的学校等。极端个案还有可能不涉及（或暂不涉及）价值判断，如购买高价学区房的家庭，被井喷式课外辅导裹挟的家长和学生，因教师布置的作业辅导而陷入困境的家长等。发展到极端的事物值得关注，它较为完整地展现了事物发展的条件和路径。极端积极的事物是榜样，提供了经验和借鉴；极端消极的事物是警钟，值得我们警惕与反思。

3. 方便取样

前述观察法中约翰·霍特对若干儿童进行观察，还有后面谈到的皮亚杰对自己的孩子进行基于临床法的研究，以及绪论中提到的陈鹤琴对自己的两个侄子进行研究，都是将自己或朋友的孩子作为研究个案，这可看作是方便取样。这样的取样不仅方便，而且有很强的适切性——由于研究者和研究对象（个案）能频繁接触乃至朝夕相处，大大提升了研究的效率和效果。

相较而言，上述类型化个案和极端个案，研究的焦点在个案自身，而方便取样的个案研究，焦点在其心理、行为表现或某种社会现象，前者"整个""全部"进入研究视野，后者更多作为某种心理或行为表现的载体。约翰·霍特、皮亚杰、陈鹤琴的研究对象是约翰还是丹妮、是明明还是亮亮并不重要，他们是研究目标——学习行为、认知发展、好奇心——适切的载体才是最重要的。当然，方便取样的个案必须符合一定的条件，或者说有一个入选的门槛，如约翰·霍特研究儿童的学习，他观察的个案应当有一个正常的家庭和学习环境，儿童的智力和其他方面的发展也是正常的；同样，皮亚杰对儿童的认知发展进行准实验，参与实验的个案除了智力发展正常，还要"有能力"对实验操作产生恰当的反应；而陈鹤琴的研究对象要智力正常，有一定的语言表达能力，愿意提问，陈鹤琴在研究前对两个儿童进行智力测验就是为了确认其满足研究的基本条件。

二、临床法

临床是一个医学术语，指以切近的方式对病人进行观察和治疗。教育与医疗有非常相似的工作目标和工作内容，甚至工作场景在某种意义上也有相似之处——每个学生在一段时间的教学之后，都应获得一定程度的学业和人生的成长，这和医生让一个患者有好转或治愈患者相似；班上总有特殊学生，病区内也总有疑难杂症；解决学生的问题需要仔细观察，找准问题，用对方法，而医生也需要准确诊断，对症下药。

精神分析学派首先将临床法用于心理治疗，杰出的儿童心理学家皮亚杰将临床法用于儿童认知发展的研究，为临床法应用于教育研究提供了清晰的思路与模板。下面，我们先来看皮亚杰的一个研究片段，然后分析临床法的特点及其如何应用于教育研究。

皮亚杰通过对自己先后出生的三个孩子进行系统观察和实验，详尽分析了儿童从出生到 2 岁这个阶段智力的起源与发展。[①] 我们来看皮亚杰是如何进行研究的：

在 0，10（16）[②] 的时候，洛朗逐渐地发现了支撑物和目标物之间的真正的关系。因此，发现了利用支撑物把目标物拉向自己的可能性。下面是他的反应：

①我把我的表放在一块红色坐垫上（单一的颜色，没有流苏），坐垫正好放在洛朗面前。洛朗试图直接抓到表，没有成功，他就象以前一样，紧紧抓住坐垫，把它拉向自己。但是这时，他没有象他在此以前所作的那样一下子松开支撑物、抓住目标物，而是非常感兴趣地重新移动坐垫，同时注视着

---

① [瑞士] 让·皮亚杰：《儿童智力的起源》，高如峰等译，教育科学出版社 1990 年版，第 323-325 页。

② 0，10（16）指 0 岁，10 个月，第 16 天。

表：这一切的经过就好象他第一次觉察到这种关系，并研究这种关系似的。最后，他轻而易举地拿到了表。

②这时，我立即试作下面的反证。我在洛朗面前放置颜色、形状和大小均相同的两块坐垫。第一块坐垫象上次那样，放在洛朗正面。第二块坐垫放在第一块的外边，并转了45度。就是说这块坐垫的一个角正对着洛朗，而且这个角探在第一块坐垫的上面。不过，我压平两块坐垫重迭的地方，以使第二块坐垫一点儿也不突出，不过于显眼。最后，我把手表放在第二块坐垫的另一头上。

洛朗一看见表，就把手伸出去，抓住第一块坐垫，把它逐渐拉向自己。这时，他发现表没有动（他没有把目光从表上移开），就仔细观察两块坐垫重迭的地方（尽管第一块坐垫轻微地移动了，但它们还是重迭着），然后径直向第二块坐垫伸出手。他紧抓坐垫的一个角，从第一块坐垫上面把第二块坐垫拉向自己，最后拿到了表。

重复这个实验，产生了同样的结果。

③现在，我把两块坐垫展开放着，第二块坐垫近处的一边与第一块坐垫远处的一边平行。不过，我把第一块坐垫摞在第二块上，重叠部分宽约20厘米（表自然放在第二块坐垫上）。洛朗径直去拉第一块坐垫。当他发现表没有移动时，他想掀起这块坐垫，以便够到第二块坐垫。后来，他成功地掀起了第一块坐垫，但是没有挪开它。他用左手把这块坐垫抱在胸前，同时用右手去拉第二块坐垫。最后，他成功了，他拿到了表，从而证明他对支撑物的作用有了完美的理解。

④最后，我把第二块坐垫又放到②中的位置上，不过这次放在侧面，使第二块坐垫近处的一个角摞在第一块坐垫远处的一个角上：洛朗没有弄错，他一上来就试图够到第二块坐垫。

这样的研究让人惊叹！基于这样切近的观察和实验，皮亚杰观察到儿童的一项重要认知技能——发现并利用物体作为工具达到目的——多个层面的表现，对儿童的思维过程进行深刻、精妙的描述和解释。维果斯基曾说："皮亚杰的临床法是一种无法估价的工具，用以研究儿童思维在其演化过程中的复杂的整体结构，为我们提供了一幅紧凑的、详尽的、活生生的儿童思维图景。"[1] 皮亚杰长期使用临床法，取得了一系列丰硕的研究成果，对哲学、心理学、逻辑学、生物学等领域都产生了深远的影响，并引导了不少国家的幼儿教育、中小学教育甚至是大学教育的改革。[2]

临床法有三个核心特征：（1）贴近个案；（2）准实验为主；（3）密切观察。医生面对的都是个案，在施以治疗的同时必须密切观察患者的反应与变化，又据此不断决定和调整治疗方法。观察和实验互为手段又互为目的，观察中有实验，实验中有观察。皮亚杰的研究相当典型地体现了临床法的这个关键特征——皮亚杰设置了①②③④层层递进的实验，对实验中发生的各种现象及实验结果进行了仔细的观察和描述。

临床法中的实验多为准实验，因为它往往没有（无法）进行严格的变量控制。例如，皮亚杰的研究中，可能会有很多因素（变量）对洛朗的认知和行为产生影响，包括实验者的动作和语言（可能产生不自觉的暗示），是否让洛朗看到摆放物品的过程、工具的形状与质地等。此外，洛朗本身是"不断变化"的，可以说每天的洛朗都不一样，严格说来，做完①②③④中任何一个实验的洛朗都和没做实验的洛朗不一样了，这样的话很难判定洛朗在实验④中的成就是否必须经过①②③的铺垫。此外，洛朗是世界上独一无二的，其自身的特点对实验产生了哪些影响，这都是需要在实验中考虑控制或平衡的变量。还有，洛朗是一个人而不是器具，他的需求、情绪、情感等都会实时变化，进而影响其认知和行为。但是，临床法中的实验虽然是准实验，其研究结果仍然是有价值、有说服力的。这就好像绝大多数临床治疗都未能（无法）实施严格的变量控制，但我们不能（不会）因此而否认医疗实践的价值及其治疗效果，因为一个个患者被治愈即是确凿、实在的证据。同样，我们在生活中也用准实验的方法而积累了很多经验，其中必然有相当多的结果体现了真实的因果关系。当然，这不是说应用临床法可以随意操作，

---

① 范文翔等：《皮亚杰"临床法"的方法论意蕴及其对教育技术研究的观照》，《现代远程教育研究》2020年第3期。

② 卢濬：《皮亚杰的研究方法》，《心理科学通讯》，1983年第2期。

对其中的实验仍然要考虑各种变量对研究结果的影响，也要尽可能地进行变量控制。就像医生要确定患者新服用的药物是否有效，一定要考虑此前用药的作用，以及与患者相关的各种内外因素对治疗的影响。这种考虑和控制越严密，发现事物真相与本质、明确事物间因果关系的概率就越大。同时我们要认识到，各种变量控制越严密，研究形态就会越接近实验室实验，与真实情境的距离就会越远，这有可能降低临床研究的生态效度。

三、行动研究

行动研究的基本含义是行动＋研究，即在行动中研究，同时以研究引领、优化行动。教师的教育教学工作即是也应当是典型的行动研究，即以研究的姿态面对自己的教育教学，不断从中发现问题、解决问题以优化教学。行动研究有两个特点：（1）实践性与生态化。行动是研究的载体，研究问题、内容、场景都源自真实的教育实践。（2）即时性与生成性。研究者即时将研究结果应用于实践并检验其有效性，同时基于反思生成更多、更深入的研究问题。

行动研究的落脚点是研究，因此，它要遵循前述研究选题、研究设计、收集和分析实证信息的规范。当前诸多行动研究最大的问题就是"有行动没研究"，很多所谓的行动研究不是研究，而是"工作方案""工作记录"，即把自己做的很多事记录下来，却看不出为什么要做这些，面对和解决了什么问题，得到了怎样有价值的研究成果。

我审阅过的诸多基于行动研究撰写的论文或研究报告中，有一个研究给我留下较深印象，很有研究的样子，较好地体现了行动研究的独特价值。[①]研究者针对农村家庭亲子共读活动不尽如人意的现状，以四户家庭为研究对象开展行动研究，以期优化农村家庭的亲子共读活动。

研究者首先基于问卷、访谈、观察，明确了农村家庭亲子共读存在的问

---

① 李潘：《农村幼儿亲子共读指导的行动研究：以北京市 A 镇 B 幼儿园四户大班幼儿家庭为例》，北京师范大学 2020 年硕士学位论文。

题和困难，这也是研究要面对和解决的问题。例如，问卷调查发现家长缺乏共读意识和技能：84.7%的家长在调查中认为"亲子共读就是在阅读过程中教孩子识字"，共读过程中家长虽然注重引导幼儿观察图片，但会不自觉地用手指文字，将识字作为共读的一个重要乃至主要目的；讲完故事后只有22.4%的家长要求孩子复述；讲故事过程中，家长用的指导方法主要有图读法（63.5%）和点读法（56.5%），而选择陪读法、跟读法、诵读法的比例较低，分别只有24.7%，22.45%，20.0%。

在访谈中一位家长说：

我是中专毕业，本身文化水平低，一般在阅读中就是瞎指导，我经常就阅读内容向孩子提出问题，引发他的思考，加深对故事的理解，比如故事里有谁、他们在哪儿、做什么、发生了什么事等。可是我家孩子每次都好像显得很不耐烦，嘴里还叨唠着，"你总是问那么多问题，烦不烦呀，本来挺好的故事我都不想听了"。为此我也经常通过网络搜索一些有关亲子阅读指导的文章，和朋友交流取经，尝试将学到的方法运用起来，可是并不奏效，真不知道在阅读过程中怎么指导。

基于上述调查，研究者总结亲子共读存在的问题，主要表现在四个方面：

- 亲子共读活动随意性强，对共读的功能与价值理解存在偏差；
- 亲子共读的软、硬件不足（家长不知和孩子共读什么书，共读的空间环境待优化）；
- 家长未能较全面掌握亲子共读的方法；
- 亲子共读相关的情感因素有待优化（良好的亲子互动、耐心与坚持、基于共读形成的感动与成长）。

明确研究问题对行动研究来说特别重要！行动研究的方向、目的、价值就是由这样明确、具体的问题驱动和生成的。我看过多篇研究整本书阅读的论文，很多研究问题诸如"如何推行整本书阅读"等，非常笼统，无法为行动研究提供方向与支持。

在明确研究问题的基础上，研究者设计了三个阶段的行动以期解决这些问题：

阶段一，解决家长面临的具体困难，初步开展共读活动：
- 帮助家长明确亲子共读的概念及价值；
- 了解亲子共读材料的种类及选择依据；
- 推荐亲子共读书单；
- 指导家长创设亲子共读环境；
- 提升亲子共读频率。

阶段二，提升家长有效运用亲子共读指导方法的意识与能力：
- 传授亲子共读方法；
- 观察各家庭的共读活动，对其方法进行调整优化；
- 开展"超级妈妈讲故事"活动，为每户建立一个完整、达标的共读活动视频档案；
- 强化共读互动的关键是引导家长关注绘本结构，巧妙引入故事；
- 指导家长根据幼儿兴趣和家庭实际情况，开展多种形式的"后共读"活动，形成共读活动的延展效益。

阶段三，搭建平台，促进家长、幼儿在交流分享中实现共同进步：
- 开展"图书漂流"活动；
- 开展亲子共读沙龙活动；
- 组织幼儿进行绘本剧表演；
- 开展幼儿"讲故事大王"活动；
- 开展母亲精彩故事展示活动。

这些即是针对共读活动的困难和问题开展的行动，很有针对性，与问题匹配得非常好。例如，针对家长不知道和孩子共读什么书的问题，研究者分别与四个幼儿的母亲一起盘点家中的阅读材料，就"如何选择幼儿阅读材料"进行专门讨论。进而，研究者向四位母亲介绍《3-6岁儿童学习与发展指南》一书，详细讲解书中五大阅读领域及各领域下的阅读目标与主题，并根据幼儿的具体情况向家长推荐共读书目。同时，研究者向家长介绍绘本推广网站，使家长能够通过网络了解多元的绘本主题和优秀的绘本。再如，研究者针对家长未能掌握共读方法的问题，对其进行专门的方法传授，包括朗读感受法、观察猜测法、提问讨论法、点读识认法、角色扮演法、创编情节法等。

研究者对每个家庭的共读活动进行切近观察，评估并调整家长的共读方法。下面是研究者观察家长（M2）利用观察猜测法与孩子（C2）共读的记录：

M2：今天妈妈给你带来了一本新的故事，叫作《象老爹》。（M2一边指着绘本封面上的文字，一边说）

C2：老爹？为什么说老爹呀？是因为他太老了吗？哈哈！

M2：你说得很有道理，到底是不是呢，我们从故事中寻找答案吧。老鼠妹妹和象老爹住在同一棵大树下。老鼠妹妹在树根中间的老鼠洞里睡觉，象老爹在树干旁边站着睡觉。

C2：他们两个关系真好，连睡觉都要在一起。

M2：老鼠妹妹很聪明，大宝，你看看这幅图片，猜猜老鼠妹妹是怎么聪明的。

C2：象老爹眯着眼睛，他眼睛一定是近视了，老鼠妹妹手里拉着一根绳，这根绳子系在一个眼镜上，一定是老鼠妹妹帮象老爹借来或买来一个眼镜。

M2：宝贝猜的象老爹眼睛看不清，猜对了，象老爹戴的不是普通的眼镜，这叫作老花镜，是专门给老人戴的眼镜。象老爹常常找不到自己的老花镜，老鼠妹妹就在老花镜上拴了一根细绳子，把它挂在象老爹的身上。老鼠妹妹是不是很聪明？

C2：妈妈，你别老问我这么简单的问题行不行，书上都说了老鼠妹妹很聪明，你还问我。刚才我猜对喽！叫他象老爹真的就是因为他老了。（C2高兴地拍手）

M2：象老爹觉得这个主意真妙，但是，他就算戴着老花眼镜，眼前也是模糊一片。象老爹太老了，眼睛都退化了，所以戴了眼镜也不管用，宝贝是不是呀?

C2: 是,妈妈你不是说了吗,还问我干吗?

M2: 好吧,咱们继续向下看,你猜猜下一页发生了什么事?

C2: 来了一只大鸟,他看着鼠小妹,鼠小妹也看着他,好像很害怕的样子,象老爹用鼻子卷着鼠小妹向自己身边拉,好像不让鼠小妹和大鸟接近。下面象老爹用长鼻子把鼠小妹抛得老远,他们俩好像在玩游戏。

M2: 宝贝现在真棒,会自己看图猜发生什么事情了,这幅图讲的是虽然象老爹的眼睛不好,但他的力气还是很大,他总会在老鼠妹妹遇到危险的时候帮她一把,他也会带着老鼠妹妹去一些好玩的地方,高山呀、大湖呀,四处游玩,要是老鼠妹妹想靠自己的脚走到这些地方,要走好久。

M2: 鼠妹妹玩得这么开心,象老爹想玩吗?我们来看看下面这幅图。

C2: 象老爹没有玩,他闭着眼睛睡觉呢,他好像很累的样子。

M2: 是呀,宝贝观察得真仔细。象老爹喜欢看着鼠妹妹玩,就像看着一道无忧无虑的阳光。可他自己却不怎么玩,因为他总觉得累,那些漂亮的风景,他也看到过很多次。所以,有时候,他宁愿闭着眼睛,去回忆自己的那些老哥们——大斑斑、老格汉……宝贝,你的哥们是谁呀?

C2: 哎呀,妈妈,你能不能别问我了,我想听故事。

M2: 好吧,他们早已经去了大象天堂。可能现在也该轮到他去了吧。

M2 继续引导幼儿先观察画面的内容、人物表情,引导 C2 先猜测下面又发生了什么,然后将故事一页一页地讲完,全程语气一致。

基于对亲子共读活动的观察,研究者对其进行点评和反思:

《象老爹》这个绘本是 C2 和妈妈第一次看,共读过程中母亲主要运用了观察猜测法,引导幼儿仔细观察图片并对故事情节的发展进行猜测。这有助于集中孩子的注意力,是一种既能较好地与孩子互动,又能启发孩子思考的阅读指导方法。

整个过程中家长读故事的语气平淡,语气、语速、语调没有变化。建议家长同时采用朗读感受法,成人通过富有感情的、生动的、戏剧化的朗读帮助孩子欣赏和感受作品。孩子可以通过家长的语气、语调、快慢、轻重等特征，实现对读物更好的理解。比如讲到"象老爹力气很大，总是会保护老鼠妹妹，带她到处玩"等美好的情节时，家长的语气应该是欢快、饱满的；讲到"象老爹越来越老、越来越衰弱"时，家长的语速可以逐渐放慢、显得沙哑苍老、有气无力，让孩子从声音中获得对生命衰弱的感知，进而为后续的情节做好心理和情感准备。

M2还运用了提问讨论法，但提问很多是无效问题或封闭性问题，引起了C2的抵触。要想运用好提问讨论法，必须要注意四个方面：第一，把握好提问时机；第二，提问形式要多样；第三，问题设计要关注幼儿已有经验，把握好难易程度；第四，根据绘本内容和孩子兴趣提问。针对此绘本，我们可以就以下几个问题与孩子进行讨论交流：老鼠妹妹起初不愿意帮助象老爹修好通往大象天堂的吊桥，后来为什么主动去修了？什么是天堂？读完这个故事你有什么感受？

基于明确的问题和有针对性的行动，该研究取得了扎扎实实的成果。例如：孩子的阅读能力有了提高，能够仔细观察画面内容，根据故事的部分情节或图书画面的线索猜想故事情节的发展。在反复阅读同一本故事后，幼儿能够发现故事画面中隐藏的细节，并联系前后文，对作者的用意能够深刻理解。对此，研究者举了一个例子：

M2：C2非常喜欢《我的幸运一天》这本绘本，虽然我已经和他反复阅读这本书很多次，但他有时还会自己拿着这本书看。有一天我正在饭店忙，他像发现新大陆一样拿着书跑过来说："妈妈，你看这一页，狐狸修剪指甲时桌子上放着一本有关烹饪的图书和几瓶调味品，应该是告诉我们狐狸对吃很挑剔，所以小猪提出内脏和肉不肥美、肉不嫩这几个问题，正是狐狸对吃比较关注的点，它才那么容易中计的。妈妈，还有这页，狐狸家里墙上挂的三张照片——一张抓到小鹿、一张抓到鸡、一张抓到鱼，插画师是暗示我们狐狸曾经是个捕猎高手，这次却没抓到小猪，说明小猪太聪明了。还有这一页，墙上挂着狐狸举重和跑步比赛的照片，狐狸胸前挂着它得了第一名的奖牌，说明狐狸身体很健壮，但这次却中了小猪的圈套，为小猪洗澡、做大餐、按摩，直到累晕，真是太相信小猪的话了。还有，封底这最后一页，小猪边吃烤甜饼边看书，看来他遇到危险能想出好办法脱险，是因为他平时看书多。原来，故事的情节都是有联系的！"

这样的行动研究充分表明：行动和研究是一体的，其成败不仅取决于实施者的研究能力，还取决于其行动和实践能力，因此行动研究的难度往往是很大的。如前所述，行动研究的落脚点是研究，它整合了多种获取与分析实证信息的方法，如访谈、问卷、观察、实验、内容分析，甚至也将个案研究和临床模式整合其中。因此，行动研究要遵循研究的规范，这些规范在前面各章中均有较为详细的分析。

实施行动研究应当注意以下三个方面：

1.研究问题要具体

很多所谓的行动研究搞成"年终总结""工作方案"，一个重要的原因是缺乏有价值的、具体的研究问题。由于一线教师的行动研究往往源于自身的工作，很容易在没有澄清研究问题的情况下开始行动。对一项研究来说，最重要的是面对和解决了怎样的问题。以整本书阅读教学的行动研究为例，有很多有价值的具体选题（问题）值得研究：

- 学生学习动力的激发（如何有效激发学生整本书阅读的动力？）
- 教师在整本书阅读中的指导（自读为主的情况下教师如何发挥指导作用？）
- 整本书阅读的评价（常规语文教学有规范的评价，如何对整本书阅读的过程和效果进行监控和评价？）
- 基于网络平台的整本书阅读（如何有效利用网络平台和各种手机软件优化整本书阅读？）
- 整本书中的同伴共读与互动（如何通过同伴共读与互动来优化整本书阅读的效果？）
- 整本书阅读的选篇与阅读目标（如何基于学生的认知、兴趣选择恰当的篇目并设定合理的阅读目标？）

－ 整本书阅读资源的整合（在学习时间紧、任务重的情况下如何整合资源以优化整本书阅读？）

……

当然，提出有价值的研究问题不能只凭经验和粗浅的想象，需要在该研究领域有良好的学术积累，更重要的，要进行全面、深入的文献综述，这样才能提炼出有价值的研究问题，使之成为整个研究清晰、有力的牵引和基础。

2.研究要有学术价值

行动研究往往发生于教育教学实践中，但它既然是研究，就要有学术价值。我曾评阅的一项行动研究，研究者说其研究价值是"解决了整本书阅读课时不够的问题"。如何解决这个问题呢？研究者提出"让学生利用课外时间阅读"。这样的问题和研究结果没有学术价值，就像"怎么到河对岸"，答案是"架个桥"，而且也确实花了半年时间架了座桥，这个过程虽然很辛苦，但没有学术价值。论文答辩时，经常会有这样的情况：答辩者陈述自己的行动和结果，评审老师听了之后的想法是，你不研究、不行动，大家也知道是这样啊！

其实，研究论文有一个潜在的定语——学术。行动研究如何才有学术价值？就要像我们在第二章"研究选题"分析的那样，最关键的是通过研究获得"理论化新发现"。有些研究者可能会说："我的研究是依据我们学校的具体情况，和别人都不一样，这不是创新吗？"这不是创新，只是"不同"而已，而且这种"不同"停留在现象层面而不是理论层面。上述"学时不够的情况下让学生进行课外阅读"，我们可以在以下方面进行深入探究以使其具有学术价值：

－ 课外阅读多长时间合适？
－ 课外阅读放在怎样的时间段比较合适？
－ 课外阅读会与学生的哪些其他课外活动形成冲突？如何解决？
－ 不同水平学生合理阅读时间有怎样的差异？

– 如何将课外整本书阅读与课内语文学习进行整合？

……

这些问题兼具理论意义与实践价值，有助于形成"理论化新发现"，是学术研究的核心追求，它贯穿并指导整个研究。行动研究在文献综述、提出问题、研究规划、收集和分析信息时，都要将学术价值作为重要的目标与追求。

3.重视研究（行动）效果的衡量

行动研究具有明显的实践性，一定要有明确的行动目标，要面对和解决实践问题，因此，我们必须重视对行动效果的衡量。衡量行动效果不仅发生在行动研究结束时，用以判断是否实现研究目标；它还发生于行动研究的过程中，用以判断研究的方向是否正确、研究的手段是否有效，进而对研究进行及时的调整。

行动效果的衡量是行动研究的一个难点。很多行动研究搞所谓的前、后测，即用问卷或考试测量学生在行动研究前、后某方面的差异，以此判断行动的效果。这样做理论上是对的，但实现起来并不容易。因为就像前面我们在介绍实验法时所分析的，相当多的教育教学成果很难测量，尤其是高度内隐、抽象、复合的内容。教育测量是一个专门的学科，无论测量内容、测量方法还是测量工具，都涉及相当复杂的知识与规范，建议研究者对此进行专门的学习。衡量行动效果，量化、测量不是唯一的方法，行动研究的很多结果（效果）有质性特点，可以也应当用质性方法对其进行衡量。如上述有关亲子共读的研究，研究者就是基于质性访谈、观察等衡量其行动效果的。

还有一点需要说明，很多行动研究要搞上好几轮，可很多研究者并没有弄清楚为什么要做多个轮次。事实上，行动研究是否需要多个轮次，取决于行动的复杂性。如果一项行动研究比较复杂，"自然"蕴含着几个明显的阶段，那么就"自然"地会出现几个轮次。上述有关亲子共读的研究即是这样，三个阶段的行动有相对独立性，后一个阶段行动的开展要基于前一个阶段行动任务的完成，这可看作是一种"序列型"或"顺序型"的轮次形式。

行动研究还有一种轮次形式——"迭代型"，即后一轮次的行动是前一轮次行动的"完善版""升级版"，就像企业生产一种产品，在几年的时间内不断升级换代，从 1.0 版本到 2.0 再到 3.0 版本，每个版本的核心功能一样，但其形态和品质被不断优化和完善。教育领域的行动研究实施多个"迭代型"的轮次也是同样的目的，例如，第一轮行动采用了某种新的教学法，行动结束后对其效果进行衡量，分析存在的问题和不足，在下一轮的行动中对该教学法予以调整和改善。因此，行动研究不能为了多轮次而搞多轮次，一定要切实评估行动结果与行动目标之间的差距，在此基础上规划下一轮行动的内容与方式。

主要参考文献

［美］理查德·沙沃森等：《教育的科学研究》，曹晓南等译，教育科学出版社 2006 年版。

［美］艾尔·巴比：《社会研究方法（第 11 版）》，邱泽奇译，华夏出版社 2018 年版。

杨国枢等：《社会及行为科学研究法（上、下册）》，（台湾）东华书局，1984 年版。

瞿海源等主编：《社会及行为科学研究法（全三册）》，社会科学文献出版社 2013 年版。

［美］加里·格尔茨等：《两种传承：社会科学中的定性与定量研究》，刘军译，格致出版社 2016 年版。

谢宇：《社会学方法与定量研究》，社会科学文献出版社 2006 年版。

陈向明：《质的研究方法与社会科学研究》，教育科学出版社 2000 年版。

［英］大卫·希尔弗曼：《如何做质性研究》，李雪等译，重庆大学出版社 2009 年版。

［美］玛里琳·里奇曼：《方法的逻辑：教育科学中的质性研究（第 3 版）》，张园译，北京师范大学出版社 2017 年版。

［丹麦］斯丹纳·苟费尔等：《质性研究访谈》，范丽恒译，世界图书北京出版公司 2013 年版。

［美］埃文·塞德曼：《质性研究中的访谈：教育与社会科学研究者指南（第 3 版）》，周海涛译，重庆大学出版社 2009 年版。

［美］Matthew B. Miles 等：《质性资料的分析：方法与实践（第 2 版）》，张芬芬译，重庆大学出版社 2008 年版。

［美］Delbert C.Miller 等：《研究设计与社会量测》，风笑天等译，（台湾）五南图书出版股份有限公司 2010 年版。

费孝通：《江村经济》，上海人民出版社 2013 年版。

［美］乔金森：《参与观察法》，张小山等译，重庆大学出版社 2015 年版。

王鉴主编：《课堂观察与分析技术》，甘肃教育出版社 2014 年版。

［美］约翰·霍特：《孩子是如何学习的》，张雪兰译，北京联合出版公司 2016 年版。

［美］Klaus Krippendorff：《内容分析：方法学入门》，曹永强译，（台湾）五南图书出版股份有限公司 2014 年版。

［美］Juliet M.Corbin & Anselm L.Strauss：《质性研究的基础：形成扎根理论的程序与方法（第 3 版）》，朱光明译，重庆大学出版社 2015 年版。

［美］Glaser B.：《扎根理论研究概论：自然呈现与生硬促成》，费小冬译，社会出版社 2009 年版。

［美］Anselm Srauss 等：《质性研究入门：扎根理论研究方法》，吴芝仪等译，（台湾）涛石文化事业有限公司 2001 年版。

［德］伽达默尔：《诠释学Ⅱ：真理与方法》，洪汉鼎译，商务印书馆 2017 年版。

洪汉鼎：《诠释学：它的历史和当代发展（修订版）》，中国人民大学出版社 2018 年版。

［美］Lewis R. Aiken：《心理测量与评估》，张厚粲等译，北京师范大学出版社 2006 年版。

［美］罗伯特·德威利斯：《量表编制：理论与应用（第 3 版）》，席仲恩等译，重庆大学出版社 2016 年版。

［美］R·M·桑代克等：《教育评价：教育和心理学中的测量与评估（第 8 版）》，方群等译，商务印书馆 2018 年版。

［美］布拉德伯恩等：《问卷设计手册》，赵锋译，重庆大学出版社 2010 年版。

［美］福勒：《调查问卷的设计与评估》，蒋逸民等译，重庆大学出版社 2010 年版。

［美］保罗·E·斯佩克特：《评分加总量表构建导论》，李兰译，格致出版社 2017 年版。

［美］格雷汉姆·加尔顿：《抽样调查方法简介》，武玲蔚译，格致出版社 2014 年版。

杨贵军等编著：《应用抽样技术》，中国统计出版社 2015 年版。

张荣伟编著：《新中国教育实验改革》，天津教育出版社 2010 年版。

杨汉麟主编：《外国教育实验史》，人民教育出版社 2005 年版。

［美］华莱士·狄克逊：《改变儿童心理学的 20 项研究（第 2 版）》，王思睿等译，中国轻工业出版社 2017 年版。

［美］罗杰·霍克：《改变心理学的 40 项研究（第 6 版）》，白学军等译，人民邮电出版社 2014 年版。

［美］金伯莉·麦克林：《实验心理学：通过案例入门（第 8 版）》，中国轻工业出版社 2017 年版。

［美］JOHN E. 等：《精进教学使用的行动研究》，王智宏等译，（台湾）五南图书出版股份有限公司 2011 年版。

定宜庄等主编：《口述史读本》，北京大学出版社 2011 年版。

［美］萨曼莎·克莱因伯格：《别拿相关当因果：因果关系简易入门》，郑亚亚译，人民邮电出版社 2018 年版。

［日］永野裕之：《写给所有人的极简统计学》，李俊译，北京时代华文书局 2017 年版。

邵志芳：《心理统计学（第 3 版）》，中国轻工业出版社 2017 年版。

侯杰泰等：《结构方程模型及其应用》，教育科学出版社 2004 年版。

邱皓政等：《结构方程模型的原理与应用（第 2 版）》，中国轻工业出版社 2019 年版。

［美］迪米特洛夫：《心理与教育中高级研究方法与数据分析：从研究设计到 SPSS》，王爱民等译，中国轻工业出版社 2015 年版。

［瑞士］让·皮亚杰：《儿童智力的起源》，高如峰等译，教育科学出版社 1990 年版。

［美］杜拉宾：《芝加哥大学论文写作指南（第 8 版）》，雷蕾译，新华出版社 2015 年版。

彭玉生：《社会科学中的因果分析》，《社会学研究》2011 年第 3 期。

彭玉生：《"洋八股"与社会科学规范》，《社会学研究》2010 年第 2 期。

后 记

2011 年，不惑之年，我的第一本书出版；2021 年，知天命之年，完成了我的第十二本书。

受天赋之制，此生可能无法写出经典之作，但有一点我对自己是满意的——这十年持续且专注地读书、写作让我成为"我自己"，我确认这是适合我、我喜欢，也是最大程度发挥我能力的生活。

感谢本书的编辑——华东师大出版社北京分社的任红瑚女士，她对书稿提出了明智的修改建议，并对其进行认真细致的审阅。感谢我的学生章靓靓、马利欣、朱立莉，她们对书稿进行了文字校对。感谢北京师范大学教育学部教师教育研究所的领导和同仁给我充分的研究与学术自由。

赵希斌